Temario y Test

Celador/a

Servicio Extremeño de Salud

eRodio
ediciones

Primera edición, octubre 2017 (456 páginas)
Diseño de portada: Ediciones Rodio, S. Coop. And
Edita: Ediciones Rodio, S. Coop. And

C/ José Jesús García Díaz, 2.
Edificio Henares 1, módulo 6. 41020-Sevilla

Teléfono: 955 28 74 84
Fax: 955 09 38 48
www.edicionesrodio.com
info@edicionesrodio.com
ISBN: 978-84-16963-82-9

Índice

Materias comunes

Test de Materias comunes

Materias específicas

Test de Materias específicas

Gracias por confiarnos tu preparación

Ediciones RODIO Sociedad Cooperativa, es una joven empresa constituida por un grupo de profesionales que atesoran más de veinte años de experiencia en el sector editorial.

El libro que tienes entre tus manos ha sido cuidadosamente elaborado por un equipo de autores, de reconocida competencia en el ámbito sanitario, garantizando así, no solo que dispongas de todo el contenido teórico requerido en el programa Oficial publicado en el Diario Oficial de Extremadura, número 187, de 28 de septiembre de 2017, sino que éste se presente de una forma didáctica tal que facilite su comprensión y aprendizaje.

Este volumen de Temario y Test desarrolla los contenidos de todos los temas (materias comunes y específicas) convenientemente desarrollados y actualizados, del Programa Oficial para el acceso a la categoría de Celador/a en las Instituciones Sanitarias del Servicio Extremeño de Salud. Junto a los temas, presentamos cuestionarios de preguntas, con respuestas alternativas, referidos a cada uno de ellos; lo cual constituye un complemento esencial para asimilar lo expuesto y presentarse con mayores garantías a las pruebas selectivas.

Ahora que ya dispones del mejor material que puedes encontrar en el mercado para afrontar los exámenes, estamos convencidos que, sumado a tu determinación y constancia, alcanzarás con éxito los objetivos de empleo propuestos.

Gracias por elegir RODIO

El aval de tu confianza es nuestra mayor garantía

Queremos felicitarte por el paso que has dado. Sabemos que afrontar unas oposiciones es una decisión importante, una tarea que precisa, entre otras cualidades, de grandes dosis de constancia y determinación. Pero no solo eso, también es importante poder contar con ayuda.

La colaboración es nuestra piedra angular, porque la razón de ser del cooperativismo está en la persecución de un beneficio común, aunando voluntades, afianzando recursos y mejorando la situación de quienes forman parte de un mismo proyecto.

Fieles a nuestros principios fundacionales, las cooperativas mantenemos un compromiso ético en aras de una sociedad más justa, a través de valores como la democracia, la transparencia, la responsabilidad social, la equidad o la solidaridad. Así como la Igualdad de género, y la sostenibilidad empresarial y medioambiental, que tienen carácter transversal al resto de principios.

Porque nosotros mismos hemos adoptado la fórmula del emprendimiento cooperativista, apreciamos el valor de contar con el apoyo de quienes confían en un mismo proyecto. Por eso, en nuestro compromiso con el empleo, queremos decirte que no estás solo en tu propósito. Desde este momento formamos contigo un equipo, y estamos convencidos que, con los recursos que ponemos a tu disposición, podrás obtener el máximo provecho al esfuerzo invertido y alcanzar con éxito tus objetivos de empleo.

Materias comunes

Rodio ediciones

Tema 1

La Constitución Española de 1978: Características y estructura. Título Preliminar. Los derechos y deberes fundamentales

eRodio ediciones

Índice esquemático

1. **Introducción**
2. **Características, estructura y contenido del texto constitucional**
   2.1. Características de la constitución española
   2.2. Estructura de la constitución española de 1978
   2.3. Contenido de la constitución española de 1978
3. **Principios generales**
4. **Derechos y deberes fundamentales de los españoles: concepto y clases**
   4.1. Principio general: concepto
   4.2. Catalogación constitucional
5. **Estudio de los diversos grupos**
   5.1. De los españoles y los extranjeros
   5.2. Derechos y libertades
   5.3. De los principios rectores de la política social y económica
6. **Garantías y suspensión**
   6.1. De las garantías de las libertades y derechos fundamentales
   6.2. De la suspensión de los derechos y libertades

1. Introducción

La Constitución de 1978 ha permitido que España disfrute de la más duradera estabilidad democrática de su Historia. Hasta la fecha sólo ha tenido **dos modificaciones**, en 1992 el art. 13.2 y en 2011 el art. 135.

La constitución española: fechas

FECHA	QUÉ SE HIZO	SINÓNIMOS
13 Julio 1977	Constitución del Congreso Constituyente.	
22 Julio 1977	Sesión de apertura de las Cortes	
25 Julio 1977	Creación Comisión Constitucional encargada de redactar el proyecto de Constitución	
5 Enero 1978	Publicación en el BOE del anteproyecto de Constitución	
21 Julio 1978	Aprobación del proyecto de Constitución por el Congreso	
31 Octubre 1978	**Aprobación por ambas Cámaras**	**Aprobación conjunta**
6 Diciembre 1978	**El pueblo español la aprobó en referéndum**	**Referéndum**
27 Diciembre 1978	**El Rey la sancionó**	**Promulgó**
29 Diciembre 1978	**Publicación BOE y entrada en vigor**	**Publicación**
28 Agosto 1992	Publicación en el BOE de la modificación del art. 13.2	1ª Reforma
27 septiembre 2011	Publicación en el BOE 2ª modificación, del art. 135	2ª Reforma

2. Características, estructura y contenido del texto constitucional

2.1. Características de la Constitución Española

Son **características** de nuestra Constitución que es **Consensuada, extensa, escrita, codificada y rígida.**

Como hemos visto antes, la característica más importante de nuestra constitución de 1978, es haber sido una Constitución de **consenso**, entre todas las fuerzas políticas, para poner el énfasis, en aquello que les unía a todos, y apartar lo que les separaba. Esta característica rompe con la tradición constitucional española, del siglo XIX, que vimos en la pregunta de evolución histórica, que se caracteriza por la imposición de un grupo político sobre los demás. Además el haber sido una Constitución consensuada, ha sido probablemente la razón de su éxito. Han pasado ya más de 30 años desde que se promulgó, y ha servido sin retoques para gobiernos de Centro, Izquierda y Derecha, con lo que ha sido decisiva para la consolidación del sistema democrático en la España contemporánea.

Consecuencia de ser consensuada es que algunos autores señalan como característica su **imprecisión o ambigüedad,** ya que en ocasiones recoge principios aparentemente contradictorios, y otros autores le achacan como aspecto negativo estar **inacabada,** ya que constantemente está haciendo llamadas a su desarrollo a través de leyes orgánicas que desarrollen aspectos importantes de la misma.

Por mi parte no he incluido esas características entre las relevantes de la CE, ya que en mi opinión han sido superadas por el desarrollo posterior que el Tribunal Constitucional ha realizado, de interpretación flexible de nuestro texto constitucional, y por la creación por el mismo Tribunal del llamado "Bloque de la Constitucionalidad", como conjunto de normas que junto a nuestra CE, la completan y cierran para su desarrollo.

Su **codificación** en un solo texto, es decir, es una Constitución cerrada, a diferencia de las Leyes Fundamentales que vino a sustituir. Como tal código se articula en Títulos, capítulos y artículos que luego señalaremos.

Su **extensión,** (tiene 169 artículos) fruto de su pragmatismo, y del laborioso consenso entre las distintas fuerzas políticas al elaborarla, intentando superar la concepción partidista de la constitución que se dio en nuestra historia constitucional –como hemos visto antes–. La contrapartida a esta extensión y a su carácter consensuado es la dificultad en su interpretación y aplicación, resultando fundamental, a estos efectos, la intervención del Tribunal Constitucional, intérprete supremo de la Constitución, que ha venido depurando, con la doctrina contenida en sus pronunciamientos, su alcance y contenido.

Su **rigidez,** ya que su reforma requiere un procedimiento distinto al de las leyes ordinarias, regulándose en el Título X los distintos procedimientos de reforma. Algunos autores achacan la rigidez, precisamente a su extensión, ya que las Constituciones más cortas son más fáciles de interpretar y de adaptarse a los cambios.

Se establece por último como forma política del Estado, la Monarquía Parlamentaria.

2.2. Estructura de la Constitución Española de 1978

Consta de un **Título Preliminar, 10 títulos, con 169 artículos, 4 disposiciones adicionales, 9 transitorias, 1 derogatoria y otra final**. (4.911) Después de la de Cádiz es la más extensa de las españolas. Tiene un breve preámbulo con una enumeración de valores y principios que luego se desarrollan en el texto.

Su **estructura** es la siguiente:

- **Preámbulo**.
- **Título Preliminar**.
- **Título I. De los derechos y deberes fundamentales**.
  - ▹ Capítulo I. De los Españoles y los Extranjeros.
  - ▹ Capítulo II. Derechos y Libertades.
    - Sección 1ª. De los derechos fundamentales y de las libertades públicas.
    - Sección 2ª. De los derechos y deberes de los ciudadanos.
  - ▹ Capítulo III. De los principios rectores de la política social y económica.
  - ▹ Capítulo IV. De las garantías de las libertades y derechos fundamentales.
  - ▹ Capítulo V. De la suspensión de los derechos y libertades.
- **Título II. De la Corona**.
- **Título III. De las Cortes Generales**.
  - ▹ Capítulo I. De las Cámaras.
  - ▹ Capítulo II. De la elaboración de las leyes.
  - ▹ Capítulo III. De los Tratados Internacionales.
- **Título IV. Del Gobierno y de la Administración**.
- **Título V. De las relaciones entre el Gobierno y las Cortes Generales**.
- **Título VI. Del Poder Judicial**.
- **Título VII. Economía y Hacienda**.
- **Título VIII. De la organización territorial del Estado**.
  - ▹ Capítulo I. Principios Generales.
  - ▹ Capítulo II. De la Administración Local.
  - ▹ Capítulo III. De las Comunidades Autónomas.
- **Título IX. Del Tribunal Constitucional**.
- **Título X. De la Reforma Constitucional**.
- **4 Disposiciones Adicionales**.
- **9 Disposiciones Transitorias**.
- **1 Disposición Derogatoria**.
- **1 Disposición Final**.

2.3. Contenido de la Constitución Española de 1978

Tradicionalmente se dice que nuestra Constitución tiene dos partes:

a) Una **parte Dogmática,** en la que se recogen los dogmas, aquello que es fundamental a la propia constitución, y que en nuestra CE se encuentra en el Título Preliminar y en el Título Primero.

b) Una **parte Orgánica,** en donde se regulan los órganos en los que se estructura el poder, de acuerdo con la División de poderes, establecida en la Revolución Francesa, Poder legislativo, Poder Ejecutivo y Poder Judicial, y que en nuestra Constitución comenzaría en el Título Segundo hasta el final.

En Cuanto al **contenido** de la misma debemos decir que el preámbulo y el Título Preliminar, contienen una serie de valores y principios fundamentales que inspiran todo el texto constitucional, tal y como veremos al final de este tema.

El Título Primero desarrolla los derechos y los deberes fundamentales. Contiene un largo catálogo de todos los derechos y las libertades de que gozamos en España, tanto los españoles como los extranjeros, cuales son nuestros deberes, de que forma se garantizan, y en que supuestos excepcionales se pueden suspender los mismos.

El Título II de la Corona, explica las funciones del Rey como Jefe del Estado español, regula la corona de España, la figura del Príncipe heredero, la tutoría y regencia, etc.

El Título III De las Cortes Generales, regula la actividad de nuestro parlamento como Poder Legislativo. Se divide en tres capítulos dedicados a las Cámaras –Congreso y Senado– a la elaboración de las leyes, las cuales clasifica en Orgánicas y Ordinarias, y a los tratados Internacionales que pueda firmar el Estado Español.

El Título IV. Del Gobierno y la Administración, establece las funciones y composición del gobierno, el nombramiento del presidente del gobierno, la responsabilidad del mismo, y por último establece los principios a través de los cuales actúa la administración pública.

El Título V establece las Relaciones entre el Gobierno y las Cortes Generales, regula la moción de censura al presidente del gobierno, la cuestión de confianza, y la intervención del gobierno en los supuestos de estados de alarma excepción y sitio.

El Título VI regula el Poder Judicial, regulando los principios bajo los que actúa, establece el Consejo General del Poder Judicial, como máximo órgano de dicho poder. Define al Tribunal supremo y al Ministerio Fiscal.

El Título VII denominado Economía y Hacienda, establece varios criterios dirigidos a los poderes públicos, en materia económica y financiera.

El Título VIII de la Organización Territorial del Estado, establece en primer lugar los principios de Autonomía, Solidaridad e Igualdad. Regula en su capitulo segundo a la Administración Local, definiendo los Municipios, las Provincias y el principio de suficiencia financiera de las entidades locales. Y por último, en su capítulo tercero desarrolla la regulación de las Comunidades Autónomas.

El Título IX crea al Tribunal Constitucional, como el máximo órgano interpretador de la Constitución.

Por último el Título X está dedicado a de que manera se puede proceder a la Reforma de la Constitución.

Las disposiciones adicionales y transitorias están dedicadas a problemas de ordenación territorial. La derogatoria deroga las anteriores leyes fundamentales. La final ordena la publicación de la Constitución en las demás lenguas de España.

Estructura de la Constitución Española de 1978	
Preámbulo	**artículos**
Título Preliminar	1 a 9
Título I. De los derechos y deberes fundamentales	10 a 55
Capítulo I. De los Españoles y los Extranjeros	11 a 13
Capítulo II. Derechos y Libertades	14 a 38
Sección 1ª. De los derechos fundamentales y de las libertades públicas	14 a 29
Sección 2ª. De los derechos y deberes de los ciudadanos	30 a 38
Capítulo III. De los principios rectores de la política social y económica	39 a 52
Capítulo IV. De las garantías de las libertades y derechos fundamentales	53 y 54
Capítulo V. De la suspensión de los derechos y libertades	55
Título II. De la Corona	56 a 65
Título III. De las Cortes Generales	66 a 96
Capítulo I. De las Cámaras	66 a 80
Capítulo II. De la elaboración de las leyes	81 a 92
Capítulo III. De los Tratados Internacionales	93 a 96
Título IV. Del Gobierno y de la Administración	97 a 107
Título V. De las relaciones entre el Gobierno y las Cortes Generales	108 a 116
Título VI. Del Poder Judicial	117 a127
Título VII. Economía y Hacienda	128 a 136
Título VIII. De la organización territorial del Estado	137 a 158
Capítulo I. Principios Generales	137 a 139
Capítulo II. De la Administración Local	140 a 142
Capítulo III. De las Comunidades Autónomas	143 a 158
Título IX. Del Tribunal Constitucional	159 a 165
Título X. De la Reforma Constitucional	166 a169
4 Disposiciones Adicionales	
9 Disposiciones Transitorias	
1 Disposición Derogatoria	
1 Disposición Final	

3. Principios generales

Es mayoritariamente admitido que los Principios Generales de nuestra Constitución se encuentran en el Preámbulo y en el Título Preliminar, artículos 1 a 9.

El **Preámbulo** contiene una serie de principios y valores que luego son ampliamente desarrollados en el texto constitucional, y así establece:

La Nación española deseando establecer la justicia, la libertad y seguridad y promover el bien de cuantos la integran, en uso de su soberanía, proclama su voluntad de:

- Garantizar la convivencia democrática dentro de la Constitución y de las Leyes conforme a un orden económico y social justo.
- Consolidar un Estado de Derecho que asegure el imperio de la Ley como expresión de la voluntad popular.
- Proteger a todos los españoles y pueblos de España en el ejercicio de los derechos humanos, sus culturas y tradiciones, lenguas e instituciones.
- Promover el progreso de la cultura y de la economía para asegurar a todos una digna calidad de vida.
- Establecer una sociedad democrática avanzada.
- Colaborar en el fortalecimiento de unas relaciones pacíficas y de eficaz cooperación entre todos los pueblos de la Tierra.

En consecuencia las Cortes aprobaron y el pueblo español ratificó en referéndum nuestra actual Constitución de 29 de Diciembre de 1978.

Tras el Preámbulo, comienza nuestra Constitución con un **Título Preliminar**, que en sus nueve artículos **recoge una serie de valores y principios fundamentales que van a inspirar todo el resto del texto constitucional**, y que son los siguientes:

Artículo 1

1. España se constituye en un Estado social y democrático de Derecho, que propugna como valores superiores de su ordenamiento jurídico la libertad, la justicia, la igualdad y el pluralismo político.

2. La soberanía nacional reside en el pueblo español, del que emanan los poderes del Estado.

3. La forma política del Estado español es la Monarquía parlamentaria.

En este primer artículo el poder constituyente recogió la fórmula condensada de la organización jurídico-política de los Estados democráticos liberales europeos de la segunda mitad del siglo XX. En ese Estado social y democrático de Derecho se reconducen las diferentes corrientes de influencia que han operado sobre los Estados liberales europeos del siglo XIX y XX:

a) El **Estado de Derecho**, con la progresiva ampliación de los ámbitos de sumisión al Derecho y la eliminación de los espacios inmunes al mismo, consagrando este proceso como una auténtica cláusula general. La cláusula del Estado de Derecho, como señala Santamaría Pastor, fue desarrollada por la doctrina alemana de Derecho Público en el primer tercio del siglo XX en torno a criterios formales –principios de legalidad de la Administración, división de poderes, supremacía y reserva de ley, protección de los ciudadanos mediante tribunales independientes y responsabilidad del Estado por actos ilícitos)–, complementados con la garantía y protección de la libertad personal y política.

b) El **Estado democrático**. La incidencia de los principios democráticos sobre el Estado liberal ha significado la extensión del principio de igualdad a la participación política, el reconocimiento de los derechos políticos a todos los ciudadanos, cualesquiera que sea su riqueza, sexo, ideología, religión o creencias. En la conocida fórmula norteamericana, la forma de gobierno del pueblo pero elegido por el propio pueblo, por todo él, sin discriminación. Es, también, el gobierno de la mayoría pero con respeto de las minorías, que tienen que mantener la posibilidad de llegar a ser mayoría, y que los mandatos políticos sean temporales. Nuestra Constitución acoge todos estos principios. Consagra como derecho fundamental la igualdad ante la ley y rechaza cualquier discriminación por razón de nacimiento, raza, sexo, religión, opinión o cualquier otra condición o circunstancia personal o social (art. 14 CE), para después hacer lo propio con la participación política, al convertirla en derecho fundamental:

- ▹ Los ciudadanos tiene el derecho a participar en los asuntos públicos, directamente o por medio de representantes, libremente elegidos en elecciones periódicas por sufragio universal.
- ▹ Asimismo, tienen derecho a acceder en condiciones de igualdad a las funciones y cargos públicos, con los requisitos que señalen las leyes"(art. 23 CE).

c) El **Estado social**, finalmente, que en su formulación primigenia entendía que el Estado contemporáneo, lejos de limitarse a fijar las reglas conforme a las cuales deben desenvolverse los individuos en sus relaciones sociales y económicas, adopta una posición activa, más intervencionista, pues considera como un nuevo fin que le compete el garantizar "la procura existencial" (Forsthoff), el mínimo vital para poder desenvolverse en la sociedad. Como ha descrito con rigor y maestría el profesor García-Pelayo, la idea de Estado social de Derecho se debe al tratadista alemán de Teoría del Estado, Hermann Heller, quien, entre los años veinte y treinta del siglo pasado, lo propugna, como alternativa socialdemócrata entre la anarquía económica y la dictadura fascista; se trata de no renunciar al Estado de Derecho sino de dar a éste un contenido económico y social, de realizar en el marco del Estado de Derecho un nuevo orden laboral y de distribución de bienes. Lo que inicialmente forma parte del ideario de los partidos socialdemócratas pasa progresivamente a extenderse a los partidos democratacristianos, conservadores o liberales –de manera más o menos intensa, es cierto, según los momentos, lugares e ideologías políticas de los gobernantes–. Esa generalización le lleva al Profesor García-Pelayo a sostener que el Estado social significa históricamente el intento de adaptación liberal -burgués a las condiciones de la civilización industrial y postindustrial.

La libertad, la justicia, la igualdad y el pluralismo político como valores superiores del ordenamiento jurídico.

- El Tribunal Constitucional ha establecido que la referencia a estos valores es la más acabada expresión (junto a la recogida en el art. 10.1 CE sobre el fundamento del orden político) del contenido material del Estado de Derecho a que nos referíamos en el apartado anterior: toda la actuación de los poderes públicos debe dirigirse a la consecución de valores. Nuestro Tribunal Constitucional se ha referido a la Constitución como orden de valores y a la consecuencia inmediata de que su interpretación tenga un carácter teleológico, destinado a garantizar esos valores.
- La libertad como valor superior se proyecta en su dimensión política pero también "en su más amplia y comprensiva de libertad personal".
- La justicia "es uno de los principios cardinales de nuestro Estado de Derecho" en dicho valor superior debe entenderse incluido el reproche de arbitrariedad, pero no es un valor ajeno y contrario al ordenamiento positivo que permita sacrificar otra norma constitucional en aras de una "justicia material", "ni que pueda identificarse unilateralmente con particulares modos de entender lo justo".
- La igualdad es un valor preeminente de nuestro ordenamiento jurídico, que debe colocarse en un rango central, que se proyecta con una eficacia trascendente de modo que toda situación de desigualdad persistente a la entrada en vigor de la Constitución deviene incompatible con el orden de valores que la Constitución proclama.
- El pluralismo político como valor superior del ordenamiento "permite contemplar en el marco de la Constitución diversas soluciones lega-

les",permite una libertad al legislador para apreciar la oportunidad o conveniencia de modificaciones formativas, justifica que una misma corriente ideológica pueda tener diversas expresiones políticas que lleven a denominaciones parcialmente coincidentes, pero también impide que pueda ser ignorada la adscripción política de los representantes en la configuración de órganos en que se integran dichos representantes.

Artículo 2

La Constitución se fundamenta en la indisoluble unidad de la Nación española, patria común e indivisible de todos los españoles, y reconoce y garantiza el derecho a la autonomía de las nacionalidades y regiones que la integran y la solidaridad entre todas ellas.

Tres son los supraprincipios jurídicos que se constitucionalizan en este precepto: unidad nacional, autonomía de nacionalidades y regiones, y solidaridad de todas ellas.

En el debate constituyente se quiso reforzar con calificativos que no admitieran dudas: unidad "indisoluble" y "patria común e indivisible". El implícito reconocimiento de la preexistencia de España como realidad política y social anterior al proceso de refundación constituyente, tiene aquí su refuerzo: la unidad nacional como fundamento de la Constitución.

La unidad nacional "se traduce en una organización –el Estado– para todo el territorio nacional", el Estado, por eso, "queda colocado en una posición de superioridad tanto en relación a las Comunidades Autónomas como a los entes locales".

El constituyente optó también por un Estado compuesto, dotado de una amplia descentralización política mediante el conocimiento del derecho a la autonomía de sus nacionalidades y regiones, lo que doctrinalmente se ha denominado "Estado autonómico". El Título VIII de la Constitución lo concreta de acuerdo "con unos principios dispositivos que permiten que el régimen autonómico se adecue en cada caso a las peculiaridades y características de esas regiones y nacionalidades". El ejercicio de este derecho se articula mediante la aprobación de un Estatuto de Autonomía, por los procedimientos previstos en el citado Título VIII.

La solidaridad es "el corolario de la autonomía", pues ésta no se garantiza por la Constitución para incidir de forma negativa sobre los intereses generales de la Nación o sobre intereses generales distintos de los de la propia entidad. El TC se ha referido, así a un "deber de auxilio recíproco", "de recíproco apoyo y mutua lealtad", "concreción, a su vez, del más amplio deber de fidelidad a la Constitución". Esta lealtad constitucional, que el TC ve encarnada en este principio, "obliga a todos, incluido el Estado".

Artículo 3

1. El castellano es la lengua español oficial del Estado. Todos los españoles tienen el deber de conocerla y el derecho a usarla.

2. Las demás lenguas españolas serán también oficiales en las respectivas Comunidades Autónomas de acuerdo con sus Estatutos.

3. La riqueza de las distintas modalidades lingüísticas de España es un patrimonio cultural que será objeto de especial respeto y protección.

Básicamente el Tribunal Constitucional ha declarado que "El castellano es medio de comunicación normal de los poderes públicos y ante ellos en el conjunto del Estado español". "Sólo del castellano se establece constitucionalmente un deber individualizado de conocimiento, y con él la presunción de que todos los españoles lo conocen".

La cooficialidad de las demás lenguas españolas lo es con respecto a todos los poderes públicos radicados en el territorio autonómico, sin exclusión de los órganos dependientes de la Administración Central y de otras instituciones estatales en sentido estricto. "En los territorios dotados de un estatuto de cooficialidad lingüística el uso de los particulares de cualquier lengua oficial tiene efectivamente plena validez jurídica en las relaciones que mantengan con cualquier poder público radicado en dicho territorio, siendo el derecho de las personas al uso de una lengua oficial un derecho fundado en la Constitución y el respectivo Estatuto de Autonomía".

Artículo 4

1. La bandera de España está formada por tres franjas horizontales, roja, amarilla y roja, siendo la amarilla de doble anchura que cada una de las rojas.

2. Los Estatutos podrán reconocer banderas y enseñas propias de las Comunidades Autónomas. Estas se utilizarán junto a la bandera de España en sus edificios públicos y sus actos oficiales.

Como es sabido la regulación de estos símbolos –bandera, escudo e himno– recoge y actualiza antiguas tradiciones de la monarquía española. Así, el origen de la bandera bicolor se remonta a Carlos III, el escudo a los Reyes Católicos y el himno procede de un toque militar conocido como marcha granadera.

Artículo 5

La capital del Estado es la villa de Madrid.

La idea de capitalidad, como es conocido, hace referencia a la población donde se localizan las sedes de las instituciones supremas de la comunidad política. Madrid es la capital del Reino de España desde que Felipe II fija la Corte en esta ciudad en 1561, si bien, desde entonces, en algunos pequeños períodos, ha dejado de serlo.

Artículo 6

Los partidos políticos expresan el pluralismo político, concurren a la formación y manifestación de la voluntad popular y son instrumento fundamental para la participación política. Su creación y el ejercicio de su actividad son libres dentro del respeto a la Constitución y a la ley. Su estructura interna y funcionamiento deberán ser democráticos.

Principio consustancial al Estado Democrático, recogido en el artículo 1° de la CE es el reconocimiento de los Partidos Políticos, como eje esencial de la participación de los ciudadanos en los asuntos públicos. Más aún es comprensible su inclusión como un principio general, en el Título Preliminar, derivado de la historia anterior a la Constitución en que proveníamos de un régimen con partido único, que penalizaba la afiliación a cualquier otro.

En consecuencia a dicha importancia nuestra CE asigna a los partidos políticos tres funciones fundamentales: a) Expresar el pluralismo político, el pluralismo de las sociedad sus diversas opiniones y creencias en cada momento; b) Concurrir a la formación y manifestación de la voluntad popular, a través de los procesos electorales periódicos (cada 4 años), mediante un sistema electoral que garantice el sufragio o derecho a voto de los ciudadanos de carácter universal, libre igual directo y secreto; y c) Ser Instrumento fundamental para la participación política de los ciudadanos en la gestión de los asuntos públicos.

Exige a dichos partidos que su estructura interna y funcionamiento deben ser democráticos.

Artículo 7

Los sindicatos de trabajadores y las asociaciones empresariales contribuyen a la defensa y promoción de los intereses económicos y sociales que les son propios. Su creación y el ejercicio de su actividad son libres dentro del respeto a la Constitución y a la ley. Su estructura interna y funcionamiento deberán ser democráticos.

La importancia que nuestra Constitución confiere a los sindicatos y a las asociaciones empresariales en el marco del Estado social y democrático de Derecho, ha llevado al constituyente a referirse al tema sindical en varios artículos de nuestra Norma Fundamental. Dentro del Título Preliminar, el artículo 7 CE consagra su papel como organizaciones básicas para la defensa y promoción de los intereses económicos y sociales. Por otro lado, en relación a la exégesis y contenido del art. 7 CE podemos señalar las siguientes características del precepto comentado:

- Situar, en primer lugar, a los sindicatos de trabajadores y las asociaciones empresariales como importantes pilares dentro del Estado social y democrático de Derecho al ocupar un papel de "organismos básicos" en el sistema político. En efecto, el sindicato se muestra como sujeto político capaz de procurar con su acción reivindicativa una transformación en las relaciones de poder en la empresa y en la sociedad. Su constitucionalización tendrá importantes consecuencias jurídicas y sociales, a diferencia de lo que ocurre con el comité de empresa, que al no estar constitucionalizado no es considerado más que como una creación de la Ley.
- En segundo lugar, otra importante característica definidora de la formalización de sindicatos y organizaciones empresariales consagradas en el art. 7 CE, es la función que les asigna el Texto constitucional de "defensa y promoción de los intereses económicos y sociales que les son propios". Definido de esta forma, el derecho comprendería un doble plano, dependiendo del sujeto al que se atribuya la facultad o libertad de que se trate. En primer lugar, desde una vertiente individual que implica el derecho de los trabajadores a fundar sindicatos y afiliarse al de su elección (STC 73/1984), o de permanecer al margen y no ser obligado a afiliarse a un sindicato (STC 12/1983). Desde el punto de vista colectivo, la libertad sindical consiste en el derecho de los sindicatos al libre ejercicio de su actividad, tanto en su faceta de defensa y promoción de los intereses económicos que le son propios como, en general, en la defensa y promoción de los intereses de los trabajadores.
- En tercer lugar el art. 7 CE no sólo consagra el derecho de libertad sindical, sino que se ocupa de declarar que tanto su creación como el ejercicio de su actividad son libres dentro del respeto a la Constitución y a la ley, fijando como límite a la misma la exigencia de una estructura interna y de un funcionamiento democrático.

Artículo 8

1. Las Fuerzas Armadas, constituidas por el Ejército de Tierra, la Armada y el Ejército del Aire, tienen como misión garantizar la soberanía e independencia de España, defender su integridad territorial y el ordenamiento constitucional.

2. Una ley orgánica regulará las bases de la organización militar conforme a los principios de la presente Constitución.

Las Fuerzas Armadas garantizan la soberanía y la independencia de España, función tradicional que debe entenderse como una actuación externa que busca asegurar la propia existencia del Estado frente a terceros. Deben realizarse algunas acotaciones: esta actuación se realiza ordinariamente con la sola existencia de las Fuerzas Armadas, que produce un claro efecto disuasorio. En cuanto a la presencia de España en organizaciones supranacionales tanto de carácter militar (OTAN) como político (Unión Europea), no obsta a que la soberanía e independencia nacional se sigan manteniendo, ya que la presencia en las mismas no deja de ser un acto voluntario del Estado, según las previsiones que se pueden encontrar en los artículos 93 a 96 CE.

Las Fuerzas Armadas defienden la integridad territorial de España, defensa que presenta una doble vertiente, interna y externa. La proyección externa tiene un perfil excluyente de intentos de anexión por terceros, lo que supone en el fondo una nueva llamada de atención a lo antes expuesto referido a la función de garantía de la soberanía y la independencia. En el ámbito interno, esta defensa de la integridad territorial se concibe como el último recurso material para el impedimento de secesiones o fragmentaciones del territorio nacional. Y es que no podemos olvidar que el artículo 2 de la Constitución española expresa que ésta se basa –y con ella todo el sostén del Estado democrático–, "en la indisoluble unidad de la Nación española, Patria común e indivisible de todos los españoles (...)", cuestión ésta que necesariamente nos pone en contacto con la tercera de las funciones constitucionales de las Fuerzas Armadas y que a continuación tratamos, la defensa del orden constitucional.

Las Fuerzas Armadas garantizan el orden constitucional, actividad, como decimos, fuertemente conectada con las anteriores, también de carácter excepcional, bien que goza de sustantividad propia que lleva a nuestro legislador a expresar -en desarrollo del artículo 116.4 CE y mediante la Ley Orgánica 4/1981 reguladora de los estados de alarma, excepción y sitio–, que se trata de una competencia absolutamente reglada y sometida a las decisiones institucionales de las Cortes Generales y sobre todo del Gobierno, toda vez que se declare el estado de sitio. Esta defensa del ordenamiento constitucional viene referida a un ámbito material, que no jurídico ordinario, ya que es el Tribunal Constitucional el órgano que asume esta última función.

Artículo 9

1. Los ciudadanos y los poderes públicos están sujetos a la Constitución y al resto del ordenamiento jurídico.

2. Corresponde a los poderes públicos promover las condiciones para que la libertad y la igualdad del individuo y de los grupos en que se integra sean reales y efectivas; remover los obstáculos que impidan o dificulten su plenitud y facilitar la participación de todos los ciudadanos en la vida política, económica, cultural y social.

3 La Constitución garantiza el principio de legalidad, la jerarquía normativa, la publicidad de las normas, la irretroactividad de las disposiciones sancionadoras no favorables o restrictivas de derechos individuales, la seguridad jurídica, la responsabilidad y la interdicción de la arbitrariedad de los poderes públicos.

Este precepto recoge un requisito esencial de todo Estado de Derecho que consiste en el sometimiento de los ciudadanos y, sobre todo, de los poderes públicos al Derecho y del mismo se desprende que la Constitución ocupa un lugar preferente en el ordenamiento jurídico. En palabras de García de Enterría, de este precepto "no se deduce sólo el carácter vinculante general de la Constitución sino algo más, el carácter de esta vinculación como "vinculación más fuerte", en la tradicional expresión del constitucionalismo norteamericano".

Por tanto, la Constitución es nuestra norma suprema y no una mera declaración programática, de forma que, "lejos de ser un mero catálogo de principios de no inmediata vinculación y de no inmediato cumplimiento hasta que sean objeto de desarrollo por vía legal, es una norma jurídica, la norma suprema de nuestro ordenamiento, y en cuanto tal tanto los ciudadanos como todos los poderes públicos, y por consiguiente también los Jueces y Magistrados integrantes del poder judicial, están sujetos a ella (arts. 9.1 y 117.1 C.E.)". Se trata, en suma, de una "norma cualitativamente distinta de las demás, por cuanto incorpora el sistema de valores esenciales que ha de constituir el orden de convivencia política y de informar todo el ordenamiento jurídico. La Constitución es así la norma fundamental y fundamentadora de todo el ordenamiento jurídico.

Por otra parte, la supremacía de la Constitución tiene las siguientes consecuencias. En primer lugar, supone que el resto de las normas jurídicas deben estar en consonancia con sus mandatos, pues, en caso contrario, serán declaradas inconstitucionales; en segundo lugar, exige un procedimiento especial de reforma como garantía de su estabilidad jurídica; y, por otra parte, todas las normas jurídicas deben interpretarse de conformidad con los preceptos constitucionales de tal forma que siendo posibles dos interpretaciones de un precepto, una ajustada a la Constitución y la otra no conforme a ella, debe admitirse la primera.

El artículo 9.2 de la Constitución española es un precepto que compromete la acción de los poderes públicos, a fin de que pueda alcanzarse la igualdad sustancial entre los individuos, con independencia de su situación social. El artículo 9.2 puede imponer, como consideración de principio, la adopción de normas especiales que tiendan a corregir los efectos dispares que, en orden al disfrute de bienes garantizados por la Constitución, se sigan de la aplicación de disposiciones generales en una sociedad cuyas desigualdades radicales han sido negativamente valoradas por la propia Norma Fundamental. La incidencia del mandato contenido en el artículo 9.2 sobre el que, en cuanto se dirige a los poderes públicos, encierra el artículo 14 supone una modulación de este último, en el sentido, por ejemplo, de que no podrá reputarse de discriminatoria y constitucionalmente prohibida –antes al contrario– la acción de favorecimiento, siquiera temporal, que aquellos poderes emprenden en beneficio de determinados colectivos, históricamente preteridos y marginados, a fin de que, mediante un trato especial más favorable, vean suavizada o compensada su situación de desigualdad sustancial.

El artículo 9.3 recoge una serie de principios constitucionales de vital importancia:

- El **principio de legalidad**. En virtud de este principio, consagrado indirectamente en el apartado 1.° de este mismo precepto, todos los poderes públicos se encuentran sujetos a la ley. Asimismo, es una consecuencia de lo que se expresa en el Preámbulo como finalidad de la Constitución: "Consolidar un Estado de Derecho que asegura el imperio de la ley como expresión de la voluntad popular". Y, como ha afirmado el Tribunal Constitucional, estamos ante un dogma básico de todo sistema democrático.
- El **principio de jerarquía normativa**. De conformidad con este principio, las normas de rango inferior no pueden oponerse a las de rango superior. El ordenamiento está ordenado de forma jerárquica y en su cúspide se halla la Constitución. El Tribunal Constitucional, ha expresado que "la estricta aplicación del principio de jerarquía permitiría al juez resolver el dilema en que lo situaría la eventual contradicción entre la Constitución y la ley con la simple aplicación de ésta, pero ello hubiera implicado someter la obra del legislador al criterio tal vez diverso de un elevado número de órganos judiciales, de donde podría resultar, entre otras cosas, un alto grado de inseguridad jurídica. El constituyente ha preferido, para evitarlo, sustraer al juez ordinario la posibilidad de inaplicar la ley que emana del legislador constituido, aunque no la de cuestionar su constitucionalidad ante este Tribunal, que, en cierto sentido, es así, no sólo defensor de la Constitución, sino defensor también de la ley".
- El **principio de publicidad de las normas**. El Tribunal Constitucional se ha referido a este principio en los términos siguientes: "La Constitución, en su artículo 9.3, garantiza el principio de la publicidad de las normas. Esta garantía aparece como consecuencia ineluctable de la proclamación de España como un Estado de derecho, y se encuentra en íntima relación con el principio de seguridad jurídica consagrado en el mismo art. 9.3 C.E., pues sólo podrán asegurarse las posiciones jurídicas de los ciudadanos, la posibilidad de éstos de ejercer y defender sus derechos, y la efectiva sujeción de los ciudadanos y los poderes públicos al ordenamiento jurídico, si los destinatarios de las normas tienen una

efectiva oportunidad de conocerlas en cuanto tales normas, mediante un instrumento de difusión general que dé fe de su existencia y contenido, por lo que resultarán evidentemente contrarias al principio de publicidad aquellas normas que fueran de imposible o muy difícil conocimiento. Esa garantía de publicidad aparece reflejada en la Constitución en varios de sus preceptos: así, disponiendo la inmediata publicación de las Leyes aprobadas por las Cortes Generales, tras la sanción real (art. 91) y, respecto de los tratados internacionales, condicionando su eficacia a su publicación oficial en España (art. 96.1)".

- El **principio de irretroactividad de las disposiciones sancionadoras no favorables o restrictivas de derechos individuales**. La irretroactividad significa, según definición de Federico de Castro, que la ley se aplicará al futuro y no al pasado, principio ya recogido por el Código Civil cuyo artículo 2.3 establece que "las leyes no tendrán efecto retroactivo, si no dispusieren lo contrario". Este principio constitucional se aplica a dos tipos de disposiciones: a) En las disposiciones sancionadoras no favorables, lo que interpretado a contrario sensu supone que la Constitución garantiza la retroactividad de la ley penal favorable. Y, b) en las disposiciones restrictivas de derechos individuales, que han de entenderse referidas, según opinión generalizada, al ámbito de los derechos fundamentales y de las libertades públicas, esto es, a los regulados en la Sección 1.ª del Capítulo 2.º del Título 1.º de la Constitución. Fuera de estos dos supuestos, nada impide que el legislador dote a la ley del ámbito de retroactividad que estime oportuno.
- El **principio de seguridad jurídica**. La seguridad jurídica es "suma de certeza y legalidad, jerarquía y publicidad normativa, irretroactividad de lo no favorable, interdicción de la arbitrariedad, pero que, si se agotara en la adición de estos principios, no hubiera precisado de ser formulada expresamente. La seguridad jurídica es la suma de estos principios, equilibrada de tal suerte que permita promover, en el orden jurídico, la justicia y la igualdad, en libertad". En el mismo sentido, el TC se refiere a este principio en estos términos: "la exigencia del artículo 9.3 relativa al principio de seguridad jurídica implica que el legislador debe perseguir la claridad y no la confusión normativa, debe procurar que acerca de la materia sobre la que legisle sepan los operadores jurídicos y los ciudadanos a qué atenerse, y debe huir de provocar situaciones objetivamente confusas (...). Hay que promover y buscar la certeza respecto a qué es Derecho y no ... provocar juegos y relaciones entre normas como consecuencia de las cuales se introducen perplejidades difícilmente salvables respecto a la previsibilidad de cuál sea el Derecho aplicable, cuáles las consecuencias derivadas de las normas vigentes, incluso cuáles sean éstas".

- El **principio de responsabilidad de los poderes públicos**. Los poderes públicos son responsables por los daños causados en el ejercicio de su actuación y, en consecuencia, se establece en el artículo 106 CE el derecho de los particulares el derecho a ser indemnizados por toda lesión que sufran de sus bienes y derechos, salvo en los casos de fuerza mayor y siempre que la lesión sea consecuencia del funcionamiento de los servicios públicos. Esta responsabilidad se extiende asimismo a la Administración de Justicia de modo que, de acuerdo con el artículo 121 CE "los daños causados por error judicial, así como los que sean consecuencia del funcionamiento anormal de la Administración de Justicia, darán derecho a una indemnización a cargo del Estado, conforme a la Ley". La única excepción a este principio es la referida al Jefe del Estado pues, de acuerdo con el artículo 56.3 CE "la persona del Rey es inviolable y no está sujeta a responsabilidad", responsabilidad que se traslada al sujeto refrendante.
- El **principio de interdicción de la arbitrariedad de los poderes públicos**. Lo arbitrario es aquello que no se acomoda a la legalidad de tal forma que, frente a una actividad reglada, la arbitrariedad supone una infracción de la norma, y ante una actividad no reglada o discrecional conlleva una desviación de poder. En relación con el poder legislativo, "el acto del Legislativo se revela arbitrario, aunque respetara otros principios del 9.3, cuando engendra desigualdad. Y no ya desigualdad referida a la discriminación –que ésta concierne al artículo 14–, sino a las exigencias que el artículo 9.2 conlleva, a fin de promover la igualdad del individuo y de los grupos en que se integra, finalidad que, en ocasiones, exige una política legislativa que no puede reducirse a la pura igualdad ante la ley". También en conexión con el principio de igualdad, el Tribunal Constitucional se ha manifestado en el sentido de que "A través de numerosas resoluciones este Tribunal ha establecido una constante y uniforme doctrina según la cual el derecho a la igualdad en la aplicación de la ley, protegido por el artículo 14 CE y conectado con el principio de interdicción de la arbitrariedad de los poderes públicos que consagra el artículo 9.3 CE, significa, en relación con el ejercicio de la potestad jurisdiccional, que un mismo Juez o Tribunal no puede modificar el sentido de sus decisiones adoptadas con anterioridad en casos sustancialmente idénticos, a no ser que se aparte conscientemente de él, ofreciendo una fundamentación suficiente y razonable que motive el cambio de criterio o, en ausencia de tal motivación expresa, resulte patente que la diferencia de trato tiene su fundamento en un efectivo cambio de criterio por desprenderse así de la propia resolución judicial o por existir otros elementos de juicio externo que así lo indiquen".

4. Derechos y deberes fundamentales de los españoles: concepto y clases

4.1. Principio general: concepto

La Constitución española de 29 de Diciembre de 1.978 dedica el Título I a los Derechos y Deberes fundamentales.

Dicho Título comienza con el artículo 10 de la Constitución en el que se define como **fundamento del orden político y de la paz social**: **"la dignidad de la persona,** los derechos inviolables que le son inherentes, el libre desarrollo de la personalidad y el respeto a la Ley a los derechos de los demás", y se añade, "Las normas relativas a los derechos fundamentales y a las libertades que la Constitución reconoce se interpretarán de conformidad con la Declaración Universal de Derechos Humanos y los tratados y acuerdos internacionales, sobre las mismas materias ratificadas por España".

Sin lugar a dudas, este artículo es la pieza angular de todo el sistema de derechos y libertades reconocidos en el Título I de la Constitución. Dentro del sistema constitucional es considerado como el punto de arranque, como *prius* lógico y ontológico para la existencia y reconocimiento de los demás derechos. Analizando el contenido del apartado primero de este artículo, observamos que, en primer lugar, se refiere a la dignidad de la persona, como valor inherente de la misma, que consiste en el derecho de cada cual a determinar libremente su vida de forma consciente y responsable y a obtener el correspondiente respeto de los demás. Además la dignidad de la persona debe permanecer inalterada cualquiera que sea la situación en que la persona se encuentre, constituyendo en consecuencia un "minimum" invulnerable que todo estatuto jurídico debe garantizar.

Llegados a este punto, podemos precisar las características de la dignidad esencial de una persona: en primer lugar, la dignidad del ser humano es cualitativamente superior a la del resto de seres del planeta; en segundo lugar, y en consecuencia con lo anterior, la dignidad humana no admite grados, por lo tanto todos los seres humanos, por el hecho de ser personas, son iguales en dignidad, no se pude considerar a nadie más digno que a otro, ni devaluar la dignidad de grupos de personas y considerarlos de inferior condición con respecto a los demás. En tercer lugar, el respeto a esta dignidad es el fundamento de todo Derecho positivo ya sea estatal o internacional; es necesario, pues, acomodar cualquier norma del ordenamiento jurídico a las exigencias de la dignidad de la persona. Por último, la dignidad humana es irrenunciable, las personas no pueden disponer de ella y se conserva hasta el mismo momento de la muerte.

4.2. Catalogación constitucional

La Constitución Española establece la siguiente clasificación:

- Capítulo 1. De los españoles y los extranjeros.
- Capítulo 2. Derechos y Libertades:
  - ▷ Sección 1.ª Derechos fundamentales y Libertades Públicas.
  - ▷ Sección 2.ª Derechos y deberes de los ciudadanos.
- Capítulo 3. Principios rectores de la política social y económica.
- Capítulo 4. Garantías de las libertades y derechos fundamentales.
- Capítulo 5. Suspensión de los derechos y libertades.

5. Estudio de los diversos grupos

5.1. De los españoles y los extranjeros

Se recogen en el Capítulo 1º de la CE, artículos 11 al 13 que establecen:

Artículo 11

La **nacionalidad española** se adquiere, se conserva y se pierde de acuerdo con lo establecido por la Ley. Ningún español de origen podrá ser privado de su nacionalidad.

El Estado podrá concertar tratados de doble nacionalidad con los países iberoamericanos o con aquellos que hayan tenido o tengan una particular vinculación con España. En estos mismos países, aún cuando no reconozcan a sus ciudadanos un derecho recíproco, podrá naturalizarse los españoles sin perder su nacionalidad de origen.

Artículo 12

Los españoles son **mayores de edad** a los dieciocho años.

Artículo 13

Los **extranjeros** gozarán en España de las libertades públicas que garantiza el presente Título en los términos que establezcan los tratados y la ley.

Solamente los españoles serán titulares de los derechos reconocidos en el artículo 23 (Derechos Políticos), salvo lo que, atendiendo a criterios de reciprocidad, pueda establecerse por tratado o ley para el derecho de sufragio activo y pasivo en las elecciones municipales.

La extradición sólo se concederá en cumplimiento de un tratado o de la ley, atendiendo al principio de reciprocidad. Quedan excluidos de la extradición los delitos políticos, no considerándose como tales los actos de terrorismo.

La ley establecerá los términos en que los ciudadanos de otros países y los apátridas podrán gozar del derecho de asilo en España.

5.2. Derechos y libertades

Artículo 14. Igualdad ante la Ley

Los españoles son iguales ante la ley, sin que pueda prevalecer discriminación alguna por razón de nacimiento, raza, sexo, religión, opinión o cualquier otra condición o circunstancia personal o social.

El principio de igualdad ante la ley y la prohibición de discriminación es una vieja aspiración del ser humano que fue recogida con entusiasmo por el movimiento constitucional del siglo XVIII que marcó el fin del Antiguo Régimen. Se convirtió en una de las principales reivindicaciones de los revolucionarios liberales, especialmente de los franceses, hasta el punto de que su proclamación forma parte de la divisa del Estado surgido de la Revolución Francesa ("Libertad, igualdad, fraternidad").

El Tribunal Constitucional ha definido el principio de igualdad como la prohibición de toda diferencia de trato que carezca de una justificación objetiva y razonable; ha afirmado el carácter vinculante de este principio tanto para el legislador (igualdad en la ley), como para los órganos aplicadores del Derecho (igualdad en la aplicación de la ley) y los particulares (igualdad horizontal); ha matizado la vinculación de los particulares al principio de igualdad al señalar que su libertad de actuación sólo está limitada constitucionalmente de forma directa por la prohibición de discriminar por las causas expresamente mencionadas en el artículo 14, por considerarse de orden público, mientras que en lo demás ha de estarse a lo que establezcan las leyes y los jueces, que en todo caso deberán ponderar este trascendente principio con el de autonomía de la voluntad, implícito en la Constitución.

El Tribunal ha establecido también los criterios o elementos que permiten distinguir entre una diferencia de trato justificada y otra discriminatoria y, por tanto, constitucionalmente inadmisible; ha otorgado a las condiciones personales explícitamente enunciadas en el artículo 14 (nacimiento, raza, sexo, religión y opinión) el tratamiento de "categorías sospechosas de discriminación", de tal modo que todo trato desigual basado en alguna de esas circunstancias debe ser sometido a un escrutinio especialmente riguroso, necesitando un plus de fundamentación de su objetividad y razonabilidad para pasar el test de constitucionalidad; ha admitido, con ciertas cautelas, la compatibilidad de las leyes singulares o de caso único con el principio de igualdad; y, por último, ha defendido la necesidad de hacer una interpretación dinámica y abierta de la igualdad formal del artículo 14, a fin de hacer hacerla compatible con la igualdad real y efectiva de que habla el artículo 9.2 de la Constitución, lo que le ha llevado, entre otras cosas, a admitir la validez constitucional de las medidas de acción positiva y de discriminación inversa en relación con grupos sociales desfavorecidos (mujer, discapacitados, etc.).

5.2.1. De los Derechos Fundamentales y Libertades Públicas

Son los derechos fundamentales los más importantes a nuestro juicio de todo el título primero, y esto se demuestra en la especial superprotección que la propia CE hace de estos derechos, por la vía de exigir Ley Orgánica para su desarrollo, o el establecimiento del Recurso de Amparo ante el Tribunal Constitucional, o el establecimiento de un procedimiento agravado de reforma constitucional si lo que se quiere es reformar un derecho fundamental.

Artículo 15. Derecho a la vida

Todos tienen **derecho a la vida y a la integridad física y moral**, sin que, en ningún caso, puedan ser sometidos a tortura ni a penas o tratos inhumanos o degradantes. Queda abolida la **pena de muerte**, salvo lo que puedan disponer las leyes penales militares para tiempos de guerra.

El derecho a la vida y el derecho a la integridad física y moral son los derechos más básicos y primarios de todos los reconocidos en el texto constitucional, en la medida en que la afirmación de los demás solo tiene sentido a partir del reconocimiento de éstos. Esta naturaleza del derecho a la vida y del de integridad personal explica tanto el reconocimiento constitucional conjunto de ambos derechos, como, sobre todo, el lugar en que se produce este reconocimiento: en el primer artículo de la Sección Primera del Capítulo II del Título I (artículos 15 a 29), sección que constituye el núcleo central de la declaración constitucional de derechos, es decir, en la que se ubican los derechos más relevantes, aquellos que gozan del máximo nivel de protección jurídica (artículos 53, 81 y 168). El derecho a la vida y el de integridad personal son, pues, no solo los primeros derechos fundamentales desde un punto de vista lógico, sino también los primeros desde la perspectiva de su enunciado y tratamiento constitucional.

Artículo 16. Libertad ideológica y religiosa

Se garantiza la libertad ideológica, religiosa y de culto de los individuos y las comunidades sin más limitación, en sus manifestaciones, que la necesaria para el mantenimiento del orden público protegido por la ley.

Nadie podrá ser obligado a declarar sobre su ideología, religión o creencias.

Ninguna confesión tendrá carácter estatal. Los poderes públicos tendrán en cuenta las creencias religiosas de la sociedad española y mantendrán las consiguientes relaciones de cooperación con la Iglesia Católica y las demás confesiones.

La libertad ideológica tiene una vertiente íntima: el derecho de cada uno no sólo a tener su propia cosmovisión, sino también todo tipo de ideas u opiniones, es decir desde una concepción general u opiniones cambiantes sobre cualquier materia; sin embargo, la libertad alcanza su trascendencia en su vertiente externa, que se traduce en la posibilidad de compartir y transmitir, en definitiva de exteriorizar esas ideas.

La libertad religiosa se corresponde con la vertiente trascendente de la libertad ideológica, pero más que por el contenido de las ideas, la libertad religiosa se distingue por su ejercicio comunitario o colectivo (sin perjuicio de su componente individual) que alcanza su máxima expresión externa mediante los actos de culto. La libertad religiosa se ha regulado mediante la Ley Orgánica 7/1980, de 5 de julio, de libertad religiosa.

Lo que significa que en materia de libertad religiosa, nuestra Constitución se puede catalogar como **Aconfesional**.

En la Ley Orgánica se destacan tanto los aspectos individuales: derecho a profesar cualesquiera creencias religiosas o a no profesar ninguna, a cambiar de religión, a no ser obligado a declarar sobre sus ideas o a no ser obligado a practicar actos de culto, a recibir enseñanza religiosa según las propias convicciones (o las de los padres o tutores) o a recibir sepultura digna; como los colectivos: derecho a celebrar sus propios ritos u otros muchas veces vinculados a otros derechos fundamentales como sería el derecho a impartir enseñanza religiosa (art. 27 CE); a reunirse o manifestarse (art. 21 CE) o a asociarse (art. 22 CE), con relación a los cuales se establece un régimen especial.

Artículo 17. Derecho a la libertad personal

Toda persona tiene derecho a la libertad y a la seguridad. Nadie puede ser privado de su libertad, sino con la observancia de lo establecido en este artículo y en los casos y en la forma previstos en la ley.

La **detención preventiva** no podrá durar más del tiempo estrictamente necesario para la realización de las averiguaciones tendentes al esclarecimiento de los hechos, y, en todo caso, en el plazo máximo de setenta y dos horas, el detenido deberá ser puesto en libertad o a disposición de la autoridad judicial.

Toda persona detenida debe ser informada de forma inmediata, y de modo que le sea comprensible, de sus derechos y de las razones de su detención, no pudiendo ser obligada a declarar. Se garantiza la asistencia de abogado al detenido en las diligencias policiales y judiciales, en los términos que la ley establezca.

La ley regulará un procedimiento de **"habeas corpus"** para producir la inmediata puesta a disposición judicial de toda persona detenida ilegalmente. Asimismo, por ley se determinará el plazo máximo de duración de la prisión provisional.

La libertad personal es, después del derecho a la vida, el primero de los derechos, lo que llevó a que su protección se consignara ya en la Carta Magna inglesa de 1215. La importancia del derecho se refleja en el cuidado con el que el constituyente lo recogió y en su régimen de garantías, contando con una característica de este derecho, como es el procedimiento de habeas corpus.

Los titulares del derecho son todas las personas con independencia de su nacionalidad, sin perjuicio de que la regulación de los supuestos o el régimen de privación de libertad pueda variar según se trate de españoles o extranjeros al establecerse específicas medidas restrictivas de la libertad para los extranjeros en determinados supuestos, como es el caso de los extranjeros en trámite de expulsión. La garantía del derecho si bien habitualmente se opone frente a los poderes públicos, podrá también argüirse frente a los particulares según se desprende de la Ley Orgánica 6/1984, reguladora del procedimiento de habeas corpus.

Los supuestos en los que, de acuerdo con el precepto constitucional, podrá privarse de la libertad a una persona serán la detención preventiva, la prisión provisional y la prisión. Sin embargo, no acaban ahí las posibilidades de restricción de la libertad, sino que entre las privaciones de libertad de corta duración hay que sumar la denominada 'retención' a efectos de identificación, presente en la Ley Orgánica de Seguridad Ciudadana o la retención para efectuar la prueba de alcoholemia, y entre las privaciones de libertad de más larga duración el internamiento en centro psiquiátrico u otro centro asistencial.

Respecto a la Detención preventiva el art. 17.2 CE establece que tendrá por objeto llevar a cabo las actuaciones tendentes al esclarecimiento de hechos de carácter delictivo. No podrá mantenerse más que el tiempo estrictamente necesario para tal esclarecimiento, imponiéndose, en todo caso, un plazo máximo de 72 horas para que la persona sea puesta en libertad o a disposición judicial. El propio precepto constitucional se encarga de establecer las garantías del detenido, después desarrolladas legal y jurisprudencialmente:

a) El detenido ha de ser informado de los motivos de su detención, así como de sus derechos de manera comprensible.

b) Nadie puede ser obligado a declarar, lo cual significará, en primer lugar, que la persona detenida tendrá derecho a guardar silencio, o a declarar sólo parcialmente, o a manifestar que sólo se declarará ante el Juez, sin que en ningún caso la confesión responda a un acto de compulsión, inducción fraudulenta o intimidación; y, en segundo lugar, que el detenido tendrá derecho a no declarar contra sí mismo y no declararse culpable.

c) Derecho a asistencia letrada, ya sea de su elección o designado de oficio.

d) Derecho a comunicar a un familiar o persona de su elección el hecho de la detención y el lugar de la misma, pudiendo comunicarse en el caso de los extranjeros a la Oficina Consular de su país.

e) Derecho a ser asistido por un intérprete en caso de no comprender o no hablar el castellano, ya se trate de extranjeros o también de nacionales.

f) Derecho a ser reconocido por un médico dependiente de las Administraciones Públicas, todo ello en los términos previstos en la LO de Asistencia letrada al detenido.

Artículo 18. Derecho a la intimidad e inviolabilidad del domicilio

Se garantiza el **derecho al honor, a la intimidad personal y familiar y a la propia imagen.**

El **domicilio es inviolable**. Ninguna entrada o registro podrá hacerse en él sin consentimiento del titular o resolución judicial, salvo en caso de flagrante delito.

Se garantiza el **secreto de las comunicaciones** y, en especial, de las postales, telegráficas y telefónicas, salvo resolución judicial.

La ley limitará el uso de la informática para garantizar el honor y la intimidad personal y familiar de los ciudadanos y el pleno ejercicio de sus derechos.

El primer párrafo del precepto que comentamos cuenta ya con un contenido complejo, pues en él se protegen, en primer lugar, el derecho al honor, en segundo lugar, el derecho a la intimidad, tanto personal como familiar, y en tercer lugar el derecho a la propia imagen, derechos como veremos con rasgos comunes, pero también con aspectos que permiten distinguir tres derechos diferenciados.

a) El derecho al honor es el que ha gozado de protección por parte de nuestro ordenamiento de manera tradicional, al configurar uno de los derechos clásicos de la personalidad y ha sido objeto de una larga interpretación jurisprudencial, fruto de la cual se distinguen un aspecto inmanente y otro trascendente del honor: el primero consiste en la estima que cada persona tiene de sí misma; el segundo, por su parte, radica en el reconocimiento de los demás de nuestra dignidad, se vincula así, pues, con la fama, con la opinión social.

b) El derecho a la intimidad se vincula a la esfera más reservada de las personas, al ámbito que éstas siempre preservan de las miradas ajenas, aquél que desea mantenerse oculto a los demás por pertenecer a su esfera más privada, vinculada con la dignidad y el libre desarrollo de la personalidad (art. 10.1 CE). De esta forma el derecho a un núcleo inaccesible de intimidad se reconoce incluso a las personas más expuestas al público La intimidad, de acuerdo con el propio precepto constitucional, se reconoce no sólo al individuo aisladamente considerado, sino también al núcleo familiar.

c) El derecho a la propia imagen salvaguarda la proyección exterior de dicha imagen como medio de evitar injerencias no deseadas, de velar por una determinada imagen externa o de preservar nuestra imagen pública. Este derecho está íntimamente condicionado por la actividad del sujeto, no sólo en el sentido de que las personas con una actividad pública verán más expuesta su imagen, sino también en el sentido de que la imagen podrá preservarse cuando se desvincule del ámbito laboral propio.

Inviolabilidad del domicilio. La inviolabilidad del domicilio se vincula al derecho a la intimidad de las personas, pues protege el ámbito donde la persona desarrolla su intimidad al amparo de miradas indiscretas, como consecuencia de ello es lógico que el Tribunal Constitucional haya dado al término domicilio un significado mucho más amplio que el otorgado por el Código Civil, considerando así 'domicilio', 'segundas viviendas', vehículos o caravanas y habitaciones de hotel, aunque en algunos de estos casos con ciertas cortapisas derivadas de las propias características del alojamiento. Para que se admita la vulneración del derecho no es necesaria la penetración física sino que se comprende también la que se efectúa mediante aparatos visuales o auditivos.

La Constitución señala tres situaciones en las que se admite la entrada y registro domiciliarios:

a) Consentimiento del titular.

b) Resolución judicial.

c) Flagrante delito.

A éstas hay que añadir otra, no consignada, pero igualmente admisible, dadas sus características, la situación de urgente necesidad, como la que se produce en casos de catástrofe, ruina inminente u otros similares con la finalidad de evitar daños inminentes y graves para personas o cosas, es decir en supuestos en los que es necesaria la quiebra de la inviolabilidad domiciliaria para preservar otros bienes protegidos, en particular la vida o integridad de las personas.

Artículo 19. Libertad de residencia y circulación

Los españoles tienen **derecho a elegir libremente su residencia y a circular por el territorio** nacional.

Asimismo, tienen derecho a entrar y salir libremente de España en los términos que la ley establezca. Este derecho no podrá ser limitado por motivos políticos o ideológicos.

Este precepto reconoce a los españoles la libertad tanto para circular libremente por el territorio nacional como para fijar el lugar de residencia. Ello significa la posibilidad de trasladarse de un lugar a otro, de una Comunidad Autónoma a otra o de fijar la residencia en una u otra con independencia del origen, sin ningún tipo de trabas, la libertad alcanza pues todo el territorio nacional. Esta libertad se vincula con lo establecido en el artículo 139.2 de la Constitución que señala la imposibilidad de poner obstáculos a la libre circulación, lo que no obsta para que cada Comunidad Autónoma pueda establecer sus propios derechos y deberes en el marco de sus competencias siempre que no impidan o dificulten la libertad de circulación o residencia en cualquier parte del territorio.

Hay que hacer notar que la libertad de circulación y de residencia en la actualidad no viene impuesta solamente por el ordenamiento interno, sino también por la normativa comunitaria. En este sentido aunque el derecho tiene como sujeto expreso a 'los españoles', la libertad de circulación y de residencia, por vía del Derecho de la Unión Europea (art. 18 TCE), se extiende a todos los ciudadanos comunitarios y a sus familias, de conformidad con las Directivas de desarrollo, sin que los Estados puedan restringir el derecho más que por causa de orden o seguridad públicos o de salud pública, cuya apreciación corresponde al Estado receptor pero siempre con el control del Tribunal de Justicia de las Comunidades Europeas, quien ha propiciado una interpretación restringida de las mencionadas cláusulas.

Artículo 20. Libertad de expresión

Se reconocen y protegen los derechos:

a) A expresar y difundir libremente los pensamientos, ideas y opiniones mediante la palabra, el escrito o cualquier otro medio de reproducción.

b) A la producción y creación literaria, artística, científica y técnica.

c) A la libertad de cátedra.

d) A comunicar o recibir libremente información veraz por cualquier medio de difusión. La ley regulará el derecho a la cláusula de conciencia y al secreto profesional en el ejercicio de estas libertades.

El ejercicio de estos derechos no puede restringirse mediante ningún tipo de censura previa.

La ley regulará la organización y el control parlamentario de los medios de comunicación social dependientes del Estado o de cualquier ente público y garantizará el acceso a dichos medios de los grupos sociales y políticos significativos, respetando el pluralismo de la sociedad y de las diversas lenguas de España.

Estas libertades tienen su límite en el respeto a los derechos reconocidos en este Título, en los preceptos de las leyes que lo desarrollen y, especialmente, en el derecho al honor, a la intimidad, a la propia imagen y a la protección de la juventud y de la infancia.

Sólo podrá acordarse el secuestro de publicaciones, grabaciones y otros medios de información en virtud de resolución judicial.

Especial incidencia cuenta la formulación de las libertades de expresión e información (párrafo 1, apartados a) y d), respectivamente, libertades no siempre fácilmente distinguibles, pero que es necesario matizar para hacer plenamente operativos los mandatos constitucionales; de esta forma, la libertad de expresión hace referencia a la libertad para comunicar pensamientos, ideas, opiniones por cualquier medio de difusión ya sea de carácter general o más restringido (pasquines...), aunque se garantice una especial protección en el primer caso. Por su parte, la libertad de información se refiere a la comunicación de hechos mediante cualquier medio de difusión general, esto es la libertad de expresión conlleva un matiz subjetivo, mientras que libertad de la información contiene un significado que pretende ser objetivo. Evidentemente expresión e información con frecuencia no se dan separados, sino, por el contrario, unidos puesto que con las noticias es frecuente intercalar opiniones propias del informador.

El precepto constitucional exige la veracidad en el caso de la información, lo cual se ha interpretado como necesidad de veracidad subjetiva, es decir que el informante haya actuado con diligencia, haya contrastado la información de forma adecuada a las características de la noticia y a los medios disponibles, puesto que de exigirse una verdad objetiva eso haría imposible o dificultaría en extremo el ejercicio de la libertad de información.

Las libertades de expresión e información con frecuencia entran en colisión con los derechos al honor, a la intimidad y la propia imagen, que aparecen como límite expresamente reconocido en el precepto constitucional. En caso de conflicto deberá llevarse a cabo la correspondiente ponderación de bienes, teniendo que analizar cada una de las circunstancias concurrentes, de forma tal que cada caso necesitará de un examen particularizado sin que quepa la aplicación automática de reglas generales. No obstante, existen unas pautas, puestas de relieve en especial por la jurisprudencia, que será necesario tener presentes a la hora de analizar cualquier conflicto entre los derechos del artículo 18.1 y los del artículo 20:

a) En ningún caso resultará admisible el insulto o las calificaciones claramente difamatorias.

b) El cargo u ocupación de la persona afectada será un factor a analizar, teniendo en cuenta que los cargos públicos o las personas que por su profesión se ven expuestas al público tendrán que soportar un grado mayor de crítica o de afectación a su intimidad que las personas que no cuenten con esa exposición al público.

c) Las expresiones o informaciones habrán de contrastarse con los usos sociales, de forma tal que, por ejemplo, expresiones en el pasado consideradas injuriosas pueden haber perdido ese carácter o determinadas informaciones que antes pudieran haberse considerado atentatorias del honor o la intimidad ahora resultan inocuas;

d) No se desvelarán innecesariamente aspectos de la vida privada o de la intimidad que no resulten relevantes para la información. Sin embargo, más allá de estos aspectos de carácter subjetivo el Tribunal Constitucional ha destacado el carácter prevalente o preferente de la libertad de información por su capacidad para formar una opinión pública libre, indisolublemente unida al pluralismo político propio del Estado democrático. No obstante es necesario tener presente que esa prevalencia no juega de forma automática sino sólo en supuestos en los que no concurran otros factores, como pueda ser la presunción de inocencia, en los que la ponderación lleve a primar intimidad, honor o propia imagen sobre las libertades de expresión o, en particular, de información.

Artículo 21. Derecho de reunión

Se reconoce el derecho de reunión pacífica y sin armas. El ejercicio de este derecho no necesitará autorización previa.

En los casos de reuniones en lugares de tránsito público y manifestaciones se dará comunicación previa a la autoridad, que sólo podrá prohibirlas cuando existan razones fundadas de alteración del orden público, con peligro para personas o bienes.

El derecho de reunión se configura como un derecho del que participan elementos de la libertad de expresión y del derecho de asociación, de tal forma que ha podido definirse como la agrupación temporal para reivindicar una finalidad por medio de la expresión de ideas o como 'una manifestación colectiva de la libertad de expresión ejercitada a través de una asociación transitoria'. Los elementos configurados son, pues, una agrupación de más de 20 personas, en un momento prefijado y con una duración determinada y la expresión de unas ideas, con frecuencia con fines reivindicativos. En los supuestos en los que no se dieran los elementos citados nos encontraríamos ante meras 'aglomeraciones', en consecuencia no amparadas por el artículo 21 de la Constitución. Además de los derechos ya mencionados el derecho de reunión se vincula con otros como la participación política, las libertades sindicales o el derecho de huelga en cuanto que cauce de expresión de estos derechos, lo que conduce a calificar el derecho de reunión como un derecho instrumental.

En el artículo 21 hay que distinguir dos apartados el primero que genéricamente se refiere al derecho de reunión y el segundo que recoge unos supuestos específicos del mismo: las reuniones en lugares de tránsito público. De esta forma la afirmación general del párrafo primero se reduce a las reuniones que se celebren en lugares cerrados o en lugares abiertos pero que no sean de tránsito público. El único requisito que se exige con carácter general es que la reunión sea pacífica y sin armas.

En el segundo párrafo, por su parte, se establecen unas limitaciones a los supuestos en que las reuniones se celebren en lugares de tránsito público, ya sean de forma estática (reuniones) o de manera ambulatoria (manifestaciones), estos supuestos cuentan con una regulación especial debido a que las repercusiones o la afectación de otros derechos o bienes será más intensa que en las reuniones que se celebran en lugares cerrados, por este motivo la Constitución exige que en esos supuestos la reunión 'se comunique' a la autoridad competente, que, a su vez, puede llevar a una prohibición de la manifestación cuando existan fundadas razones para presumir la alteración del orden público, que habrá de ser entendido de forma restrictiva y de acuerdo con lo establecido en el ordenamiento, pero además se añade 'con peligro para personas o bienes' con lo cual habría que interpretarlo que el riesgo de otro tipo de desórdenes que no implicaran peligro para personas o bienes no podría conducir a la prohibición de una manifestación.

Artículo 22. Derecho de asociación

Se reconoce el derecho de asociación.

Las asociaciones que persigan fines o utilicen medios tipificados como delito son ilegales.

Las asociaciones constituidas al amparo de este artículo deberán inscribirse en un registro a los solos efectos de publicidad.

Las asociaciones sólo podrán ser disueltas o suspendidas en sus actividades en virtud de resolución judicial motivada.

Se prohíben las asociaciones secretas y las de carácter paramilitar.

Nuestra Constitución regula autónomamente las manifestaciones históricamente más polémicas del derecho de asociación: los partidos políticos y los sindicatos (artículo 7), así como las excepciones a la libertad negativa: los colegios profesionales (artículo 36) y las organizaciones profesionales (artículo 52).

Respecto de la titularidad del derecho, viene regulado en la Ley Orgánica 1/2002. El artículo 3 detalla quienes pueden asociarse: las personas físicas con capacidad de obrar y no sometidas a ninguna condición legal para la ejercicio del derecho; los menores no emancipados de más de catorce años con el consentimiento documentalmente acreditado de sus padres; las personas jurídicas por acuerdo expreso de su órgano competente; y también las personas jurídicas públicas entre sí o con particulares como medida de fomento y en igualdad de condiciones con los privados para evitar posición de dominio en el funcionamiento de la asociación. En lo que atañe a los militares y jueces, el artículo 3 remite a las normas propias de sus cuerpos que modulan el ejercicio del derecho de asociación.

La libertad de asociarse se manifiesta ad extra en el acuerdo de constitución que refleja esa voluntad de tres o más personas de actuar conjuntamente en la consecución de los fines asociativos; y *ad intra* en la capacidad de fijar esos fines, de organizar la asociación y establecer el régimen interno de acuerdo, claro está, con el orden jurídico. La libertad de asociarse implica, por tanto, la facultad de autoorganización que se convierte en límite del control judicial sobre la vida interna de la asociación. La Ley Orgánica 1/2002 regula, en sus artículos 5 a 10, el momento constitutivo. La constitución se produce mediante el otorgamiento, en documento público o privado, del acta fundacional donde se recogen el acuerdo de constitución y los estatutos de la asociación. A partir de este instante la asociación adquiere su personalidad jurídica y la plena capacidad de obrar "sin perjuicio de la necesidad de su inscripción a los efectos del artículo 10".

Artículo 23. Derecho de participación

Los ciudadanos tienen el derecho a participar en los asuntos públicos, directamente o por medio de representantes, libremente elegidos en elecciones periódicas por sufragio universal.

Asimismo, tienen derecho a acceder en condiciones de igualdad a las funciones y cargos públicos, con los requisitos que señalen las leyes.

El artículo 23 de nuestra Constitución presenta un contenido complejo y en realidad recoge tres derechos autónomos: el derecho a la participación política directamente o a través de representantes (apartado 1); y el derecho de acceso a cargos públicos en condiciones de igualdad (apartado 2) que se desdobla, según la jurisprudencia del Tribunal Constitucional, en el derecho de acceso a cargos públicos representativos que incluye sufragio pasivo, pero no sólo, y el derecho de acceso a la función pública conforme a los principios de mérito y capacidad invocados en el artículo 103.3 CE. Se trata de un derecho de participación política, no de una participación de cualquier otra naturaleza en asuntos públicos. Mediante este tipo de participación el ciudadano contribuye a la formación democrática de la voluntad estatal, y ésta se produce directamente a través de la elección de representantes que forman los órganos en donde esa se expresa.

Como el propio artículo 23.1 establece, la participación puede ser directa o indirecta. La primera se refleja en nuestra Constitución en la previsión del referéndum del artículo 92 o del referéndum de reforma constitucional, así como en la más modesta iniciativa legislativa popular. En cambio, la representación política es el eje de la estructura democrática del estado y el verdadero mecanismo a través del cual se legitima el funcionamiento de las principales instituciones en cada esfera territorial: Cortes Generales, Parlamentos Autonómicos, municipios y diputaciones provinciales. El artículo 23.1 exige que la elección de los representantes se realice mediante elecciones periódicas y sufragio universal.

Protección judicial de los derechos, y tipicidad penal

Artículo 24

Todas las personas tienen derecho a obtener la tutela efectiva de los jueces y tribunales en el ejercicio de sus derechos e intereses legítimos, sin que, en ningún caso, pueda producirse indefensión.

Asimismo, todos tienen derecho al Juez ordinario predeterminado por la ley, a la defensa y a la asistencia al letrado, a ser informados de la acusación formulada contra ellos, a un proceso público sin dilaciones indebidas y con todas las garantías, a utilizar los medios de prueba pertinentes para su defensa, a no declarar contra sí mismos, a no confesarse culpables y a la presunción de inocencia. La ley regulará los casos en que, por razón de parentesco o de secreto profesional, no se estará obligado a declarar sobre hechos presuntamente delictivos.

Artículo 25

Nadie puede ser condenado o sancionado por acciones u omisiones que en el momento de producirse no constituyan delito, falta o infracción administrativa, según la legislación vigente en aquel momento.

Las penas privativas de libertad y las medidas de seguridad estarán orientadas hacia la reeducación y reinserción social y no podrán consistir en trabajos forzados. El condenado a pena de prisión que estuviere cumpliendo la misma gozará de los derechos fundamentales de este Capítulo, a excepción de los que se vean expresamente limitados por el contenido del fallo condenatorio, el sentido de la pena y la ley penitenciaria. En todo caso, tendrá derecho a un trabajo remunerado y a los beneficios correspondientes de la Seguridad Social, así como al acceso a la cultura y al desarrollo integral de su personalidad.

La Administración civil no podrá imponer sanciones que, directa o subsidiariamente, impliquen privación de libertad.

Artículo 26

Se prohíben los Tribunales de Honor en el ámbito de la Administración Civil y de las organizaciones profesionales.

Nos encontramos sin lugar a dudas ante los artículos más complejos de la parte dogmática de nuestra Constitución española. No en vano es el derecho que más demandas de recurso de amparo constitucional genera. La titularidad de este derecho es de todas las personas. Esto significa que lo pueden ejercitar tanto españoles, comunitarios, extranjeros, incluso personas jurídicas. En todo caso, su contenido se podría sintetizar en el derecho a la tutela judicial efectiva, a la prohibición de la indefensión, a las garantías constitucionales del proceso penal, a la presunción de inocencia y a la exclusión del deber de testificar.

La presunción de inocencia "ha dejado de ser un principio general del derecho que ha de informar la actividad judicial para convertirse en un derecho fundamental que vincula a todos lo poderes públicos y que es de aplicación inmediata". Estamos por tanto ante una presunción de la denominada *iuris tantum*. Esto significa que toda persona se presume su inocencia hasta que no quede demostrada su culpabilidad. Es una presunción que por tanto admite prueba en contrario, pero lo relevante es que quien acusa es quien tiene que demostrar la culpabilidad, el acusado pues no tiene que demostrar su inocencia, ya que de ella se parte. La carga de la prueba es así de quien acusa.

El contenido del artículo 25 se desglosa en: la proclamación del principio de legalidad, mandatos al legislador para orientar la regulación de la relación de sujeción especial penitenciaria, y la prohibición a la Administración civil de imponer sanciones que impliquen privación de libertad. En puridad, sólo los apartados 1 y 3 generan por sí mismos derechos amparables, mientras que el apartado 2 contiene en realidad principios orientadores de la legislación penitenciaria. El apartado 1 del artículo 25 proclama como derecho fundamental el principio de legalidad penal extendiéndolo al Derecho administrativo sancionador. Una tradicional manifestación del garantismo que se expande a otro ámbito donde se pueden producir limitaciones de derechos.

Los tribunales de honor eran unas instituciones típicamente españolas, sin parangón en el Derecho extranjero, que nacen en el ámbito castrense para juzgar oficiales, se extienden luego a la Administración pública y más tarde a la esfera privada, en especial a los colegios profesionales. Estaban formados por los pares del encausado y tenían por finalidad juzgar la dignidad de éste para pertenecer al cuerpo o profesión de la que era miembro. De resultar declarado indigno, el sujeto era expulsado del cuerpo, sin que pudiera interponerse recurso alguno. Hoy de acuerdo con la tipicidad penal están absolutamente prohibidos.

Artículo 27. Libertad de enseñanza y derecho de educación

Todos tienen el **derecho a la educación. Se reconoce la libertad de enseñanza.**

La educación tendrá por objeto el pleno desarrollo de la personalidad humana en el respeto a los principios democráticos de convivencia y a los derechos y libertades fundamentales.

Los poderes públicos garantizan el derecho que asiste a los padres para que sus hijos reciban la formación religiosa y moral que esté de acuerdo con sus propias convicciones.

La enseñanza básica es obligatoria y gratuita.

Los poderes públicos garantizan el derecho de todos a la educación.

Se reconoce a las personas físicas y jurídicas la libertad de creación de centros docentes, dentro del respeto a los principios constitucionales.

Los profesores, los padres y, en su caso, los alumnos intervendrán en el control y gestión de todos los centros sostenidos por la Administración con fondos públicos, en los términos que la ley establezca.

Los poderes públicos inspeccionarán y homologarán el sistema educativo para garantizar el cumplimiento de las leyes.

Los poderes públicos ayudarán a los centros docentes que reúnan los requisitos que la ley establezca.

Se reconoce la autonomía de las Universidades, en los términos que la ley establezca.

Parece evidente que dos son los derechos principales que se encuentran en este artículo: el derecho a la educación y la libertad de enseñanza. Este principal y doble reconocimiento tiende, por un lado, a garantizar la educación a todos y, por otro, a preservar el mayor pluralismo educativo posible, consintiéndolo al margen de la escuela pública.

El derecho a la educación presenta una innegable naturaleza prestacional, reforzada con la proclamación de la obligatoriedad y gratuidad de la enseñanza básica. Los poderes públicos vienen obligados a facilitar un puesto escolar gratuito en la enseñanza básica. (Hoy hasta Secundaria).

La libertad de enseñanza presenta la naturaleza propia de los derechos de libertad y está conectada, como ha recordado el Tribunal Constitucional, con otros derechos reconocidos en los artículos 16, 35 y 38 de la CE. La libertad de enseñanza supone la libertad de creación de centros docentes que también reconoce la Constitución y esta última entraña la imposición del ideario. La neutralidad no puede exigirse sino a los centros públicos puesto que el ideario equivale a tomar partido, al expresar ciertas convicciones ideológicas o religiosas que a través de él se pretenden inculcar al educando. Esta libertad de crear centros con ideario propio tiene el límite expreso en el respeto a los principios constitucionales.

Artículo 28. Libertad de sindicación y derecho de huelga

Todos tienen **derecho a sindicarse libremente**. La ley podrá limitar o exceptuar el ejercicio de este derecho a las Fuerzas o Institutos armados o a los demás Cuerpos sometidos a disciplina militar y regulará las peculiaridades de su ejercicio para los funcionarios públicos. La libertad sindical comprende el derecho a fundar sindicatos y a afiliarse al de su elección, así como el derecho de los sindicatos a formar confederaciones y a fundar organizaciones sindicales internacionales o afiliarse a las mismas. Nadie podrá ser obligado a afiliarse a un sindicato.

Se reconoce el **derecho a la huelga** de los trabajadores para la defensa de sus intereses. La ley que regule el ejercicio de este derecho establecerá las garantías precisas para asegurar el mantenimiento de los servicios esenciales de la comunidad.

Este precepto recoge los dos derechos de autotutela de los que disponen los trabajadores en el Estado social para defender sus intereses de parte más débil frente a la parte económicamente más fuerte, es decir, los empleadores. Es obvia, por lo demás, su conexión con el artículo 7 CE que reconoce a los sindicatos centralidad en las relaciones laborales y, en general, en la vida económica y social.

El apartado 1 del artículo 28 reconoce la libertad sindical y el apartado 2 el derecho de huelga. Respecto de la primera debe apuntarse que la titularidad del derecho está sometida a ciertas restricciones, pues si bien el texto del precepto constitucional dice "todos" hay algunas exclusiones recogidas en este artículo y en algún otro precepto de la Constitución. En efecto, el propio artículo 28.1 autoriza al legislador para que limite o exceptúe del ejercicio del derecho de sindicación a militares y otras personas encuadradas en cuerpos sometidos a disciplina militar, es decir, la Guardia Civil. El legislador ha optado por la afectación mas fuerte proscribiendo a los militares el ejercicio de este derecho. En lo que atañe a los funcionarios públicos, el artículo 28.1, en relación con el artículo 103.3 CE, no autoriza la privación, pero sí ciertas " peculiaridades" no necesariamente comunes a toda clase de funcionarios. El artículo 127.1 CE contiene la más enérgica prohibición de ejercicio de la libertad sindical a un sector del funcionariado, pues la veda absolutamente a los jueces, magistrados y fiscales. Los policías pueden sindicarse, pero sometidos al régimen privativo especial. Los extranjeros gozan de libertad sindical, pero su ejercicio, como el de tantos otros derechos, se condiciona a la obtención de autorización de estancia o residencia. El artículo 28.1 concreta el genérico derecho de sindicación en el derecho a fundar sindicatos y en el de afiliarse al de su elección, y debe entenderse también comprendido el derecho de no afiliarse, sin que la no afiliación merme el derecho del trabajador a la actividad sindical. También comprende el derecho de los sindicatos a formar confederaciones y a fundar organizaciones sindicales internacionales o afiliarse a ellas.

En cuanto al derecho de Huelga, la CE reconoce este derecho a los trabajadores para "la defensa de sus intereses" y prevé el mantenimiento durante la huelga de los "servicios esenciales de la comunidad". En cuanto a la titularidad del derecho, corresponde a los trabajadores individualmente, pero se ejerce colectivamente pues no es posible la huelga individual, que sería, sin más, un incumplimiento del contrato de trabajo.

Artículo 29. Derecho de petición

Todos los españoles tendrán el **derecho de petición individual** y colectiva, por escrito, en la forma y con los efectos que determine la ley.

Los miembros de las Fuerzas o Institutos armados o de los Cuerpos sometidos a disciplina militar podrán ejercer este derecho solo individualmente y con arreglo a lo dispuesto en su legislación específica.

El derecho de petición se puede definir como la facultad que pertenece a toda persona de dirigirse a los poderes públicos para hacerles conocer un hecho o un estado de cosas y para reclamar su intervención. De la previsión regulada en el artículo 29 de la CE se ha de entender como derecho individual o colectivo, con ciertas restricciones para colectivos como los pertenecientes a la Fuerzas e Institutos armados y de los Cuerpos sometidos a la disciplina militar.

5.2.2. Derechos y Deberes de los ciudadanos

Aunque la CE no clasifica los Derechos y Deberes de los Españoles, gran parte de la doctrina los clasifica en:

a) De Carácter Social: entre los que se encontrarían:
   - ▹ El Derecho-Deber al Trabajo del art. 35.
   - ▹ El sostenimiento de los gastos públicos del art 31.
   - ▹ La Negociación Colectiva del art 37.
   - ▹ La Libertad de empresa del art 38.

b) De Carácter Personal: entre los que se encontrarían:
   - ▹ El derecho a contraer matrimonio del art 32.
   - ▹ El derecho a la propiedad privada y herencia del art. 33.
   - ▹ El derecho de fundación del art 34.

c) De Carácter General: entre los que se encuentran:
   - ▹ El Derecho-Deber de defender a España del art. 30.1.
   - ▹ El derecho a la Objeción de Conciencia del art 30.2.
   - ▹ Los deberes en caso de riesgo, catástrofes o calamidad pública del art 30.4.

Pasemos a detallar cada uno de ellos.

Artículo 30. Servicio Militar

Los españoles tienen el **derecho y el deber de defender a España.**

La ley fijará las obligaciones militares de los españoles y regulará, con las debidas garantías, la objeción de conciencia, así como las demás causas de exención del servicio militar obligatorio, pudiendo imponer, en su caso, una prestación social sustitutoria.

Podrá establecerse un servicio civil para el cumplimiento de fines de interés general.

Mediante ley podrán regularse los deberes de los ciudadanos en los casos de grave riesgo, catástrofe o calamidad pública.

Artículo 31. Sostenimiento de los gastos públicos

Todos contribuirán al sostenimiento de los gastos públicos de acuerdo con su capacidad económica mediante un **sistema tributario justo inspirado**

en los principios de igualdad y progresividad que, en ningún caso, tendrá alcance confiscatorio.

El gasto público realizará una asignación equitativa de los recursos públicos, y su programación y ejecución responderán a los criterios de eficiencia y economía.

Sólo podrán establecerse prestaciones personales o patrimoniales de carácter público con arreglo a la ley.

Artículo 32. Derecho a contraer matrimonio

El hombre y la mujer tienen derecho a **contraer matrimonio con plena igualdad jurídica.**

La ley regulará las formas de matrimonio, la edad y capacidad para contraerlo, los derechos y deberes de los cónyuges, las causas de separación y disolución y sus efectos.

Artículo 33. Derecho de propiedad

Se reconoce el derecho a la **propiedad privada y a la herencia**. La función social de estos derechos delimitará su contenido, de acuerdo con las leyes.

Nadie podrá ser privado de sus bienes y derechos sino por causa justificada de utilidad pública o interés social, mediante la correspondiente indemnización y de conformidad con lo dispuesto por las leyes.

Artículo 34. Derecho de fundación

Se reconoce el **derecho de fundación** para fines de interés general, con arreglo a la ley.

Regirá también para las fundaciones lo dispuesto en los apartados 2 y 4 del artículo 22.

Artículo 35. Derecho y deber de trabajar

Todos los españoles tienen el **deber de trabajar y el derecho al trabajo**, a la libre elección de profesión u oficio, a la promoción a través del trabajo y a una remuneración suficiente para satisfacer sus necesidades y las de su familia, sin que en ningún caso pueda hacerse discriminación por razón de sexo.

La ley regulará un estatuto de los trabajadores.

Artículo 36. Derecho a colegiación

La ley regulará las peculiaridades propias del régimen jurídico de los Colegios Profesionales y el ejercicio de las profesionales tituladas. La estructura interna y el funcionamiento de los Colegios deberán ser democráticos.

Artículo 37. Derecho de negociación colectiva

La ley garantizará el derecho a la negociación colectiva laboral entre los representantes de los trabajadores y empresarios, así como la fuerza vinculante de los convenios.

Se reconoce el derecho de los trabajadores y empresarios a adoptar medidas de conflicto colectivo. La ley que regule el ejercicio de este derecho, sin perjuicio de las limitaciones que pueda establecer, incluirá las garantías precisas para asegurar el funcionamiento de los servicios esenciales de la comunidad.

Artículo 38. Libertad de empresa y economía de mercado

Se reconoce la libertad de empresa en el marco de la economía de mercado.

Los poderes públicos garantizan y protegen su ejercicio y la defensa de la productividad, de acuerdo con las exigencias de la economía general y, en su caso, de la planificación.

5.3. De los principios rectores de la política social y económica

5.3.1. Naturaleza de los principios rectores de la política social y económica

La doctrina no es unánime sobre el alcance y función que desempeñan los principios rectores de la política social y económica en nuestro ordenamiento jurídico, existiendo al respecto, al menos dos hipótesis, que sintetizan las distintas opiniones.

A) Primera hipótesis: Sobre la función correctiva de los principios rectores de la política social y económica

Esta primera postura se basa en la funcionalidad de los Principios. Señala que los principios rectores desarrollan una *función correctiva* del sistema económico-social, *función* que tales preceptos cumplen en el marco del nuevo Estado. El capítulo III del título I proporciona al poder una serie de instrumentos capaces de evitar que el costo social de los desequilibrios económicos sea demasiado alto. En ese sentido es posible y exacto hablar de una función *correctiva* de los principios rectores de la política social y económica.

Por un lado podemos decir que los principios rectores de la política social y económica son concreción de la idea de Estado social señalada el artículo 1. El significado de este concepto constitucional habrá de buscarse por una parte en la «subsistencia de las estructuras económicas del capitalismo», pero acompañadas y, en cierta medida, reforzadas por la permisión de intervenciones públicas más o menos amplias en función correctiva de los desequilibrios más graves que aquél implica. Basile señala que: «Resulta clara la función de esta normativa: permite corregir los más graves desequilibrios, con un efecto estabilizador, por tanto, de la estructura económica vigente», y «Para la propia conservación del sistema económico-social se hace necesario un intervencionismo público correctivo que debe disponer de una amplia capacidad de maniobra, por eso se trata de directrices genéricas, dejando a la libertad del legislador la elección de los modos y términos para actuarlas»

Lo que si es cierto es que la aplicación de estos principios se debe en buena parte a las necesidades de tipo político. No podemos saber cómo va a utilizar el Gobierno los principios rectores, y a cual le dará más importancia en su programa político. Por ejemplo, en la Ley de Presupuestos Generales del Estado se recogen las cantidades que el Estado destinará a la Sanidad Pública, familia, discapacitados, jóvenes, medio ambiente etc., y cada gobierno concederá más o menos importancia a estos conceptos en su política.

B) Segunda hipótesis: Sobre la naturaleza de normas jurídicas de los principios rectores

A pesar de la importancia que tiene la función de los principios rectores, ahora vamos a analizar la naturaleza de estos principios. Porque existe un sector de la doctrina que, basándose en el hecho de que los preceptos contenidos en el capítulo III necesitan mayores concreciones para poder ser aplicados, ha deducido que nos encontramos ante proposiciones carentes de la condición de norma jurídica. Los principios rectores de la política social y económica no dan lugar al surgimiento de derechos subjetivos. De hecho sería absurdo acudir a los tribunales porque el Estado no nos proporciona una vivienda En este punto parece que no cabe discusión.

Sin embargo, a tenor de lo establecido en el artículo162 de la Constitución, nada impide su alegación fundamentando un recurso de inconstitucionalidad ante el Tribunal Constitucional y por los sujetos públicos legitimados para ello. Garrido Falla al comentar el párrafo tercero del artículo 53 señala que: «Obsérvese, con todo, que no existe prohibición de que sean alegados ante el Tribunal Constitucional, lo cual a los efectos del recurso de inconstitucionalidad puede tener consecuencias importantes. Por ejemplo, si el 39.1 (que encabeza el capítulo III) ordena a los poderes públicos que aseguren "la protección social, económica y jurídica de la familia", ¿no podría estar aquí la base para impugnar por inconstitucional una ley fiscal que desgravase la soltería o estableciese un impuesto progresivo sobre el número de hijos o, en fin, gravase con más intensidad el patrimonio del matrimonio que el de la pareja que no estuviese unida por vínculo civil o canónico?»

Además la constitución tiene efectos vinculantes inmediatos y directos. Así el artículo 9.1 de la Constitución señala que: «*Los ciudadanos y los poderes públicos están sujetos a la Constitución y al resto del ordenamiento jurídico.*» De lo que se deriva que si los ciudadanos y los poderes públicos están *sujetos a la Constitución,* únicamente puede ser porque ésta tiene en su conjunto efectos jurídicamente obligatorios, y además puede querer indicarse que la Constitución es parte del ordenamiento jurídico. La Constitución no sólo es norma jurídica, sino que es, además, la primera de las normas jurídicas.

Para finalizar y en mi opinión no podemos considerar los principios rectores de la política social y económica como «pura retórica», como afirman algunos autores. Lo que si es cierto es que toda la Constitución, incluidos los principios rectores, tiene valor normativo inmediato como corroboran la doctrina de ciertos autores, la jurisprudencia del Tribunal Constitucional, la del Supremo y las resoluciones de las Administraciones públicas.

5.3.2. Estudio de los principios rectores en particular

Artículo 39. Los poderes públicos aseguran la protección social, económica y jurídica de la familia

Los poderes públicos aseguran, asimismo, la protección integral de los hijos iguales éstos ante la ley con independencia de su filiación, y de las madres, cualquiera que sea su estado civil. La ley posibilitará la investigación de la paternidad.

Los padres deben prestar asistencia de todo orden a los hijos habidos dentro o fuera del matrimonio, durante su minoría de edad y en los demás casos en que legalmente proceda.

Los niños gozarán de la protección prevista en los acuerdos internacionales que velan por sus derechos.

Artículo 40

Los poderes públicos promoverán las condiciones favorables para el progreso social y económico y para una **distribución de la renta regional y personal más equitativa,** en el marco de una política de estabilidad económica. De manera especial realizarán una política orientada al pleno empleo.

Asimismo, los poderes públicos fomentarán una política que garantice la formación y readaptación profesionales, velaran por la seguridad e higiene en el trabajo y garantizarán el descanso necesario, mediante la limitación de la jornada laboral, las vacaciones periódicas retribuidas y la promoción de centros adecuados.

Artículo 41

Los poderes públicos mantendrán **un régimen público de Seguridad Social para todos los ciudadanos** que garantice la asistencia y prestaciones sociales suficientes ante situaciones de necesidad, especialmente en caso de desempleo. La asistencia y prestaciones complementarias serán libres.

Artículo 42

El Estado velará especialmente por la salvaguardia de los **derechos económicos y sociales de los trabajadores españoles en el extranjero** y orientará su política hacia su retorno.

Artículo 43

Se **reconoce el derecho a la protección de la salud**.

Compete a los poderes públicos organizar y tutelar la salud pública a través de medidas preventivas y de las prestaciones y servicios necesarios. La ley establecerá los derechos y deberes de todos al respecto.

Los poderes públicos fomentarán la educación sanitaria, la educación física y el deporte. Asimismo facilitarán la adecuada utilización del ocio.

Artículo 44

Los poderes públicos promoverán **y tutelarán el acceso a la cultura,** a la que todos tienen derecho.

Los poderes públicos promoverán la ciencia y la investigación científica y técnica en beneficio del interés general.

Artículo 45

Todos tienen el derecho a disfrutar de **un medio ambiente adecuado para el desarrollo de la persona**, así como el deber de conservarlo.

Los poderes públicos velarán por la utilización racional de todos los recursos naturales, con el fin de proteger y mejorar la calidad de la vida y defender y restaurar el medio ambiente, apoyándose en la indispensable solidaridad colectiva.

Para quienes violen lo dispuesto en el apartado anterior, en los términos que la ley fije se establecerán sanciones penales o, en su caso, administrativas, así como la obligación de reparar el daño causado.

Artículo 46

Los poderes públicos garantizarán la conservación y promoverán **el enriquecimiento del patrimonio histórico**, cultural y artístico de los pueblos de España y de los bienes que lo integran, cualquiera que sea su régimen y su titularidad. La ley penal sancionará los atentados contra este patrimonio.

Artículo 47

Todos los españoles tienen derecho a disfrutar de **una vivienda digna y adecuada**. Los poderes públicos promoverán las condiciones necesarias y establecerán las normas pertinentes para hacer efectivo este derecho, regulando la utilización del suelo de acuerdo con el interés general para impedir la especulación.

La comunidad participará en las plusvalías que genere la acción urbanística de los entes públicos.

Artículo 48

Los poderes públicos promoverán las condiciones para la **participación libre y eficaz de la juventud** en el desarrollo político, social, económico y cultural.

Artículo 49

Los poderes públicos realizarán una política de previsión, **tratamiento, rehabilitación e integración de los disminuidos** físicos, sensoriales y psíquicos, a los que prestarán la atención especializada que requieran y los ampararán especialmente para el disfrute de los derechos que este Título otorga a todos los ciudadanos.

Artículo 50

Los poderes públicos garantizarán, **mediante pensiones adecuadas y periódicamente actualizadas**, la suficiencia económica a los ciudadanos durante la tercera edad. Asimismo, y con independencia de las obligaciones familiares, promoverán su bienestar mediante un sistema de servicios sociales que atenderán sus problemas específicos de salud, vivienda, cultura y ocio.

Artículo 51

Los poderes públicos garantizarán la **defensa de los consumidores y usuarios**, protegiendo, mediante procedimientos eficaces, la seguridad, la salud y los legítimos intereses económicos de los mismos.

Los poderes públicos promoverán la información y la educación de los consumidores y usuarios, fomentarán sus organizaciones y oirán a éstas en las cuestiones que puedan afectar a aquéllos, en los términos que la ley establezca.

En el marco de lo dispuesto por los apartados anteriores, la ley regulará el comercio interior y el régimen de autorización de productos comerciales.

Artículo 52

La ley regulará las **organizaciones profesionales** que contribuyan a la defensa de los intereses económicos que les sean propios. Su estructura interna y funcionamiento deberán ser democráticos.

6. Garantías y suspensión

6.1. De las garantías de las libertades y derechos fundamentales

La CE no se limita a reconocer Derechos y Libertades, sino que además establece el respeto de estos Derechos, tanto por parte de los poderes públicos como por parte de los demás ciudadanos. La CE hace una distinción entre los derechos y libertades fundamentales (formados básicamente por los derechos personales y los cívico-políticos) y los principios rectores de la política social y económica (entre los que figuran la mayoría de los derechos económicos y sociales).

Artículo 53. Los derechos y libertades

Los derechos y libertades reconocidos en el Capítulo segundo del presente Título (es decir Derechos y Libertades tanto la sección 1ª, como la 2ª) **vinculan a todos los poderes públicos**. Sólo por ley, que en todo caso deberá respetar su contenido esencial, podrá regularse el ejercicio de tales derechos y libertades, que se tutelarán de acuerdo con lo previsto en el artículo 161.1.a).

Cualquier ciudadano podrá recabar la tutela de las libertades y derechos reconocidos en el artículo 14 y la Sección primera del Capítulo segundo (es decir, solamente los Derechos Fundamentales y Libertades Públicas –artículos 15 a 29–) ante los Tribunales ordinarios por un procedimiento basado en los principios de preferencia y sumariedad y, en su caso, a través del **recurso de amparo** ante el Tribunal Constitucional. Este último recurso será aplicable a la objeción de conciencia reconocida en el artículo 30.

El reconocimiento, el respeto y la protección de los principios reconocidos en el Capítulo tercero informarán la legislación positiva, la práctica judicial y la actuación de los poderes públicos. Sólo podrán ser alegados ante la Jurisdicción ordinaria de acuerdo con lo que dispongan las leyes que los desarrollen.

Aún cuando el artículo pueda parecer demasiado denso, podemos esquematizarlo estableciendo los cinco niveles de protección de los Derechos y deberes que el mismo contiene:

a) **Regulación por Ley**: en el sentido de que Todos los derechos y Libertades del Capítulo 2°, obligan –vinculan– a todos los poderes públicos y Sólo mediante Ley se pueden regular. Que además en el caso de los derechos fundamentales (Sección 1ª) dicha Ley debe ser Orgánica.

b) **Control de Constitucionalidad de las Leyes**: que se protegen por dos vías, en primer lugar a través del Recurso de Inconstitucionalidad, que puede plantearse directamente al TC contra Leyes y disposiciones normativas con fuerza de Ley, y en segundo lugar mediante La Cuestión de Inconstitucionalidad, que pueden plantear los Jueces y tribunales.

c) **Recurso de Amparo**: que por violación de un derecho pueden plantear directamente los ciudadanos afectados por tal violación, o el Defensor del Pueblo, o el Ministerio Fiscal, si se ha violado un derecho Fundamental (14 al 29) mas el 30.2, la Objeción de Conciencia, ante el Tribunal Constitucional.

d) **Establecimiento de un proceso Preferente y Sumario**: mediante el cual cualquier ciudadano puede recabar la tutela de sus derechos fundamentales (14-29) ante los tribunales Ordinarios, por un procedimiento basado en los principios de preferencia y sumariedad.

e) **Protección de los derechos económicos y sociales**: la protección de los derechos recogidos en los principios rectores de la política social y económica, es algo más débil ya que sólo se determina que el reconocimiento respeto y protección de dichos derechos, informará la legislación positiva, la práctica judicial y la actuación de los poderes públicos; y que los mismos podrán ser alegados ante la jurisdicción ordinaria de acuerdo con lo que dispongan las leyes que lo desarrollen.

Artículo 54

Una ley orgánica regulará la institución del **Defensor del Pueblo**, como alto comisionado de las Cortes Generales, designado por éstas para la defensa de los derechos comprendidos en este Título, a cuyo efecto podrá supervisar la actividad de la Administración, dando cuenta a las Cortes Generales.

La Constitución española establece que una ley orgánica regulará la institución del Defensor del Pueblo como el alto comisionado de las Cortes Generales, designado por éstas para la defensa de los derechos fundamentales, a cuyo efecto podrá supervisar la actividad de las Administraciones públicas. En cumplimiento de este mandato constitucional se promulgó la Ley Orgánica 3/1981 de 6 de abril, que regula la institución. Al Defensor del Pueblo lo eligen el Congreso de los Diputados y el Senado mediante una votación, en la que se necesita una mayoría de tres quintos, por un periodo de cinco años. El Defensor del Pueblo no está sujeto a mandato imperativo alguno, no recibe instrucciones de ninguna autoridad, desempeña sus funciones con autonomía y goza de inviolabilidad e inmunidad durante su permanencia en el cargo. El Defensor del Pueblo está auxiliado por un Adjunto Primero y un Adjunto Segundo, en los que puede delegar sus funciones, y que son nombrados previa conformidad de las Cortes Generales, y que, junto con el Secretario General forman la Junta de Coordinación y régimen Interior, que dirige y organiza el trabajo en dicha institución.

El Defensor del Pueblo tiene como misión la protección y defensa de los derechos fundamentales y las libertades públicas de los ciudadanos. Además controla que la Administración pública actúe conforme a lo dispuesto en el artículo 103.1 de la Constitución, es decir, que sirva los intereses generales con objetividad y que actúe de acuerdo con los principios de eficacia, jerarquía, desconcentración, coordinación, y con sometimiento pleno a la ley y al derecho, prohibiéndose expresamente toda arbitrariedad.

La competencia del Defensor del Pueblo se extiende a la totalidad de órganos y autoridades de la Administración General del Estado, de las Administraciones de las Comunidades Autónomas y a las de las Administraciones Locales. Asimismo puede intervenir ante quienes actúen como agentes o colaboradores de cualquiera de estas Administraciones en el cumplimiento o realización de fines o servicios públicos.

Cuando el Defensor reciba quejas referidas al funcionamiento de la Administración de Justicia deberá dirigirlas al Ministerio Fiscal, para que éste investigue su realidad y adopte las medidas oportunas con arreglo a la ley, o bien dé traslado de las mismas al Consejo General del Poder Judicial. El Defensor del Pueblo no puede entrar en el examen individual de aquellas quejas sobre las que esté pendiente resolución judicial y lo suspenderá si, iniciada su actuación, se interpusiere por persona interesada demanda o recurso ante los tribunales ordinarios o el Tribunal Constitucional, ya que el Defensor del Pueblo debe respetar la independencia del poder judicial.

El Defensor del Pueblo vela por el respeto de los derechos fundamentales y las libertades públicas en el ámbito de la Administración militar, sin que ello pueda entrañar una interferencia en el mando de la defensa nacional.

El Defensor del Pueblo no puede intervenir en los siguientes supuestos: Cuando no haya existido intervención de las administraciones públicas; Cuando se trate de conflictos entre particulares; Cuando haya transcurrido más de un año desde el momento en que el ciudadano haya tenido conocimiento de los hechos objeto de su queja; Cuando se trate de quejas anónimas, sin pretensión concreta, en las que se aprecie mala fe o aquellas cuya tramitación pueda acarrear perjuicios a legítimos derechos de terceros; Cuando se plantee la disconformidad con el contenido de una resolución judicial.

6.2. De la suspensión de los derechos y libertades

Artículo 55

Los derechos reconocidos en los artículos 17,18,apartados 2 y 3, artículos 19, 20, apartados 1, a) y d), y 5, artículos 21, 28, apartado 2, y artículo 37, apartado 2, podrán ser suspendidos cuando se acuerde la declaración del estado de **excepción o de sitio** en los términos previstos en la Constitución.

Una ley orgánica podrá determinar la forma y los casos en los que, de forma individual y con la necesaria intervención judicial y el adecuado control parlamentario, los derechos reconocidos en los artículos 17, apartado 2, y 18, apartados 2 y 3, pueden ser suspendidos para personas determinadas, en relación con las investigaciones correspondientes a la actuación de bandas armadas o elementos terroristas.

La utilización injustificada o abusiva de las facultades reconocidas en dicha ley orgánica producirá responsabilidad penal, como violación de los derechos y libertades reconocidos por las leyes.

Dicha ***Ley Orgánica es la ley 4/1981 Ley Orgánica que regula los Estados de Alarma, excepción y sitio*** que establece que los derechos y libertades del título primero que se indican en el artículo 55, pueden ser suspendidos cuando aparezcan circunstancias extraordinarias, que define bajo los conceptos de Estado de Alarma, Excepción y Sitio.

ESTADO DE ALARMA. Se produce con ocasión de catástrofe o calamidad pública. El Estado de Alarma lo acuerda el Consejo de Ministros, durante el mismo se podrá limitar la circulación de personas, o el uso de servicios públicos.

El estado de alarma será declarado por el Gobierno mediante decreto acordado en Consejo de Ministros por un plazo máximo de quince días, dando cuenta al Congreso de los Diputados, reunido inmediatamente al efecto y sin cuya autorización no podrá ser prorrogado dicho plazo. El decreto determinará el ámbito territorial a que se extienden los efectos de la declaración.

ESTADO DE EXCEPCIÓN. Se produce como consecuencia de graves alteraciones de orden público que impida el normal funcionamiento de las instituciones democráticas o servicios públicos esenciales. Lo aprueba el Congreso de los Diputados y se autoriza al Gobierno a dictarlo.

El estado de excepción será declarado por el Gobierno mediante decreto acordado en Consejo de Ministros, previa autorización del Congreso de los Diputados. La autorización y proclamación del estado de excepción deberá determinar expresamente los efectos del mismo, el ámbito territorial a que se extiende y su duración, que no podrá exceder de treinta días, prorrogables por otro plazo igual, con los mismos requisitos.

ESTADO DE SITIO. Se produce con ocasión de una invasión o declaración que atente contra la soberanía nacional de España. Lo aprueba el Congreso de los Diputados a propuesta del Gobierno, pudiendo designarse autoridad militar competente para el territorio al que el Estado de Sitio se refiera.

El estado de sitio será declarado por la mayoría absoluta del Congreso de los Diputados, a propuesta exclusiva del Gobierno. El Congreso determinará su ámbito territorial, duración y condiciones.

No podrá procederse a la disolución del Congreso mientras estén declarados algunos de los estados comprendidos en el presente artículo, quedando automáticamente convocadas las Cámaras si no estuvieren en período de sesiones. Su funcionamiento, así como el de los demás poderes constitucionales del Estado, no podrá interrumpirse durante la vigencia de estos estados.

Disuelto el Congreso o expirado su mandato si se produjere alguna de las situaciones que dan lugar a cualquiera de dichos estados, las competencias del Congreso serán asumidas por su Diputación Permanente.

La declaración de los estados de alarma, de excepción y de sitio no modificarán el principio de responsabilidad del Gobierno y de sus agentes reconocidos en la Constitución y en las leyes.

Finalizar diciendo que como establece el artículo 169 CE, no puede iniciarse un proceso de reforma constitucional en tiempo de guerra o de vigencia de alguno de los estados de alarma, excepción o sitio.

DERECHOS Y LIBERTADES

Sección 1ª. De los derechos fundamentales y de las libertades públicas	Sección 2ª. De los derechos y deberes de los ciudadanos	Principios rectores de la política social y económica
15. Dcho.a la vida. 16. Libertad ideológica, religiosa y de culto. 17. Dcho. libertad personal y seguridad. 18. Dcho. honor, intimidad e inviolabilidad de domicilio. 19. Libertad residencia y circulación. 20. Libertad expresión. 21. Dcho. reunión. 22. Dcho. asociación. 23. Dcho. participación. 24. Dcho. a la tutela judicial efectiva. 25. Tipicidad penal delitos y faltas. 26. Prohibición Tribunales Honor 27. Libertad enseñanza y dcho. educación. 28. Libertad sindicación y dcho. huelga. 29. Dcho. petición.	30. Servicio Militar y objeción de conciencia. 31. Sostenimiento gastos públicos. 32. Dcho. contraer matrimonio. 33. Dcho. propiedad privada y herencia. 34. Dcho. fundación. 35. Dcho y deber de trabajar. 36. Dcho. colegiación. 37. Dcho. negociación colectiva laboral. 38. Libertad empresa y economía de mercado.	39. Protección familia. 40. Promoción progreso social y económico. 41. Régimen público Seguridad Social. 42. Salvaguardia dchos. trabajadores españoles en el extranjero. 43. Dcho. protección salud. 44. Promoción y tutela acceso a la cultura. 45. Dcho. disfrutar medio ambiente adecuado. 46. Conservación patrimonio histórico, cultural y artístico. 47. Dcho. vivienda digna y adecuada. 48. Participación juventud en el desarrollo político, social, económico y cultural. 49. Política para disminuídos. 50. Pensiones tercera edad. 51. Defensa consumidores y usuarios. 52. Organizaciones profesionales.

Una de las formas de preguntar en los exámenes tipo test, los derechos y libertades es saber en dónde están encuadrados cada uno de ellos, y en consecuencia nos pueden hacer las preguntas de cuatro formas distintas:

a) Cuál es un Derecho Fundamental o no lo es; un derecho-deber o no lo es, etc.

b) Cuál de los siguientes necesita Ley Orgánica para ser desarrollado (se refiere a los Derechos Fundamentales y libertades públicas).

c) Cuáles de los siguientes derechos se pueden proteger a través del recurso de amparo ante el Tribunal Constitucional (se refiere también a los Derechos Fundamentales y libertades públicas, más el anterior (el 14) y el posterior (el 30.2, la objeción de conciencia).

d) Para modificar que derecho es necesario acudir por el procedimiento de reforma agravada de la Constitución (También se refiere a los derechos fundamentales).

Tema 2

El Estatuto de Autonomía de la Comunidad Autónoma de Extremadura: antecedentes, estructura y contenido Título Preliminar. Las competencias de la Comunidad Autónoma de Extremadura. Las Instituciones de Extremadura

Rodio ediciones

Índice esquemático

1. Normativa

El Estatuto de Autonomía de la Comunidad Autónoma de Extremadura está regulado actualmente por la Ley Orgánica 1/2011, de 28 de enero, de reforma del Estatuto de Autonomía de la Comunidad Autónoma de Extremadura. Dicha ley ha sido publicada en el DOE núm. 1 de 29 de Enero de 2011 y BOE núm. 25 de 29 de Enero de 2011.

Con esta normativa, se modifica el Estatuto de Autonomía de Extremadura, aprobado por Ley Orgánica 1/1983, de 25 de febrero, modificado por Ley Orgánica 5/1991, de 13 de marzo, por Ley Orgánica 8/1994, de 24 de marzo, y por Ley Orgánica 12/1999, de 6 de mayo.

2. Estructura del Estatuto de Autonomía de Extremadura

- **Introducción.**
  Artículo único.
- **Preámbulo.**
- **Título Preliminar.**
  - ▷ **Capítulo I**. Disposiciones generales.
    Artículo 1. Comunidad Autónoma de Extremadura.
    Artículo 2. Territorio.
    Artículo 3. Extremeñas y extremeños.
    Artículo 4. Símbolos.
    Artículo 5. Capitalidad.
  - ▷ **Capítulo II**. Derechos, deberes y principios rectores.
    Artículo 6. Derechos y deberes de los extremeños.
    Artículo 7. Principios rectores de los poderes públicos extremeños.
- **Título I**. De las competencias de la Comunidad Autónoma de Extremadura.
  Artículo 8. Disposiciones generales.
  Artículo 9. Competencias exclusivas.
  Artículo 10. Competencias de desarrollo normativo y ejecución.
  Artículo 11. Competencias de ejecución.
  Artículo 12. Desarrollo y ejecución de normas supranacionales.

Artículo 13. Otras facultades asociadas a las competencias.

Artículo 14. Homogeneidad competencial.

- **Título II**. De las instituciones de Extremadura.

  Artículo 15. Instituciones de autogobierno y otras instituciones estatutarias.

  ▷ **Capítulo I**. De la Asamblea de Extremadura.

  Artículo 16. Carácter y atribuciones.

  Artículo 17. Elecciones.

  Artículo 18. Estatuto de los diputados.

  Artículo 19. Órganos.

  Artículo 20. Grupos parlamentarios.

  Artículo 21. Régimen de funcionamiento.

  Artículo 22. Potestad legislativa.

  Artículo 23. Iniciativa legislativa.

  ▷ **Capítulo II**. Del Presidente de Extremadura.

  Artículo 24. Carácter y funciones.

  Artículo 25. Investidura.

  Artículo 26. Atribuciones.

  Artículo 27. Disolución anticipada de la Asamblea.

  Artículo 28. Cuestión de confianza.

  Artículo 29. Moción de censura.

  Artículo 30. Otras causas de cese del Presidente.

  ▷ **Capítulo III**. De la Junta de Extremadura y de la Administración.

  - **Sección 1**. Del Gobierno de la Comunidad Autónoma.

    Artículo 31. Carácter y función.

    Artículo 32. Atribuciones.

    Artículo 33. Legislación de urgencia.

    Artículo 34. Composición.

    Artículo 35. Estatuto de los miembros.

    Artículo 36. Cese.

  - **Sección 2**. De la Administración de la Comunidad Autónoma.

    Artículo 37. Principios rectores.

    Artículo 38. Potestades.

    Artículo 39. Medidas de buena administración.

- ▷ **Capítulo IV**. Del ejercicio y control de los poderes de la Comunidad.

  Artículo 40. Publicidad normativa.

  Artículo 41. Control jurisdiccional de disposiciones y actos.

  Artículo 42. Responsabilidad de los poderes públicos y de la Administración.

  Artículo 43. Conflictos jurisdiccionales.

  Artículo 44. Conflictos entre instituciones de autogobierno.

- ▷ **Capítulo V**. De otras instituciones estatutarias.

  Artículo 45. Consejo Consultivo.

  Artículo 46. Consejo de Cuentas.

  Artículo 47. Consejo Económico y Social.

  Artículo 48. Personero del Común.

– **Título III**. Del Poder Judicial en Extremadura.

Artículo 49. Competencias de la Comunidad Autónoma.

Artículo 50. Tribunal Superior de Justicia de Extremadura.

Artículo 51. De los altos cargos judiciales y del Ministerio Fiscal en Extremadura.

Artículo 52. Consejo de Justicia de Extremadura.

– **Título IV**. De la organización territorial.

Artículo 53. Entidades locales y régimen jurídico.

Artículo 54. Municipios.

Artículo 55. Autonomía local.

Artículo 56. Provincias.

Artículo 57. Comarcas.

Artículo 58. Otras entidades locales.

Artículo 59. Relaciones con las entidades locales.

Artículo 60. Hacienda local.

– **Título V**. De las relaciones institucionales de la Comunidad Autónoma.

Artículo 61. Principios generales.

- ▷ **Capítulo I**. De las relaciones con las instituciones del Estado.

  Artículo 62. Instrumentos de relación con el Estado.

  Artículo 63. Participación en instituciones y en procedimientos estatales.

  Artículo 64. Comisión de Cooperación bilateral.

- ▹ **Capítulo II**. De las relaciones con otras Comunidades Autónomas.

  Artículo 65. Convenios con otras Comunidades Autónomas.

  Artículo 66. Acuerdos de cooperación con otras Comunidades Autónomas.

  Artículo 67. Foros multilaterales de cooperación horizontal.

- ▹ **Capítulo III**. De la acción exterior de Extremadura.

  Artículo 68. Principios y objetivos.

  Artículo 69. Instrumentos y procedimientos.

  Artículo 70. Representación y participación en la Unión Europea.

  Artículo 71. Cooperación con Portugal.

  Artículo 72. Cooperación al desarrollo.

– **Título VI**. De la Economía y de la Hacienda.

- ▹ **Capítulo I**. De la Economía de Extremadura.

  Artículo 73. Principios generales.

  Artículo 74. Planificación económica.

  Artículo 75. Sector público.

  Artículo 76. Entidades financieras.

- ▹ **Capítulo II**. De la Hacienda Pública de Extremadura.

  Artículo 77. Principios generales y régimen jurídico.

  - **Sección 1**. Del presupuesto y del gasto público.

    Artículo 78. Presupuesto.

    Artículo 79. Gasto público.

  - **Sección 2**. De los recursos financieros.

    Artículo 80. Ingresos.

    Artículo 81. Tributos propios.

    Artículo 82. Impuestos cedidos y recargos.

    Artículo 83. Revisión económico-administrativa.

  - **Sección 3**. Del patrimonio y del crédito público.

    Artículo 84. Patrimonio.

    Artículo 85. Crédito público.

- ▹ **Capítulo III**. De las relaciones con la Hacienda del Estado.

  Artículo 86. Principios generales de la financiación autonómica.

  Artículo 87. Financiación de nivelación.

  Artículo 88. Participación y lealtad institucional.

Artículo 89. Colaboración en materia fiscal.

Artículo 90. Comisión Mixta de Asuntos Económicos y Fiscales.

- **Título VII**. De la reforma del Estatuto.

  Artículo 91. Procedimiento de reforma estatutaria.

- **Disposiciones adicionales**.

  Disposición adicional primera Asignaciones complementarias.

  Disposición adicional segunda Inversiones ordinarias del Estado.

  Disposición adicional tercera Cesión de tributos.

  Disposición adicional cuarta Traspaso de medios materiales y financieros.

  Disposición adicional quinta Traspasos de medios personales.

  Disposición adicional sexta Constitución de la Comisión Mixta de Asuntos Económicos y Fiscales.

  Disposición adicional séptima Seguridad.

- **Disposiciones derogatorias.**

  Disposición derogatoria.

- **Disposiciones finales**.

  Disposición final.

3. Disposiciones Generales

Están reguladas en el Capítulo I, Título Preliminar.

Extremadura, como expresión de su identidad regional histórica y por voluntad democrática de los extremeños, se constituye en Comunidad Autónoma, dentro de la unidad de la Nación española, de acuerdo con la Constitución y su Estatuto, que es su norma institucional básica.

La Comunidad Autónoma de Extremadura, a través de sus instituciones, asume el ejercicio de su autogobierno regional, la defensa de su propia identidad y de sus valores, así como la mejora y promoción del bienestar de los extremeños.

Los poderes de la Comunidad Autónoma de Extremadura emanan del pueblo, de la Constitución y de su Estatuto.

Son elementos diferenciales de Extremadura, y han de orientar la actuación de los poderes públicos, la vitalidad de su reciente identidad colectiva, la calidad de su medioambiente y su patrimonio cultural, el predominio del mundo rural, su proyección en Portugal e Iberoamérica, los condicionantes históricos de su desarrollo socioeconómico y la baja densidad de su población y su dispersión, entendida como dificultad relativa de acceso a los servicios y equipamientos generales.

Los poderes públicos adoptarán las medidas necesarias para evitar que de tales diferencias se deriven desigualdades frente al conjunto del Estado y para corregir las existentes.

3.1. Territorio

El territorio de Extremadura, al que se extienden sus poderes, es el de los municipios comprendidos dentro de los actuales límites de las provincias de Badajoz y Cáceres.

No obstante, las normas, disposiciones o actos de las instituciones extremeñas podrán tener efectos extraterritoriales cuando sea necesario para el pleno ejercicio de aquellas de sus competencias cuya naturaleza lo requiera.

3.2. Extremeñas y extremeños

Ostentan la condición política de extremeños los ciudadanos españoles que, de acuerdo con las leyes generales del Estado, tengan vecindad administrativa en cualquiera de los municipios de Extremadura.

Igualmente, son extremeños los españoles residentes en el extranjero que hayan tenido la última vecindad administrativa en Extremadura y acrediten esta condición en la correspondiente representación diplomática de España. Sus descendientes inscritos como españoles gozarán de esa condición si así lo solicitan en la forma que determine una ley del Estado.

Las comunidades extremeñas asentadas fuera de Extremadura, con arreglo a lo establecido en la ley, podrán solicitar el reconocimiento de la identidad extremeña, entendida como el derecho a colaborar y compartir la vida social y cultural del pueblo extremeño y sin que, en ningún caso, implique la concesión de derechos políticos.

La Comunidad Autónoma podrá solicitar del Estado la celebración de los oportunos tratados o convenios internacionales con los Estados en los que existan dichas comunidades.

3.3. Símbolos

La bandera extremeña está formada por tres franjas horizontales iguales, verde la superior, blanca la central y negra la inferior.

El escudo y el himno de Extremadura se regularán por ley de la Asamblea aprobada por mayoría de dos tercios de los diputados.

El día de Extremadura es el 8 de septiembre.

La protección de los símbolos de Extremadura es la que corresponde a los demás símbolos del Estado, de acuerdo con el ordenamiento jurídico.

3.4. Capitalidad

La capital de Extremadura es la ciudad de Mérida, sede de la Asamblea, de la Presidencia y de la Junta.

4. Derechos, Deberes y Principios Rectores

Están regulados en el Capítulo II, Título Preliminar.

4.1. Derechos y deberes

Los derechos fundamentales de los extremeños son los establecidos en la Constitución.

Además, podrán ejercer frente a los poderes públicos regionales aquellos otros derechos contenidos en el Estatuto o en la legislación, especialmente el de participar en los asuntos públicos directamente o por medio de representantes y el de petición.

Para contribuir al bienestar colectivo, son deberes de los extremeños los previstos en la Constitución y en el resto del ordenamiento jurídico.

4.2. Principios rectores de los poderes públicos extremeños

Los poderes públicos regionales:

1. Ejercerán sus atribuciones con las finalidades primordiales de promover las condiciones de orden social, político, cultural o económico, para que la libertad y la igualdad de los extremeños, entre sí y con el resto de los españoles, sean reales y efectivas; remover los obstáculos que impidan o dificulten su plenitud; y facilitar la participación de todos en la vida política, económica, cultural y social de Extremadura, en un contexto de libertad, justicia y solidaridad.

2. Fomentarán los valores de los extremeños y el afianzamiento de su identidad a través de la investigación, desarrollo y difusión de los rasgos sociales, históricos, lingüísticos y culturales de Extremadura en toda su variedad y extensión, con especial atención al rico patrimonio de las formas tradicionales de la vida de los pueblos, en un marco irrenunciable de pleno desarrollo socioeconómico rural.
3. Impulsarán activamente la equidad territorial y la cohesión social en sus políticas internas y en sus relaciones con otras Comunidades Autónomas, con las instituciones generales del Estado y con las europeas. Asimismo, alentarán el crecimiento demográfico regional, apoyarán el retorno de los emigrantes y lucharán contra la despoblación de las zonas rurales.
4. Promoverán la concertación y el diálogo social con sindicatos y empresarios como instrumentos necesarios en la concepción y ejecución de sus políticas de cohesión y desarrollo.
5. Adoptarán activamente todo tipo de políticas para la consecución del pleno empleo, especialmente mediante medidas que promuevan la inversión productiva y que ajusten la oferta y la demanda de trabajo en un marco de responsabilidad social empresarial.
6. Estimularán la investigación científica y técnica, la incorporación de procesos innovadores por los actores económicos, el acceso a las nuevas tecnologías por parte de empresas y ciudadanos y los mecanismos legales y técnicos que faciliten el libre acceso de todos al conocimiento y la cultura.
7. Perseguirán un modelo de desarrollo sostenible y cuidarán de la preservación y mejora de la calidad medioambiental y la biodiversidad de la región, con especial atención a sus ecosistemas característicos, como la dehesa. Asimismo, sus políticas contribuirán proporcionadamente a los objetivos establecidos en los acuerdos internacionales sobre lucha contra el cambio climático.

   A este respecto, se ha publicado la Ley 16/2015, de 23 abril, de protección ambiental de la Comunidad Autónoma de Extremadura («D.O.E.» 29 abril).
8. Velarán por un uso racional del agua y por su distribución solidaria entre los ciudadanos que la precisen, de acuerdo con el marco constitucional de competencias y las prioridades que señale la ley, sin menoscabo de la calidad de vida de los extremeños, del desarrollo económico de Extremadura confirmado mediante estudios que garanticen las demandas actuales y futuras de todos los usos y aprovechamientos, y sin perjuicio de las compensaciones a que haya lugar.
9. Favorecerán medidas para el ahorro y la eficiencia energética y apoyarán la generación de energías renovables. Asimismo, velarán estrictamente por el retorno a la región de los beneficios resultantes de la exportación de energía fuera de su territorio.

10. Consideran un objetivo irrenunciable la masiva difusión de la cultura en su sentido más amplio y un acceso igualitario de los extremeños a la información y a los bienes y servicios culturales. Para ello, Extremadura considera instrumentos particularmente útiles el dominio de otras lenguas, el manejo de las tecnologías de la información y la comunicación, la extensión de los sistemas operativos de código abierto y el uso de las licencias de libre copia y distribución. Asimismo, velarán por la conservación de los bienes del patrimonio cultural, histórico y artístico.
11. Asumen como una aspiración esencial la más estricta garantía de los derechos a la salud, a la educación y a la protección pública en caso de dependencia.
12. Consideran un objetivo irrenunciable que informará todas las políticas regionales y la práctica de las instituciones, la plena y efectiva igualdad de la mujer en todos los ámbitos de la vida pública, familiar, social, laboral, económica y cultural. Asimismo, removerán los obstáculos que impidan o dificulten la igualdad real y efectiva mediante las medidas de acción positiva que resulten necesarias.
13. Promoverán políticas para garantizar el respeto a la orientación sexual y a la identidad de género de todas las personas.

    A este respecto, se ha publicado la Ley 12/2015, de 8 abril, de igualdad social de lesbianas, gais, bisexuales, transexuales, transgénero e intersexuales y de políticas públicas contra la discriminación por orientación sexual e identidad de género en la Comunidad Autónoma de Extremadura («D.O.E.» 10 abril).
14. Velarán por la especial protección de aquellos sectores de población con especiales necesidades de cualquier tipo. La igualdad efectiva de los extremeños pasa inexcusablemente por la adopción de políticas específicas para la infancia, los mayores y cualquier otro sector social con necesidades específicas.

    A este respecto, se ha publicado la ley 9/2014, de 1 octubre, por la que se regula la Renta Básica Extremeña de Inserción («D.O.E.» 2 octubre).
15. Promoverán la autonomía, la igualdad de oportunidades y la integración social y laboral de las personas con discapacidad, con especial atención a su aportación activa al conjunto de la sociedad, a la enseñanza y uso de la lengua de signos española y a la eliminación de las barreras físicas.
16. Cuidarán de la existencia de canales para la expresión de las opiniones de los jóvenes, de la eficacia de sus sistemas asociativos y del fomento de sus capacidades emprendedoras, asumiendo su participación en la vida pública como un elemento esencial para el desarrollo presente y futuro de la región. También velarán por su orientación profesional, su emancipación familiar y su acceso a la vivienda.

17. La integración de los inmigrantes que viven en Extremadura es un objetivo común de las políticas públicas regionales y que estará orientado por los principios del mutuo conocimiento, el respeto por las diferencias, la igualdad de derechos y deberes, en el marco de los principios y valores constitucionales.
18. Asumen que la Comunidad Autónoma de Extremadura es parte activa del proceso de integración europea, mediante los mecanismos de participación en las instituciones de la Unión que se establezcan por los tratados, las leyes nacionales o los acuerdos de ámbito estatal o europeo, mediante su intervención en las asociaciones europeas de regiones y a través de las actividades internas de difusión de las políticas y los valores europeos.
19. Impulsarán todo tipo de relaciones con Portugal, tanto de las instituciones como de la sociedad extremeñas, bajo los principios de lealtad, respeto por la respectiva identidad, mutuo beneficio y solidaridad. Asimismo, fomentarán las relaciones de cualquier naturaleza con los pueblos e instituciones de la comunidad iberoamericana de naciones.
20. Entienden como una exigencia ética colectiva, la contribución activa de la sociedad regional y de sus instituciones a la paz y al desarrollo socioeconómico, político y cultural de todas las naciones y pueblos del mundo, mediante sus propias acciones de cooperación al desarrollo y su participación en las que realicen otras instancias españolas o internacionales.

5. Las Competencias de la Comunidad Autónoma de Extremadura

Están reguladas en el Título I.

5.1. Disposiciones generales

La Comunidad Autónoma de Extremadura asume diversas competencias, que veremos a continuación. Dichas competencias comprenderán las funciones que en cada caso procedan, sin perjuicio de las que pudieran corresponder al Estado en virtud de títulos competenciales propios previstos en la Constitución.

Asimismo, asume las competencias que le sean atribuidas, delegadas o transferidas por el Estado, de conformidad con lo previsto en la Constitución, y cualesquiera otras que le puedan corresponder de acuerdo con ésta, con su Estatuto y con el resto del ordenamiento jurídico.

En el ejercicio de sus competencias la Comunidad Autónoma podrá establecer políticas propias.

5.2. Competencias exclusivas

La Comunidad Autónoma de Extremadura tiene competencia exclusiva sobre las siguientes materias:

1. Creación, organización, régimen jurídico y funcionamiento de sus instituciones, así como la organización de su propia Administración y la de los entes instrumentales que de ella dependan.
2. Administración de justicia, de conformidad con lo previsto en el Título III de su Estatuto.
3. Organización territorial propia de la Comunidad Autónoma y régimen local en los términos del título IV de su Estatuto.
4. Conservación, defensa y protección del Fuero de Baylío e instituciones de derecho consuetudinario.
5. Especialidades del procedimiento administrativo. Normas procesales derivadas del derecho propio. Regulación del recurso gubernativo en aplicación del derecho extremeño frente a la calificación por parte de registros de la propiedad, mercantiles y de bienes muebles.
6. Cooperación transfronteriza e internacional para el desarrollo, en coordinación con el Estado.
7. Fomento del desarrollo económico y social de la Comunidad Autónoma dentro de los objetivos de la política económica nacional.
8. Ordenación de la Hacienda de la Comunidad Autónoma.
9. Estadística para fines de interés de la Comunidad Autónoma.
10. Cajas de ahorros e instituciones de crédito cooperativo, en el marco de la ordenación general de la economía y del crédito. Organización y funcionamiento de mutualidades de previsión social.
11. Cámaras de comercio e industria y otras corporaciones de derecho público, representativas de intereses económicos y profesionales. Colegios profesionales y ejercicio de profesiones tituladas.
12. Agricultura, ganadería y pastos. Industrias agroalimentarias.
13. Creación y regulación de denominaciones de origen y otras menciones de calidad.
14. Caza y explotaciones cinegéticas. Pesca fluvial y lacustre. Acuicultura.

    A este respecto, se ha publicado la Ley 14/2010, 9 diciembre, de caza de Extremadura («D.O.E.» 15 diciembre).

    A este respecto, se ha publicado la Ley 11/2010, 16 noviembre, de Pesca y Acuicultura de Extremadura («D.O.E.» 19 noviembre).

15. Industria, salvo lo regulado al respecto en la legislación general sobre seguridad, sanidad, defensa, minas e hidrocarburos.
16. Comercio interior, dentro de la unidad de mercado y conforme a la legislación mercantil. Regulación y régimen de control administrativo de las actividades y equipamientos comerciales, en especial de las grandes superficies. Ferias y mercados no internacionales. Autorización para el establecimiento de centros de contratación de mercancías y bolsas de valores situados en el territorio de Extremadura.
17. Organización, funcionamiento y régimen de las cooperativas y entidades asimiladas. Fomento de todas las modalidades de economía social.
18. Consumo. Regulación de las medidas de prevención, protección y defensa de los consumidores y usuarios, de sus derechos y de los órganos y procedimientos de mediación. Lucha contra el fraude.
19. Turismo. Ordenación, planificación, información y promoción interior y exterior. Regulación de los derechos y obligaciones de los usuarios y de los prestadores de servicios turísticos. Regulación y clasificación de las empresas y establecimientos turísticos y hosteleros.
20. Artesanía.
21. Publicidad comercial e institucional.
22. Investigación, desarrollo e innovación científica y técnica, en coordinación con el Estado. Coordinación de la actividad investigadora financiada con fondos públicos de la Comunidad Autónoma. Innovación y desarrollo tecnológicos.
23. Régimen de las nuevas tecnologías de la sociedad de la información y la comunicación.
24. Sanidad y salud pública, en lo relativo a la organización, funcionamiento interno, coordinación y control de los centros, servicios y establecimientos sanitarios en la Comunidad Autónoma. Participación en la planificación y coordinación general de la sanidad. Promoción de la salud y de la investigación biomédica.
25. Ordenación farmacéutica.
26. Infancia y juventud. Protección y tutela de menores.
27. Acción social. En particular, la promoción y protección de los mayores y la prevención, atención e inserción social de los colectivos afectados por cualquier tipo de discapacidad, dependencia o cualesquiera otras circunstancias determinantes de exclusión social. Prestaciones económicas de asistencia social diferentes de las de seguridad social.

    A este respecto, se ha publicado la Ley 14/2015, de 9 de abril, de Servicios Sociales de Extremadura («D.O.E.» 14 abril).

28. Políticas de integración y participación social, cultural, económica y laboral de los inmigrantes, en colaboración con el Estado, y participación en las políticas de inmigración estatales.
29. Políticas de igualdad de género, especialmente la aprobación de normas y ejecución de planes para el establecimiento de medidas de discriminación positiva para erradicar las desigualdades por razón de sexo.
30. Protección a la familia e instrumentos de mediación familiar.
31. Urbanismo y vivienda. Normas de calidad e innovación tecnológica en la edificación y de conservación del patrimonio urbano tradicional.
32. Ordenación del territorio.
33. Políticas y normas adicionales y complementarias de las del Estado en materia de protección medioambiental y lucha contra el cambio climático. Regulación de los espacios naturales protegidos propios y adopción de medidas para su protección y puesta en valor. Mantenimiento, conservación y mejora de la dehesa.
34. Desarrollo sostenible del medio rural. Tratamiento especial de las zonas de montaña.
35. Servicio meteorológico de la Comunidad Autónoma.
36. Ordenación, planificación y gestión de las aguas que discurran íntegramente por el territorio de Extremadura, así como de los usos y aprovechamientos, incluida su concesión. Planificación, construcción y explotación de las obras e infraestructuras hidráulicas, canales y riegos que no estén calificados de interés general por el Estado ni afecten a otras Comunidades Autónomas. Aguas minerales y termales. Participación, en la forma que determine la legislación del Estado, en la gestión de las aguas pertenecientes a cuencas intercomunitarias que discurran por el territorio de Extremadura.
37. Instalaciones de producción, almacenamiento, distribución y transporte de energías de cualquier tipo en su territorio, incluida la eléctrica cuando el aprovechamiento de ésta no afecte a otras Comunidades Autónomas. Normas adicionales de garantía en la calidad del suministro y participación en los organismos estatales reguladores del sector energético, en los términos que establezca la legislación del Estado.
38. Obras e infraestructuras públicas de interés regional que no tengan la calificación de interés general del Estado y no afecten a otra Comunidad Autónoma, así como la participación en la planificación y, en su caso, en la ejecución y gestión de las infraestructuras de interés general en Extremadura, en los términos que establezca la legislación estatal.

39. Ferrocarriles, carreteras y caminos cuyo itinerario se desarrolle íntegramente en el territorio de la Comunidad Autónoma y en el mismo ámbito los transportes terrestres y fluviales con independencia de la titularidad de la infraestructura. Centros de transporte, logística y distribución situados en Extremadura. Aeropuertos, helipuertos, puertos deportivos y otras infraestructuras de transporte que no sean de interés general. Participación en la planificación y, en su caso, ejecución y gestión de las infraestructuras de interés general en la Comunidad Autónoma, en los términos que establezca la legislación del Estado.
40. Vigilancia y protección de sus edificios e instalaciones.
41. Coordinación y demás facultades previstas en la ley orgánica correspondiente en relación con las policías locales.
42. Protección civil y emergencias.
43. Espectáculos y actividades recreativas. Ordenación general del sector y régimen de intervención administrativa y control de espectáculos públicos.
44. Casinos, juegos y apuestas, incluidas las modalidades por medios telemáticos cuando la actividad se desarrolle exclusivamente en Extremadura.
45. Asociaciones y fundaciones de todo tipo que desarrollen principalmente sus funciones en Extremadura. Fomento del voluntariado.
46. Deporte. Promoción, regulación y planificación de actividades y equipamientos deportivos y otras actividades de ocio.
47. Cultura en cualquiera de sus manifestaciones. Patrimonio histórico y cultural de interés para la Comunidad Autónoma. Folclore, fiestas y tradiciones populares. Protección de las modalidades lingüísticas propias. Academias científicas y culturales de Extremadura.
48. Museos, archivos, bibliotecas y otros centros culturales y de depósito de interés para la Comunidad que no sean de titularidad estatal. Conservatorios de música y danza, centros de artes escénicas y de bellas artes.
49. Fomento, protección y promoción de las producciones y creaciones artísticas y literarias, cualquiera que sea el medio en que se manifiesten y el soporte en que se comuniquen o contengan, especialmente de la edición de libros y publicaciones periódicas y de las producciones audiovisuales, cinematográficas, musicales y escénicas, así como la regulación e inspección de las salas de exhibición.
50. Régimen y convocatoria de consultas populares no vinculantes diferentes al referéndum.

En estas materias, corresponde a la Comunidad Autónoma la función legislativa, la potestad reglamentaria y, en ejercicio de la función ejecutiva, la adopción de cuantas medidas, decisiones y actos procedan.

5.3. Competencias de desarrollo normativo y ejecución

La Comunidad Autónoma de Extremadura tiene competencias de desarrollo normativo y ejecución en las siguientes materias:

1. Régimen jurídico de sus Administraciones Públicas, de la contratación del sector público, de las concesiones y de los bienes de titularidad pública de éstas, de la responsabilidad patrimonial de la Administración de acuerdo con el sistema general de responsabilidad de las Administraciones Públicas y del régimen estatutario de los empleados públicos.

   A este respecto, se ha publicado la Ley 13/2015, de 8 de abril, de Función Pública de Extremadura («D.O.E.» 10 abril).

2. Medioambiente. Regulación y protección de la flora, la fauna y la biodiversidad. Prevención y corrección de la generación de residuos y vertidos y de la contaminación acústica, atmosférica, lumínica, del suelo y del subsuelo. Regulación del abastecimiento, saneamiento y depuración de las aguas. Montes, aprovechamientos forestales y vías pecuarias.

   A este respecto, se ha publicado la Ley 16/2015, de 23 abril, de protección ambiental de la Comunidad Autónoma de Extremadura («D.O.E.» 29 abril).

3. Ordenación del crédito, banca, seguros, mutualidades de previsión social, entidades gestoras de planes y fondos de pensiones.

4. Educación y enseñanza en toda su extensión, niveles, grados, modalidades y especialidades. En particular, el régimen, organización y control de los centros educativos, del personal docente, de las materias de interés regional, de las actividades complementarias y de las becas con fondos propios.

5. Universidades públicas y privadas. En particular, la programación y creación de centros públicos, la autorización de los privados, la aprobación definitiva de sus estatutos y normas de funcionamiento, los procedimientos de acceso, el régimen retributivo y la regulación de los títulos propios, así como la financiación de las públicas y el régimen de control, fiscalización y examen de sus cuentas.

   A este respecto, se ha publicado la Ley 8/2014, de 1 octubre, por la que se establece un marco de financiación estable para la Universidad de Extremadura («D.O.E.» 3 octubre).

6. Seguridad Social, con excepción de las normas que configuran su régimen económico y sin perjuicio de lo dispuesto en el Estatuto de la C.A.

7. Régimen minero y energético e instalaciones radioactivas de segunda y tercera categorías.

8. Prensa, radio y televisión y otros medios de comunicación. Creación, regulación y mantenimiento de medios de comunicación social de carácter público, cuya actividad estará presidida por los principios de independencia, pluralidad, neutralidad, objetividad y servicio público.
9. Sanidad y salud pública. Sanidad agrícola y animal. Sanidad alimentaria.

En estas materias, corresponde a la Comunidad Autónoma desarrollar, ejecutar y, en su caso, complementar la normativa del Estado, mediante la legislación propia de desarrollo, la potestad reglamentaria y la función ejecutiva.

5.4. Competencias de ejecución

La Comunidad Autónoma de Extremadura tiene competencias de ejecución en las siguientes materias:

1. Sistema penitenciario.
2. Nombramiento de notarios, registradores de la propiedad y mercantiles y otros fedatarios públicos. Participación en la fijación de las demarcaciones de notarías y registros de la propiedad y mercantiles. Registro civil.
3. Propiedad intelectual e industrial.
4. Pesas y medidas. Contraste de metales.
5. Ferias internacionales que se celebren en Extremadura.
6. Productos farmacéuticos.
7. Trabajo y relaciones laborales, incluyendo la función pública inspectora, que se coordinará con el Estado. Las políticas activas de empleo, la intermediación laboral, la seguridad y salud en el trabajo, la formación profesional para el empleo y, en su caso, la gestión de los fondos de protección del desempleo.
8. Gestión del régimen económico de la seguridad social y de los servicios que integran el sistema, con pleno respeto a los principios de unidad económico-patrimonial y de solidaridad financiera.
9. Aeropuertos, helipuertos y otras infraestructuras de transporte con calificación de interés general cuya gestión directa no se reserve la Administración General del Estado.
10. Museos, archivos, bibliotecas y otras colecciones de naturaleza análoga de titularidad estatal cuya gestión no se reserve el Estado.
11. Gestión de los parques nacionales y, en su caso, de los internacionales en el territorio de Extremadura, en el marco de los acuerdos que al respecto suscriba el Estado.

12. Defensa de la competencia en el ámbito del mercado extremeño.
13. Fijación, en colaboración con el Estado, de las necesidades del mercado laboral que determinan la concesión de las autorizaciones de trabajo de los extranjeros.

En estas materias corresponden a la Comunidad Autónoma la potestad reglamentaria organizativa y la adopción de planes, programas, medidas, decisiones y actos.

5.5. Desarrollo y ejecución de normas supranacionales

Son funciones de la Comunidad Autónoma de Extremadura el desarrollo y, en su caso, la ejecución de la normativa de la Unión Europea en los ámbitos materiales de competencia autonómica.

La Comunidad Autónoma ejecutará, asimismo, los tratados y convenios internacionales ratificados por el Reino de España en lo que afecten a materias de su competencia.

5.6. Otras facultades asociadas a las competencias

En el ámbito de sus competencias y además de las expresamente contempladas, corresponden a la Comunidad Autónoma todas aquellas funciones que resulten inherentes a su pleno ejercicio y, en particular, la gestión del demanio especial afectado y la declaración de utilidad pública o interés social a efectos expropiatorios, así como la determinación de los supuestos, causas y condiciones de ejercicio de tal potestad, la determinación de criterios objetivos de valoración y el establecimiento de los órganos que los apliquen y fijen el justiprecio.

En todas las materias de su competencia corresponde a la Comunidad Autónoma el ejercicio de las actividades de policía, de servicio público y de fomento, pudiendo regular la concesión y otorgar y controlar subvenciones con cargo a fondos propios y, en su caso, a los provenientes de otras instancias públicas.

La Comunidad Autónoma participará en el ejercicio de competencias estatales que condicionen las competencias autonómicas o afecten a los recursos naturales o riquezas regionales.

Las instituciones estatutarias velarán para que el elenco competencial de Extremadura sea actualizado en términos de homogeneidad respecto del conjunto de las Comunidades Autónomas. A tal efecto, adoptarán las iniciativas que procedan para reformar su Estatuto o para solicitar al Estado la ampliación de las competencias autonómicas mediante la adopción de las leyes pertinentes.

6. Las Instituciones de la Comunidad Autónoma de Extremadura

Están reguladas en el Título II.

La Comunidad Autónoma ejercerá sus poderes a través de la Asamblea, del Presidente y de la Junta de Extremadura.

Además, son instituciones estatutarias, dotadas de autonomía orgánica, funcional y presupuestaria, el Consejo Consultivo, el Consejo de Cuentas, el Consejo Económico y Social y el Personero del Común.

Las instituciones de la Comunidad ejercerán sus funciones y competencias con sometimiento a la ley y de conformidad con los principios de lealtad institucional, solidaridad, colaboración, coordinación, cooperación y mutua ayuda, entre sí y con todos los poderes públicos.

6.1. La Asamblea de Extremadura

6.1.1. Carácter y atribuciones

La Asamblea, que representa al pueblo extremeño, es elegida por cuatro años, es inviolable y no podrá ser disuelta salvo en los supuestos previstos en su Estatuto. Goza de autonomía reglamentaria, presupuestaria, administrativa y disciplinaria.

Corresponde a la Asamblea de Extremadura:

a) Ejercer las iniciativas de reforma de la Constitución y de su Estatuto.

b) El ejercicio de la potestad legislativa de la Comunidad Autónoma.

c) Aprobar los Presupuestos de la Comunidad Autónoma y autorizar el recurso al crédito público, en los términos del título VI de su Estatuto.

d) Elaborar su Reglamento, cuya aprobación y modificación exigirá mayoría absoluta de la Cámara en una votación final sobre el conjunto del proyecto.

   A este respecto, el Reglamento de la Asamblea de Extremadura, ha sido aprobado por el Pleno de la Cámara en sesión celebrada el día 19 de marzo de 2015 («D.O.E.» 14 abril).

e) Aprobar el estatuto del personal de la Asamblea en el marco del régimen general de los empleados públicos de la Comunidad Autónoma.

f) Controlar el ejercicio de las delegaciones legislativas conferidas a la Junta y convalidar sus Decretos-leyes.

g) Solicitar al Gobierno de la nación la adopción de proyectos de ley o remitir al Congreso de los Diputados proposiciones de ley, conforme al artículo 87.2 de la Constitución.

h) Promover y controlar la acción del Presidente y de la Junta de Extremadura, y exigir, en su caso, su responsabilidad política en los términos previstos en su Estatuto.

i) Controlar la gestión financiera de la Hacienda regional y examinar sus propias cuentas y las de las demás instituciones, organismos, empresas y entidades públicas, incluidas las universidades, sin perjuicio del control que corresponda al Consejo de Cuentas o, en su caso, al Tribunal de Cuentas del Reino.

j) Ejercer el control de los medios de comunicación social dependientes de la Comunidad Autónoma.

k) Examinar los convenios de gestión de servicios y autorizar la suscripción de acuerdos de cooperación con otras Comunidades Autónomas, en los términos previstos en su Estatuto.

l) Designar de entre los diputados de la Asamblea a los senadores a que se refiere el artículo 69.5 de la Constitución tras las elecciones autonómicas, de acuerdo con la representación proporcional de los grupos de la Cámara y a propuesta de estos. Los diputados designados podrán optar por mantener su escaño autonómico o bien dimitir del mismo, sin perjuicio de su condición de senadores con mandato vinculado a la legislatura autonómica.

m) Proponer los nombramientos para las altas instituciones del Estado o de la Comunidad Autónoma que sean de su competencia.

n) Interponer recursos de inconstitucionalidad y demás procedimientos de la competencia del Tribunal Constitucional para los que esté legitimada, o personarse en ellos, en defensa del interés de la Comunidad Autónoma.

ñ) Cualquier otra facultad o función que se derive de la Constitución, de su Estatuto y del ordenamiento jurídico.

6.1.2. Elecciones

Los diputados de la Asamblea de Extremadura, en número máximo de 65, serán elegidos por sufragio universal, libre, igual, directo y secreto, de acuerdo con criterios de representación proporcional.

Las elecciones serán convocadas mediante decreto del Presidente de la Comunidad Autónoma y serán electores y elegibles los ciudadanos que, teniendo la condición política de extremeños, estén en pleno uso de sus derechos.

La provincia será la circunscripción electoral. La ley distribuirá el número de diputados de la Asamblea atribuidos a las provincias asignando una representación mínima inicial a cada circunscripción y distribuyendo los demás que correspondan en proporción a la población.

La ley electoral, cuya aprobación requerirá mayoría de tres quintos de los diputados de la Asamblea, regulará la convocatoria de elecciones; el procedimiento y los sistemas electorales; la fórmula de atribución de escaños; las subvenciones, los gastos electorales y su control; y un sistema específico de inelegibilidad e incompatibilidad de los candidatos y diputados. En todo caso, las candidaturas se compondrán con criterios de igualdad de género.

La sesión constitutiva de la Asamblea electa será convocada por el Presidente cesante dentro de los quince días siguientes a la celebración de las elecciones.

6.1.3. Estatuto de los diputados

Los diputados de la Asamblea, cuyos derechos y atribuciones se completan en el Reglamento de la misma, representan a la totalidad de la región y no estarán sujetos a mandato imperativo.

Los diputados disponen, aun después de haber cesado su mandato, de inviolabilidad por los votos y opiniones que emitan en el ejercicio de su cargo. Durante su mandato, no podrán ser detenidos ni retenidos en el territorio de la Comunidad sino en caso de flagrante delito, correspondiendo decidir, en todo caso, sobre su inculpación, prisión, procesamiento y juicio al Tribunal Superior de Justicia de Extremadura. Fuera de dicho territorio la responsabilidad penal será exigible, en los mismos términos, ante la Sala de lo Penal del Tribunal Supremo.

Los diputados deberán tener vecindad administrativa en Extremadura.

Sin perjuicio de otras causas, los diputados cesan a los cuatro años de su elección o en la fecha de publicación oficial del decreto de convocatoria de elecciones, tanto en el caso de disolución anticipada como en el de agotamiento de la legislatura. No obstante, los miembros de la Diputación Permanente continúan en el ejercicio de sus funciones hasta la constitución de la nueva Cámara.

6.1.4. Órganos

La Asamblea elegirá de entre sus miembros el Presidente, la Mesa y la Diputación Permanente, cuyos regímenes jurídicos y procedimientos de elección se determinarán en el Reglamento.

La Asamblea de Extremadura está representada por su Presidente, que dirige las sesiones de la misma, sostiene su competencia, ejecuta su sección presupuestaria dando cuenta a la Mesa, ejerce las facultades administrativas y de policía en su sede y desempeña aquellas otras funciones que le encomienden el Estatuto, el Reglamento de la Cámara o la Ley.

La Mesa de la Asamblea, que se compone del Presidente y de los Vicepresidentes y Secretarios de la Cámara, en el número que establezca el Reglamento, es el órgano de gobierno interior de la misma y ejerce cuantas funciones le atribuya el Reglamento.

La Diputación Permanente sustituirá al Pleno entre los períodos ordinarios de sesiones y asumirá todas las funciones de la Asamblea cuando ésta hubiera sido disuelta anticipadamente o se hubiera agotado la legislatura y hasta la constitución de la nueva Cámara.

6.1.5. Grupos parlamentarios

El Reglamento precisará un número mínimo de diputados para la constitución de grupos parlamentarios, regulará la intervención de estos en las actividades de la Asamblea y establecerá las funciones de la Junta de Portavoces.

Los grupos de la Asamblea formarán parte de todas las comisiones en proporción al número de sus miembros.

6.1.6. Régimen de funcionamiento

El Reglamento regulará el régimen de funcionamiento, períodos y sesiones del Pleno y las Comisiones en que se organiza la Asamblea de Extremadura.

Solo serán válidos los acuerdos del Pleno y de las Comisiones cuando se adopten en reuniones reglamentariamente convocadas, con asistencia de la mayoría de sus miembros y obtengan la aprobación de la mayoría simple de los votos emitidos, excepto en los casos en que su Estatuto o una ley exijan una mayoría cualificada.

Una ley regulará la comparecencia de autoridades y empleados públicos de Extremadura para informar, a requerimiento de la Asamblea, en asuntos de interés de la Comunidad Autónoma, y la de estos y los ciudadanos ante las Comisiones parlamentarias de investigación, así como las sanciones que procedan por incumplimiento.

6.1.7. Potestad legislativa

La potestad legislativa de la Comunidad Autónoma reside en el Pleno de la Asamblea, que podrá delegarla en las Comisiones en los términos y condiciones que establezca el Reglamento de la Cámara, salvo en los casos en los que este Estatuto exige una mayoría cualificada o en las leyes de presupuestos.

Con las mismas limitaciones, el Pleno de la Asamblea podrá delegar expresamente en la Junta de Extremadura la potestad de dictar normas con rango de ley, denominadas decretos legislativos, sobre materias determinadas y con los fines, objetivos, alcance, prohibiciones, plazos y formas establecidos en los artículos 82 y 83 de la Constitución.

Sin perjuicio de los controles parlamentarios adicionales que pudieran establecerse en la ley de delegación, los textos articulados o refundidos se someterán, antes de su entrada en vigor, a una votación de totalidad en procedimiento de lectura única en la Asamblea.

6.1.8. *Iniciativa legislativa*

Los diputados y los Grupos parlamentarios de la Asamblea ostentan la iniciativa legislativa en los términos que establezca el Reglamento de la Cámara.

También dispone de esta iniciativa la Junta de Extremadura, que, además, podrá oponerse a la tramitación de iniciativas legislativas que afecten a una delegación legislativa en vigor o que supongan minoración de ingresos o aumento de gastos en el ejercicio presupuestario corriente.

Con las condiciones de número y población que se determinen en una ley aprobada por mayoría absoluta, las entidades locales podrán, asimismo, presentar iniciativas legislativas a la Asamblea en materias de competencia de la Comunidad Autónoma.

La iniciativa legislativa popular para materias de competencia de la Comunidad Autónoma se ejercerá, con las limitaciones constitucionales previstas, en los términos que determine una ley de la Asamblea de Extremadura aprobada por mayoría absoluta. En todo caso, las iniciativas legislativas que se presenten por esta vía deberán estar avaladas por al menos 45.000 firmas acreditadas del censo para las elecciones a la Asamblea.

6.2. El Presidente de Extremadura

El Presidente ostenta la más alta representación de la Comunidad Autónoma, ejerce la representación ordinaria del Estado en la misma y preside la Junta de Extremadura.

Por ley se regulará el estatuto del Presidente, el régimen de ejercicio de sus funciones y sus relaciones y las de la Junta de Extremadura con la Asamblea.

6.2.1. Investidura

El Presidente será elegido por la Asamblea de Extremadura de entre sus miembros y nombrado por el Rey.

En el plazo de quince días desde su constitución, el Presidente de la Asamblea, previa consulta a los Grupos parlamentarios, propondrá un candidato a la Presidencia de entre los que le sean presentados, al menos, por la cuarta parte de los miembros de la Cámara.

El candidato propuesto presentará su programa al Pleno de la Asamblea dentro de los quince días siguientes a su designación. Tras el correspondiente debate se procederá a la votación de investidura, en la que el candidato deberá obtener mayoría absoluta para ser proclamado Presidente.

De no obtener tal mayoría, se procederá a una nueva votación cuarenta y ocho horas después de la primera en la que se requerirá mayoría simple. El procedimiento podrá repetirse, con los mismos o diferentes candidatos, cuantas veces lo considere oportuno el Presidente de la Asamblea. Si en el plazo de dos meses a partir de la primera votación ninguno de los candidatos hubiera sido elegido, la Asamblea quedará disuelta y el Presidente de la Comunidad Autónoma en funciones procederá a convocar nuevas elecciones.

El mismo procedimiento se seguirá en el caso de que la Presidencia quede vacante por cualquier otra causa.

6.2.2. Atribuciones

Corresponden al Presidente cuantas atribuciones le confieran la Constitución, su Estatuto de Autonomía y las leyes, y en particular las siguientes:

1. Como supremo representante de la Comunidad Autónoma:
   a) Ejercer la representación de Extremadura en sus relaciones con las instituciones del Estado, con otras Comunidades Autónomas y con las demás administraciones públicas, y en el ámbito internacional cuando proceda.
   b) Suscribir convenios de colaboración con el Estado y acuerdos de cooperación con otras Comunidades Autónomas, sin perjuicio de su delegación en otras autoridades.
   c) Convocar elecciones a la Asamblea de Extremadura, la sesión constitutiva de esta y, en su caso, disolverla en los términos previstos en el Estatuto.

2. Como representante ordinario del Estado:
   a) Promulgar en nombre del Rey las leyes aprobadas por la Asamblea de Extremadura y demás normas con rango de ley, ordenando su publicación en el Diario Oficial de Extremadura y, en su caso, en el Boletín Oficial del Estado.
   b) Ordenar la publicación en el Diario Oficial de Extremadura de los nombramientos del Delegado del Gobierno y demás altas autoridades estatales en Extremadura, de acuerdo con lo previsto en el Estatuto.
   c) Asegurar en el ámbito de la Comunidad Autónoma el respeto al orden constitucional y al resto del ordenamiento jurídico, adoptando las medidas que fuesen necesarias en el marco de las competencias que le son propias.
3. Como Presidente de la Junta de Extremadura:
   a) Establecer, de acuerdo con su programa político, las directrices generales de la acción de gobierno e impulsar, dirigir y coordinar la acción del mismo.
   b) Dictar decretos del Presidente para la creación o extinción de Vicepresidencias y Consejerías, para la modificación de la denominación de las existentes o para la distribución de competencias entre ellas, dando cuenta a la Asamblea, así como resolver los conflictos de atribuciones que se susciten entre los miembros de la Junta.
   c) Convocar las reuniones de la Junta de Extremadura; fijar el orden del día; presidir, suspender y levantar sus sesiones; dirigir las deliberaciones; y velar por el cumplimiento de las decisiones adoptadas.
   d) Firmar los decretos y acuerdos adoptados por la Junta de Extremadura y ordenar su publicación oficial cuando proceda.
   e) Ejercer las acciones que correspondan en vía jurisdiccional, dando cuenta a la Junta de Extremadura.
   f) Remitir a la Asamblea la información que ésta requiera del Gobierno o Administración regionales.

6.2.3. Disolución anticipada de la Asamblea

El Presidente, previa deliberación de la Junta de Extremadura y bajo su exclusiva responsabilidad, podrá disponer la disolución anticipada de la Asamblea de Extremadura.

El decreto de disolución no podrá aprobarse cuando esté en trámite una moción de censura ni antes de que transcurra un año desde la anterior disolución.

En el decreto de disolución se convocarán nuevas elecciones, estableciéndose cuantas determinaciones exija la legislación electoral aplicable.

6.2.4. Cuestión de confianza

El Presidente, previa deliberación de la Junta de Extremadura y siempre que no esté en trámite una moción de censura, puede plantear a la Asamblea la cuestión de confianza sobre una declaración política general en el marco de las competencias de la Comunidad Autónoma.

La confianza se entenderá otorgada cuando vote a favor de la misma la mayoría simple de los miembros de la Asamblea.

Si la Asamblea negara su confianza al Presidente, éste presentará su dimisión ante la Cámara, cuyo Presidente convocará, en el plazo máximo de quince días, sesión plenaria para la elección de nuevo Presidente, de acuerdo con el procedimiento de investidura previsto en el Estatuto de Autonomia.

6.2.5. Moción de censura

La Asamblea de Extremadura puede exigir la responsabilidad política del Presidente de la Comunidad Autónoma mediante la adopción por mayoría absoluta de una moción de censura que habrá de ser propuesta, al menos, por un quince por ciento de los miembros de la Cámara e incluir un candidato a Presidente que presentará su programa alternativo.

No podrá ser votada una moción de censura hasta que transcurran cinco días desde su presentación. En los dos primeros días de dicho plazo podrán presentarse mociones alternativas.

Si la Asamblea aprobara una moción de censura, el Presidente cesará automáticamente en sus funciones y el candidato propuesto en dicha moción se entenderá investido de la confianza de la Cámara, dándose cuenta al Rey para su nombramiento.

En una misma legislatura, los signatarios de una moción de censura rechazada no podrán impulsar otra hasta transcurrido un año desde la presentación de aquella.

6.2.6. Otras causas de cese del Presidente

El Presidente, además de por la aprobación de una moción de censura, cesa por la celebración de nuevas elecciones y por dimisión voluntaria presentada por escrito al Presidente de la Asamblea. En estos dos casos, el Presidente cesante continuará desempeñando su cargo en funciones hasta la elección de quien haya de sustituirle.

Cesa, además, por fallecimiento, por inhabilitación derivada de condena penal ejecutiva o resolución judicial que limite sus derechos civiles de modo incompatible con su alta función, por incompatibilidad con el desempeño de otros cargos públicos y por aquellas otras causas previstas en la ley, siendo sustituido provisionalmente por el miembro de la Junta de Extremadura que la ley determine.

Por ley se regulará el estatuto de los ex-Presidentes.

6.3. La Junta de Extremadura

La Junta de Extremadura es el órgano colegiado que ejerce las funciones propias del Gobierno de la Comunidad Autónoma.

Responde políticamente ante la Asamblea de forma solidaria, sin perjuicio de la responsabilidad directa de cada uno de sus miembros por su gestión.

6.3.1. Atribuciones

Corresponde a la Junta de Extremadura:

1. Establecer la política general de la Comunidad Autónoma en relación con las competencias asumidas, dirigir la Administración regional y ejercer la potestad reglamentaria y la función ejecutiva.
2. Interponer recursos de inconstitucionalidad y demás procedimientos de la competencia del Tribunal Constitucional para los que esté legitimada, o personarse en ellos en defensa de los intereses de la Comunidad Autónoma.
3. Ejecutar las secciones del Presupuesto de la Comunidad en los términos que establezca la ley.
4. Resolver los conflictos de competencias entre corporaciones locales cuando no se haya establecido reserva a favor del Estado.
5. Ejercer cuantas otras competencias o atribuciones le asignen el Estatuto y las leyes.

6.3.2. Legislación de urgencia

En caso de extraordinaria y urgente necesidad, la Junta de Extremadura puede dictar disposiciones legislativas provisionales bajo la forma de Decreto-ley.

No pueden ser objeto de Decreto-ley la reforma del Estatuto, las leyes de presupuestos o las materias objeto de leyes para las que se requiera una mayoría cualificada.

Los Decretos-leyes quedan derogados si en el plazo improrrogable de un mes desde su publicación oficial no son convalidados por la Asamblea, tras su debate y en votación de totalidad.

La Asamblea puede tramitar los Decretos-leyes como proyectos de ley por el procedimiento de urgencia, dentro del plazo establecido anteriormente.

6.3.3. Composición

La Junta de Extremadura está compuesta por el Presidente, los Vicepresidentes, de haberlos, y los Consejeros.

El Presidente nombra y separa libremente a los miembros de la Junta, dando cuenta a la Asamblea de Extremadura. De igual forma, establece las sustituciones que procedan entre ellos.

Los Vicepresidentes y, en su caso, los Consejeros suplirán al Presidente en caso de vacante, ausencia o enfermedad, de acuerdo con las precedencias que disponga la ley.

6.3.4. Estatuto de los miembros

El estatuto de los miembros de la Junta de Extremadura será regulado por ley de la Asamblea, determinándose en ella las causas de incompatibilidad.

En todo caso:

a) Los miembros de la Junta deberán residir en Extremadura.

b) Los miembros de la Junta no podrán ejercer otras funciones representativas que las propias del mandato parlamentario ni cualquier otra función pública que no derive de su cargo. Tampoco podrán desempeñar ninguna clase de actividad laboral, profesional o empresarial salvo en representación de participaciones o intereses públicos.

c) La responsabilidad penal del Presidente y de los Consejeros será exigible ante el Tribunal Superior de Justicia de Extremadura por los actos delictivos cometidos dentro del territorio de la Comunidad Autónoma. Fuera de este, la responsabilidad será exigible ante la Sala de lo Penal correspondiente del Tribunal Supremo. La responsabilidad civil por hechos relativos a su función será exigible ante aquel Tribunal Superior.

6.3.5. Cese

La Junta cesa cuando lo hace su Presidente, continuando en funciones hasta la toma de posesión del nuevo Gobierno. La ley regulará las demás causas de cese de los miembros del Gobierno.

6.4. Otras instituciones estatutarias

6.4.1. Consejo Consultivo

El Consejo Consultivo, con sede en la ciudad de Badajoz, es el órgano consultivo superior de las instituciones y de las administraciones de la Comunidad Autónoma. Por ley de la Asamblea, aprobada por mayoría absoluta, se regulará su composición, su régimen jurídico, su organización y su funcionamiento, determinando los casos en los que su dictamen deba ser vinculante.

El Consejo dictaminará sobre la adecuación a la Constitución, al Estatuto y al resto del ordenamiento jurídico, de los anteproyectos de reforma estatutaria, de los proyectos de ley, de los anteproyectos de otras normas con rango de ley, de la interposición o mantenimiento de recursos y acciones ante el Pleno del Tribunal Constitucional y su personación en ellos, y de los demás supuestos previstos en el Estatuto. Igualmente, dictaminará, en los casos que establezca su ley constitutiva, sobre la legalidad de las disposiciones generales y actos de las instituciones autonómicas, de la Administración regional, de las universidades públicas y de las corporaciones locales de Extremadura, y de los organismos y entes de derecho público dependientes o vinculados a ellas.

La Asamblea de Extremadura, por conducto de su Presidente, podrá solicitar dictamen en los supuestos que determine el Reglamento para las iniciativas legislativas no gubernamentales.

6.4.2. Consejo de Cuentas

El Consejo de Cuentas, con sede en la ciudad de Cáceres y dependiente de la Asamblea, controla externamente la actividad financiera y presupuestaria de las instituciones, de la Administración autonómica, de las entidades locales, del sector público dependiente de aquella y de éstas, así como de las universidades públicas de Extremadura, fiscalizando sus cuentas con criterios de legalidad, economía y eficiencia en el gasto, sin perjuicio de la jurisdicción y competencia del Tribunal de Cuentas del Reino, que podrá delegar en el Consejo aquellas funciones jurisdiccionales que permita su ley constitutiva.

Una ley de la Asamblea de Extremadura, aprobada por mayoría absoluta regulará la composición, las competencias, el régimen jurídico, la organización y el funcionamiento del Consejo.

6.4.3. Consejo Económico y Social

Una ley de la Asamblea regulará la composición, las competencias, el régimen jurídico, la organización y el funcionamiento del Consejo Económico y Social de Extremadura, con sede en la ciudad de Mérida, como órgano colegiado consultivo de la Junta en materias socioeconómicas.

6.4.4. Personero del Común

Por ley de la Asamblea que regulará su régimen jurídico, se creará con sede en la ciudad de Plasencia el Personero del Común como comisionado de la misma y con funciones, respecto de las instituciones autonómicas y locales, similares a las del Defensor del Pueblo previsto en la Constitución.

El Personero del Común deberá ser elegido por tres quintas partes de los miembros de la Asamblea de Extremadura.

6.5. El Poder Judicial en Extremadura

En materia de Administración de Justicia, la Comunidad Autónoma asume las competencias que la Ley Orgánica del Poder Judicial atribuya al Gobierno de la Nación.

En particular, en los términos previstos por la Ley Orgánica del Poder Judicial, corresponden a los poderes públicos de Extremadura las siguientes funciones:

a) Delimitar las demarcaciones territoriales de sus órganos jurisdiccionales y establecer, mediante ley de la Asamblea, sus sedes.

b) Solicitar, oído el Consejo de Justicia de Extremadura, la revisión de la planta de los juzgados y tribunales para adaptarla a las necesidades de la región. En su caso, por delegación del Gobierno de la Nación, la Junta de Extremadura podrá crear secciones y juzgados.

c) Ejercer las facultades normativas y ejecutivas en la creación, el diseño y la organización de las oficinas judiciales y las unidades administrativas, así como respecto del personal no judicial al servicio de la Administración de Justicia.

d) Ejercer esas mismas facultades en relación con los organismos e instituciones colaboradores de la Administración de Justicia, incluidos los servicios de medicina forense y de toxicología.

e) Proveer de medios personales, materiales y económicos a la Administración de Justicia dentro del marco de sus competencias.

f) Ordenar los servicios de justicia gratuita y de orientación jurídica, así como los de atención a las víctimas de delitos, en los términos que disponga la ley.

g) Ordenar la justicia de paz y de proximidad.

h) Establecer los instrumentos y procedimientos de mediación y conciliación en la resolución de conflictos en las materias de competencia autonómica. En particular, se crearán servicios de mediación familiar.

i) Proponer a las autoridades competentes la convocatoria de oposiciones y concursos para cubrir las plazas vacantes de magistrados, jueces, secretarios y fiscales en la Comunidad Autónoma. En su resolución será mérito preferente la especialización y conocimiento del derecho propio de Extremadura, especialmente en las plazas del Tribunal Superior de Justicia de Extremadura.

j) Promover la participación de los extremeños en la Administración de Justicia en las formas que la legislación prevea.

k) Las derivadas de otras competencias que le atribuya la legislación del Estado.

6.5.1. Tribunal Superior de Justicia de Extremadura

El Tribunal Superior de Justicia de Extremadura, con sede en la ciudad de Cáceres, es el órgano en el que culmina la organización judicial de Extremadura y constituye la última instancia jurisdiccional de los procesos y recursos tramitados en su ámbito territorial, sin perjuicio de las competencias del Tribunal Supremo.

El Tribunal Superior de Justicia de Extremadura conocerá de los asuntos y ejercerá las funciones que en materia de derecho estatal establezcan las leyes del Estado y, en los términos previstos por la Ley Orgánica del Poder Judicial, de las siguientes cuestiones:

a) De los recursos de casación fundados en la infracción del derecho propio de Extremadura, así como de los recursos extraordinarios de revisión que contemple la ley contra las resoluciones firmes de los órganos jurisdiccionales radicados en Extremadura.

b) De los recursos de casación y revisión relacionados con el Fuero del Baylío.

c) De las causas penales en que estén incursos los diputados de la Asamblea y los miembros de la Junta de Extremadura, de las demandas de responsabilidad civil contra los mismos por hechos derivados del ejercicio de sus cargos y de los procesos civiles sobre la capacidad de obrar del Presidente. Fuera del territorio de Extremadura, la responsabilidad penal será exigible, en los mismos términos, ante la Sala de lo Penal del Tribunal Supremo.

d) De las reclamaciones de responsabilidad de la Comunidad Autónoma por la aplicación de disposiciones y de actos legislativos de carácter no expropiatorio.

6.5.2. Los altos cargos judiciales y del Ministerio Fiscal en Extremadura

El Presidente del Tribunal Superior de Justicia de Extremadura representa ordinariamente al Poder Judicial en la Comunidad Autónoma. Será nombrado por el Rey a propuesta del Consejo General del Poder Judicial, oído el Consejo de Justicia de Extremadura, y su nombramiento será publicado en el «Diario Oficial de Extremadura».

Con la misma audiencia serán nombrados los presidentes de sala del Tribunal Superior de Justicia de Extremadura en los términos que determine la Ley Orgánica del Poder Judicial.

En la forma que determine la Ley Orgánica del Poder Judicial, en cada una de las salas del Tribunal Superior de Justicia existirán magistrados nombrados por el Consejo General del Poder Judicial, oído el Consejo de Justicia de Extremadura, y elegidos de una terna propuesta por la Asamblea por tres quintos de los diputados entre juristas de reconocido prestigio con más de quince años de actividad profesional

De conformidad con sus normas orgánicas y como máximo representante del Ministerio Fiscal en la región, existirá un Fiscal Superior en la Comunidad Autónoma cuyo nombramiento será publicado en el «Diario Oficial de Extremadura».

6.5.3. El Consejo de Justicia de Extremadura

El Consejo de Justicia de Extremadura es el órgano de participación institucional de la Comunidad Autónoma en el gobierno y la administración de la justicia en la Comunidad Autónoma, de acuerdo con lo que disponga la Ley Orgánica del Poder Judicial.

Tema 3

El Estatuto Marco del personal estatutario de los servicios de Salud: Normas generales. Clasificación del personal estatutario. Derechos y deberes. Adquisición y pérdida de la condición de personal estatutario fijo

eRodio ediciones

Índice esquemático

1. Introducción

La organización política y territorial y el esquema de distribución de competencias en materia de sanidad y asistencia sanitaria que establecen la Constitución y los Estatutos de Autonomía, provocan el nacimiento, en el año 1986 y mediante la Ley 14/1986, de 25 de abril, General de Sanidad, del Sistema Nacional de Salud, concebido como el conjunto de los servicios de salud con un funcionamiento armónico y coordinado.

La Ley General de Sanidad establece que en los servicios de salud se integrarán los diferentes servicios sanitarios públicos del respectivo ámbito territorial. Tal integración se realiza con las peculiaridades organizativas y funcionales de los correspondientes centros, entre ellas el régimen jurídico de su personal, lo que motiva que en los servicios de salud y en sus centros sanitarios se encuentre prestando servicios personal con vinculación funcionarial, laboral y estatutaria.

Si bien el personal funcionario y laboral ha visto sus respectivos regímenes jurídicos actualizados tras la promulgación de la Constitución Española, no ha sucedido así respecto al personal estatutario que, sin perjuicio de determinadas modificaciones normativas puntuales, viene en gran parte regulado por estatutos preconstitucionales. Resulta, pues, necesario actualizar y adaptar el régimen jurídico de este personal, tanto en lo que se refiere al modelo del Estado Autonómico como en lo relativo al concepto y alcance actual de la asistencia sanitaria.

Tal es el objetivo que afronta esta ley, a través del establecimiento de las normas básicas relativas a este personal y mediante la aprobación de su estatuto-marco, todo ello conforme a las previsiones del artículo 149.1.18.a de la Constitución Española, lo cual se efectúa a través de **Ley 55/2003, de 16 de diciembre, del Estatuto Marco del personal estatutario de los servicios de salud, que pasamos a analizar a continuación.**

2. Normas generales

Esta ley tiene por objeto establecer las bases reguladoras de la relación funcionarial especial del personal estatutario de los servicios de salud que conforman el Sistema Nacional de Salud, a través del Estatuto Marco de dicho personal.

2.1. Ámbito de aplicación

1. Esta ley es aplicable al personal estatutario que desempeña su función en los centros e **instituciones sanitarias de los servicios de salud de las comunidades autónomas** o en los centros y servicios sanitarios de la Administración General del Estado.

2. En lo no previsto en esta ley, en las normas a que se refiere el artículo siguiente, o en los pactos o acuerdos regulados en el capítulo XIV, serán aplicables al personal estatutario las disposiciones y principios generales sobre función pública de la Administración correspondiente.

3. Lo previsto en esta ley será de aplicación al personal sanitario funcionario y al personal sanitario laboral que preste servicios en los centros del Sistema Nacional de Salud gestionados directamente por entidades creadas por las distintas comunidades autónomas para acoger los medios y recursos humanos y materiales procedentes de los procesos de transferencias del Insalud, en todo aquello que no se oponga a su normativa específica de aplicación y si así lo prevén las disposiciones aplicables al personal funcionario o los convenios colectivos aplicables al personal laboral de cada comunidad autónoma.

2.2. Normas sobre personal estatutario

En desarrollo de la normativa básica contenida en esta ley, el Estado y las comunidades autónomas, en el ámbito de sus respectivas competencias, aprobarán los estatutos y las demás normas aplicables al personal estatutario de cada servicio de salud.

Para la elaboración de dichas normas, cuyas propuestas serán objeto de negociación en las mesas correspondientes en los términos establecidos en el capítulo III de la Ley 9/1987, de 12 de junio, de órganos de representación, determinación de las condiciones de trabajo y participación del personal al servicio de las Administraciones públicas, los órganos en cada caso competentes tomarán en consideración los principios generales establecidos en el artículo siguiente, las peculiaridades propias del ejercicio de las profesiones sanitarias, y las características organizativas de cada servicio de salud y de sus diferentes centros e instituciones.

2.3. Principios y criterios de ordenación del régimen estatutario

La ordenación del régimen del personal estatutario de los servicios de salud se rige por los siguientes **principios y criterios:**

a) Sometimiento pleno a la ley y el derecho.

b) Igualdad, mérito, capacidad y publicidad en el acceso a la condición de personal estatutario.

c) Estabilidad en el empleo y en el mantenimiento de la condición de personal estatutario fijo.

d) Libre circulación del personal estatutario en el conjunto del Sistema Nacional de Salud.

e) Responsabilidad en el ejercicio profesional y objetividad como garantías de la competencia e imparcialidad en el desempeño de las funciones.

f) Planificación eficiente de las necesidades de recursos y programación periódica de las convocatorias.

g) Integración en el régimen organizativo y funcional del servicio de salud y de sus centros e instituciones.

h) Incorporación de los valores de integridad, neutralidad, transparencia en la gestión, deontología y servicio al interés público y a los ciudadanos, tanto en la actuación profesional como en las relaciones con los usuarios.

i) Dedicación prioritaria al servicio público y transparencia de los intereses y actividades privadas como garantía de dicha preferencia.

j) Coordinación, cooperación y mutua información entre las Administraciones sanitarias públicas.

k) Participación de las organizaciones sindicales en la determinación de las condiciones de trabajo, a través de la negociación en las mesas correspondientes.

3. Clasificación del personal estatutario

Criterios de clasificación del personal estatutario

El personal estatutario de los servicios de salud se clasifica atendiendo a la función desarrollada, al nivel del título exigido para el ingreso y al tipo de su nombramiento.

A) Personal estatutario sanitario

1. Es personal estatutario sanitario el que ostenta esta condición en virtud de nombramiento expedido para el ejercicio de una profesión o especialidad sanitaria.

2. Atendiendo al nivel académico del título exigido para el ingreso, el personal estatutario sanitario se clasifica de la siguiente forma:

a) Personal de formación universitaria: quienes ostentan la condición de personal estatutario en virtud de nombramiento expedido para el ejercicio de una profesión sanitaria que exija una concreta titulación de carácter universitario, o un título de tal carácter acompañado de un título de especialista. Este personal se divide en:

1. Licenciados con título de especialista en Ciencias de la Salud.
2. Licenciados sanitarios.
3. Diplomados con título de Especialista en Ciencias de la Salud.
4. Diplomados sanitarios.

b) **Personal de formación profesional**. quienes ostenten la condición de personal estatutario en virtud de nombramiento expedido para el ejercicio de profesiones o actividades profesionales sanitarias, cuando se exija una concreta titulación de formación profesional. Este personal se divide en:

1. Técnicos superiores.
2. Técnicos.

B) Personal estatutario de gestión y servicios

1. Es personal estatutario de gestión y servicios quien ostenta tal condición en virtud de nombramiento expedido para el desempeño de funciones de gestión o para el desarrollo de profesiones u oficios que no tengan carácter sanitario.

2. La clasificación del personal estatutario de gestión y servicios se efectúa, en función del título exigido para el ingreso, de la siguiente forma:

a) **Personal de formación universitaria**. Atendiendo al nivel del título requerido, este personal se divide en:

1. Licenciados universitarios o personal con título equivalente.
2. Diplomados universitarios o personal con título equivalente.

b) **Personal de formación profesional**. Atendiendo al nivel del título requerido, este personal se divide en:

1. Técnicos superiores o personal con título equivalente.
2. Técnicos o personal con título equivalente.

c) **Otro personal**: categorías en las que se exige certificación acreditativa de los años cursados y de las calificaciones obtenidas en la Educación Secundaria Obligatoria, o título o certificado equivalente.

Tanto el personal sanitario como el de gestión y servicios pueden ser a su vez, fijos o temporales.

Es personal estatutario fijo el que, una vez superado el correspondiente proceso selectivo, obtiene un nombramiento para el desempeño con carácter permanente de las funciones que de tal nombramiento se deriven.

Es personal estatutario temporal, aquellos que son contratados por alguna de las siguientes razones:

1. Por razones de necesidad, de urgencia o para el desarrollo de programas de carácter temporal, coyuntural o extraordinario, los servicios de salud podrán nombrar personal estatutario temporal.

   Los nombramientos de personal estatutario temporal podrán ser de interinidad, de carácter eventual o de sustitución.
2. El nombramiento de carácter interino se expedirá para el desempeño de una plaza vacante de los centros o servicios de salud, cuando sea necesario atender las correspondientes funciones.

   Se acordará el cese del personal estatutario interino cuando se incorpore personal fijo, por el procedimiento legal o reglamentariamente establecido, a la plaza que desempeñe, así como cuando dicha plaza resulte amortizada.
3. El nombramiento de carácter eventual se expedirá en los siguientes supuestos:
   a) Cuando se trate de la prestación de servicios determinados de naturaleza temporal, coyuntural o extraordinaria.
   b) Cuando sea necesario para garantizar el funcionamiento permanente y continuado de los centros sanitarios.
   c) Para la prestación de servicios complementarios de una reducción de jornada ordinaria.

   Se acordará el cese del personal estatutario eventual cuando se produzca la causa o venza el plazo que expresamente se determine en su nombramiento, así como cuando se supriman las funciones que en su día lo motivaron.

   Si se realizaran más de dos nombramientos para la prestación de los mismos servicios por un período acumulado de 12 o más meses en un período de dos años, procederá el estudio de las causas que lo motivaron, para valorar, en su caso, si procede la creación de una plaza estructural en la plantilla del centro.
4. El nombramiento de sustitución se expedirá cuando resulte necesario atender las funciones de personal fijo o temporal, durante los períodos de vacaciones, permisos y demás ausencias de carácter temporal que comporten la reserva de la plaza.

   Se acordará el cese del personal estatutario sustituto cuando se reincorpore la persona a la que sustituya, así como cuando ésta pierda su derecho a la reincorporación a la misma plaza o función.
5. Al personal estatutario temporal le será aplicable, en cuanto sea adecuado a la naturaleza de su condición, el régimen general del personal estatutario fijo.

4. Planificación y ordenación del personal

4.1. Principios generales

La Comisión de Recursos Humanos del Sistema Nacional de Salud desarrollará las actividades de planificación, diseño de programas de formación y modernización de los recursos humanos del Sistema Nacional de Salud.

El Consejo Interterritorial del Sistema Nacional de Salud, como principal instrumento de configuración y cohesión del Sistema Nacional de Salud, conocerá, debatirá y, en su caso, emitirá recomendaciones sobre los criterios para la coordinación de la política de recursos humanos del Sistema Nacional de Salud.

4.2. Foro Marco para el Diálogo Social

El Foro Marco para el Diálogo Social tiene como objetivo constituir el ámbito de diálogo e información de carácter laboral, así como promover el desarrollo armónico de los recursos humanos del Sistema Nacional de Salud.

El Foro Marco para el Diálogo Social, en el que estarán representadas las organizaciones sindicales más representativas del sector sanitario, depende de la Comisión de Recursos Humanos del Sistema Nacional de Salud, a la que prestará apoyo y asesoramiento en todas las funciones de coordinación de las políticas de recursos humanos que en esta ley se encargan a la citada comisión.

El Foro Marco para el Diálogo Social deberá ser informado de los acuerdos de las mesas sectoriales del sector sanitario, así como de los de las mesas generales que afecten a dicho sector.

El Ministerio de Sanidad y Consumo constituirá un ámbito de negociación, para lo cual convocará a las organizaciones sindicales representadas en el Foro Marco para el Diálogo Social a fin de negociar los contenidos de la normativa básica relativa al personal estatutario de los servicios de salud que dicho ministerio pudiera elaborar, cuando tales contenidos se refieran a las materias previstas en el artículo 32 de la Ley 9/1987, de 12 de junio, de órganos de representación, determinación de las condiciones de trabajo y participación del personal al servicio de las Administraciones públicas, en todo aquello que no afecte a las competencias de las comunidades autónomas y sin perjuicio de los asuntos atribuidos a la Mesa General de Negociación de la Administración General del Estado, incluyendo aquellos aspectos relacionados con la relación laboral especial de residencia que el Gobierno regulará por real decreto de acuerdo con las normas de las Comunidades Europeas y en el que se establecerán las peculiaridades de la duración de la jornada de trabajo y régimen de descansos de este personal en formación.

A tales efectos, y de acuerdo con lo previsto en el artículo 31.3 de la Ley 9/1987, de 12 de junio, estas reuniones podrán ser convocadas por decisión del ministerio, por acuerdo entre éste y las organizaciones sindicales, y por solicitud de todas las organizaciones sindicales presentes en el Foro Marco, realizándose, al menos, una al año.

4.3. Planificación de recursos humanos

La planificación de los recursos humanos en los servicios de salud estará orientada a su adecuado dimensionamiento, distribución, estabilidad, desarrollo, formación y capacitación, en orden a mejorar la calidad, eficacia y eficiencia de los servicios.

En el ámbito de cada servicio de salud, y previa negociación en las mesas correspondientes, se adoptarán las medidas necesarias para la planificación eficiente de las necesidades de personal y situaciones administrativas derivadas de la reasignación de efectivos, y para la programación periódica de las convocatorias de selección, promoción interna y movilidad.

Los cambios en la distribución o necesidades de personal que se deriven de reordenaciones funcionales, organizativas o asistenciales se articularán de conformidad con las normas aplicables en cada servicio de salud.

En todo caso, el personal podrá ser adscrito a los centros o unidades ubicados dentro del ámbito que en su nombramiento se precise.

4.4. Planes de ordenación de recursos humanos

Los planes de ordenación de recursos humanos constituyen el instrumento básico de planificación global de los mismos dentro del servicio de salud o en el ámbito que en los mismos se precise. **Especificarán los objetivos a conseguir en materia de personal** y los efectivos y la estructura de recursos humanos que se consideren adecuados para cumplir tales objetivos. Asimismo, podrán establecer las medidas necesarias para conseguir dicha estructura, especialmente en materia de cuantificación de recursos, programación del acceso, movilidad geográfica y funcional y promoción y reclasificación profesional.

Los planes de ordenación de recursos humanos se aprobarán y publicarán o, en su caso, se notificarán, en la forma en que en cada servicio de salud se determine. Serán previamente objeto de negociación en las mesas correspondientes.

4.5. Ordenación del personal estatutario

De acuerdo con el criterio de agrupación unitaria de las funciones, competencias y aptitudes profesionales, de las titulaciones y de los contenidos específicos de la función a desarrollar, los servicios de salud establecerán las diferentes categorías o grupos profesionales existentes en su ámbito.

La integración del personal estatutario en las distintas instituciones o centros se realizará mediante su incorporación a una plaza, puesto de trabajo o función.

En el ámbito de cada servicio de salud, atendiendo a las características de su organización sanitaria y previa negociación en las mesas correspondientes, se establecerán los sistemas de agrupamiento y enumeración de dichos puestos o plazas.

4.6. Creación, modificación y supresión de categorías

En el ámbito de cada servicio de salud se establecerán, modificarán o suprimirán las categorías de personal estatutario de acuerdo con las previsiones de esta ley.

Corresponde al Ministerio de Sanidad, Servicios Sociales e Igualdad la aprobación de un catálogo homogéneo donde se establecerán las equivalencias de las categorías profesionales de los servicios de salud. A estos efectos, los servicios de salud comunicarán al Ministerio de Sanidad, Servicios Sociales e Igualdad las categorías de personal estatutario existentes en el mismo, así como su modificación o supresión y la creación de nuevas categorías, a fin de proceder, en su caso, a la elaboración de este cuadro de equivalencias y a su homologación conforme a lo previsto en el artículo 37.1.

4.7. Registros de personal

1. Como instrumento básico para la planificación de los recursos humanos, los servicios de salud establecerán registros de personal en los que se inscribirá a quienes presten servicios en los respectivos centros e instituciones sanitarios, en los términos en que en cada servicio de salud se determine.

2. El Consejo Interterritorial del Sistema Nacional de Salud acordará los requisitos y procedimientos para posibilitar el tratamiento conjunto y la utilización recíproca de la información contenida en los registros de personal de los servicios de salud, que se integrarán en el Sistema de Información Sanitaria del Sistema Nacional de Salud.

5. Derechos y deberes

5.1. Derechos individuales

1. El personal estatutario de los servicios de salud ostenta los siguientes derechos:

a) A la estabilidad en el empleo y al ejercicio o desempeño efectivo de la profesión o funciones que correspondan a su nombramiento.

b) A la percepción puntual de las retribuciones e indemnizaciones por razón del servicio en cada caso establecidas.

c) A la formación continuada adecuada a la función desempeñada y al reconocimiento de su cualificación profesional en relación a dichas funciones.

d) A recibir protección eficaz en materia de seguridad y salud en el trabajo, así como sobre riesgos generales en el centro sanitario o derivados del trabajo habitual, y a la información y formación específica en esta materia conforme a lo dispuesto en la Ley 31/1995, de 8 de noviembre, de Prevención de Riesgos Laborales.

e) A la movilidad voluntaria, promoción interna y desarrollo profesional, en la forma en que prevean las disposiciones en cada caso aplicables.

f) A que sea respetada su dignidad e intimidad personal en el trabajo y a ser tratado con corrección, consideración y respeto por sus jefes y superiores, sus compañeros y sus subordinados.

g) Al descanso necesario, mediante la limitación de la jornada, las vacaciones periódicas retribuidas y permisos en los términos que se establezcan.

h) A recibir asistencia y protección de las Administraciones públicas y servicios de salud en el ejercicio de su profesión o en el desempeño de sus funciones.

i) Al encuadramiento en el Régimen General de la Seguridad Social, con los derechos y obligaciones que de ello se derivan.

j) A ser informado de las funciones, tareas, cometidos, programación funcional y objetivos asignados a su unidad, centro o institución, y de los sistemas establecidos para la evaluación del cumplimiento de los mismos.

k) A la no discriminación por razón de nacimiento, raza, sexo, religión, opinión, orientación sexual o cualquier otra condición o circunstancia personal o social.

l) A la jubilación en los términos y condiciones establecidas en las normas en cada caso aplicables.

m) A la acción social en los términos y ámbitos subjetivos que se determinen en las normas, acuerdos o convenios aplicables.

2. El régimen de derechos establecido en el apartado anterior será aplicable al personal temporal, en la medida en que la naturaleza del derecho lo permita.

5.2. Derechos colectivos

El personal estatutario ostenta, en los términos establecidos en la Constitución y en la legislación específicamente aplicable, los siguientes derechos colectivos:

a) A la libre sindicación.

b) A la actividad sindical.

c) A la huelga, garantizándose en todo caso el mantenimiento de los servicios que resulten esenciales para la atención sanitaria a la población.

d) A la negociación colectiva, representación y participación en la determinación de las condiciones de trabajo.

e) A la reunión.

f) A disponer de servicios de prevención y de órganos representativos en materia de seguridad laboral

5.3. Deberes

El personal estatutario de los servicios de salud viene obligado a:

a) Respetar la Constitución, el Estatuto de Autonomía correspondiente y el resto del ordenamiento jurídico.

b) Ejercer la profesión o desarrollar el conjunto de las funciones que correspondan a su nombramiento, plaza o puesto de trabajo con lealtad, eficacia y con observancia de los principios técnicos, científicos, éticos y deontológicos que sean aplicables.

c) Mantener debidamente actualizados los conocimientos y aptitudes necesarios para el correcto ejercicio de la profesión o para el desarrollo de las funciones que correspondan a su nombramiento, a cuyo fin los centros sanitarios facilitarán el desarrollo de actividades de formación continuada.

d) Cumplir con diligencia las instrucciones recibidas de sus superiores jerárquicos en relación con las funciones propias de su nombramiento, y colaborar leal y activamente en el trabajo en equipo.

e) Participar y colaborar eficazmente, en el nivel que corresponda en función de su categoría profesional, en la fijación y consecución de los objetivos cuantitativos y cualitativos asignados a la institución, centro o unidad en la que preste servicios.

f) Prestar colaboración profesional cuando así sea requerido por las autoridades como consecuencia de la adopción de medidas especiales por razones de urgencia o necesidad.

g) Cumplir el régimen de horarios y jornada, atendiendo a la cobertura de las jornadas complementarias que se hayan establecido para garantizar de forma permanente el funcionamiento de las instituciones, centros y servicios.

h) Informar debidamente, de acuerdo con las normas y procedimientos aplicables en cada caso y dentro del ámbito de sus competencias, a los usuarios y pacientes sobre su proceso asistencial y sobre los servicios disponibles.

i) Respetar la dignidad e intimidad personal de los usuarios de los servicios de salud, su libre disposición en las decisiones que le conciernen y el resto de los derechos que les reconocen las disposiciones aplicables, así como a no realizar discriminación alguna por motivos de nacimiento, raza, sexo, religión, opinión o cualquier otra circunstancia personal o social, incluyendo la condición en virtud de la cual los usuarios de los centros e instituciones sanitarias accedan a los mismos.

j) Mantener la debida reserva y confidencialidad de la información y documentación relativa a los centros sanitarios y a los usuarios obtenida, o a la que tenga acceso, en el ejercicio de sus funciones.

k) Utilizar los medios, instrumental e instalaciones de los servicios de salud en beneficio del paciente, con criterios de eficiencia, y evitar su uso ilegítimo en beneficio propio o de terceras personas.

l) Cumplimentar los registros, informes y demás documentación clínica o administrativa establecidos en la correspondiente institución, centro o servicio de salud.

m) Cumplir las normas relativas a la seguridad y salud en el trabajo, así como las disposiciones adoptadas en el centro sanitario en relación con esta materia.

n) Cumplir el régimen sobre incompatibilidades.

ñ) Ser identificados por su nombre y categoría profesional por los usuarios del Sistema Nacional de Salud.

6. Adquisición y pérdida de la condición de personal estatutario fijo

6.1. Adquisición de la condición de personal estatutario fijo

La condición de personal estatutario fijo **se adquiere por el cumplimiento sucesivo de los siguientes requisitos:**

a) Superación de las pruebas de selección.

b) Nombramiento conferido por el órgano competente.

c) Incorporación, previo cumplimiento de los requisitos formales en cada caso establecidos, a una plaza del servicio, institución o centro que corresponda en el plazo determinado en la convocatoria. (Es el equivalente a la toma de posesión).

A efectos de lo dispuesto en el párrafo b) del apartado anterior, no podrán ser nombrados, y quedarán sin efecto sus actuaciones, quienes no acrediten, una vez superado el proceso selectivo, que reúnen los requisitos y condiciones exigidos en la convocatoria.

La falta de incorporación al servicio, institución o centro dentro del plazo, cuando sea imputable al interesado y no obedezca a causas justificadas, producirá el decaimiento de su derecho a obtener la condición de personal estatutario fijo como consecuencia de ese concreto proceso selectivo.

6.2. Pérdida de la condición de personal estatutario fijo

Son causas de extinción de la condición de personal estatutario fijo:

a) La renuncia.

b) La pérdida de la nacionalidad tomada en consideración para el nombramiento.

c) La sanción disciplinaria firme de separación del servicio.

d) La pena principal o accesoria de inhabilitación absoluta y, en su caso, la especial para empleo o cargo público o para el ejercicio de la correspondiente profesión.

e) La jubilación.

f) La incapacidad permanente, en los términos previstos en esta ley.

Veremos a continuación cada una de ellas:

Renuncia

La renuncia a la condición de personal estatutario tiene el carácter de acto voluntario y deberá ser solicitada por el interesado con una antelación mínima de 15 días a la fecha en que se desee hacer efectiva. La renuncia será aceptada en dicho plazo, salvo que el interesado esté sujeto a expediente disciplinario o haya sido dictado contra él auto de procesamiento o de apertura de juicio oral por la presunta comisión de un delito en el ejercicio de sus funciones.

La renuncia a la condición de personal estatutario no inhabilita para obtener nuevamente dicha condición a través de los procedimientos de selección establecidos.

Pérdida de la nacionalidad

La pérdida de la nacionalidad española, o de la de otro Estado tomada en consideración para el nombramiento, determina la pérdida de la condición de personal estatutario, salvo que simultáneamente se adquiera la nacionalidad de otro Estado que otorgue el derecho a acceder a tal condición.

Sanción de separación del servicio

La sanción disciplinaria de separación del servicio, cuando adquiera carácter firme, supone la pérdida de la condición de personal estatutario.

Penas de inhabilitación absoluta o especial

La pena de inhabilitación absoluta, cuando hubiera adquirido firmeza, produce la pérdida de la condición de personal estatutario. Igual efecto tendrá la pena de inhabilitación especial para empleo o cargo público si afecta al correspondiente nombramiento.

Supondrá la pérdida de la condición de personal estatutario la pena de inhabilitación especial para la correspondiente profesión, siempre que ésta exceda de seis años.

Jubilación

La jubilación puede ser forzosa o voluntaria.

La jubilación forzosa se declarará al cumplir el interesado la edad de 65 años.

No obstante, el interesado podrá solicitar voluntariamente prolongar su permanencia en servicio activo hasta cumplir, como máximo, los 70 años de edad, siempre que quede acreditado que reúne la capacidad funcional necesaria para ejercer la profesión o desarrollar las actividades correspondientes a su nombramiento. Esta prolongación deberá ser autorizada por el servicio de salud correspondiente, en función de las necesidades de la organización articuladas en el marco de los planes de ordenación de recursos humanos.

Procederá la prórroga en el servicio activo, a instancia del interesado, cuando, en el momento de cumplir la edad de jubilación forzosa, le resten seis años o menos de cotización para causar pensión de jubilación.

Esta prórroga no podrá prolongarse más allá del día en el que el interesado complete el tiempo de cotización necesario para causar pensión de jubilación, sea cual sea el importe de la misma, y su concesión estará supeditada a que quede acreditado que reúne la capacidad funcional necesaria para ejercer la profesión o desarrollar las actividades correspondientes a su nombramiento.

Podrá optar a la jubilación voluntaria, total o parcial, el personal estatutario que reúna los requisitos establecidos en la legislación de Seguridad Social.

Los órganos competentes de las comunidades autónomas podrán establecer mecanismos para el personal estatutario que se acoja a esta jubilación como consecuencia de un plan de ordenación de recursos humanos.

Incapacidad permanente

La incapacidad permanente, cuando sea declarada en sus grados de incapacidad permanente total para la profesión habitual, absoluta para todo trabajo o gran invalidez conforme a las normas reguladoras del Régimen General de la Seguridad Social, produce la pérdida de la condición de personal estatutario.

6.3. Recuperación de la condición de personal estatutario fijo

En el caso de pérdida de la condición de personal estatutario como consecuencia de pérdida de la nacionalidad, el interesado podrá recuperar dicha condición si acredita la desaparición de la causa que la motivó.

Procederá también la recuperación de la condición de personal estatutario cuando se hubiera perdido como consecuencia de incapacidad, si ésta es revisada conforme a las normas reguladoras del Régimen General de la Seguridad Social.

Si la revisión se produce dentro de los dos años siguientes a la fecha de la declaración de incapacidad, el interesado tendrá derecho a incorporarse a plaza de la misma categoría y área de salud en que prestaba sus servicios.

La recuperación de la condición de personal estatutario, salvo en el caso previsto en el último párrafo del apartado anterior, supondrá la simultánea declaración del interesado en la situación de excedencia voluntaria. El interesado podrá reincorporarse al servicio activo a través de los procedimientos previstos en el artículo 69, sin que sea exigible tiempo mínimo de permanencia en la situación de excedencia voluntaria.

Tema 4

Ley de Salud de Extremadura: objeto, ámbito y principios rectores. El Sistema Sanitario Público de Extremadura. El Plan de Salud de Extremadura. Estatutos del Organismo Autónomo Servicio Extremeño de Salud

Rodio ediciones

Índice esquemático

1. Ley de Salud de Extremadura

La Constitución española, en su artículo 43, reconoce a todos los ciudadanos el derecho a la protección de su salud, y responsabiliza a los poderes públicos de organizar y tutelar la salud pública a través de medidas preventivas y de las prestaciones y servicios necesarios. Además, en el aspecto organizativo, en su título VIII, establece una nueva articulación del Estado cuya implantación progresiva debe suponer una reordenación de las competencias entre las diferentes Administraciones Públicas.

El Estatuto de Autonomía de Extremadura confiere a la Comunidad Autónoma competencias de desarrollo legislativo y ejecutivo en materia de sanidad e higiene, de coordinación hospitalaria en general, así como en asistencia sanitaria de la Seguridad Social, en el marco de la legislación básica del Estado y, en su caso, en los términos que la misma establezca.

La respuesta normativa básica al mandato constitucional sobre protección de la salud está contenida en la Ley 14/1986, de 25 de abril, General de Sanidad, en cuya regulación destacan el protagonismo y suficiencia de las Comunidades Autónomas para diseñar y ejecutar una política propia en materia sanitaria.

La Ley General de Sanidad establece las bases para la creación del Sistema Nacional de Salud, configurado por el conjunto de los Servicios de Salud de las Comunidades Autónomas, debidamente coordinados, los cuales integran o adscriben funcionalmente todos los centros, servicios y establecimientos sanitarios de la propia Comunidad, las Corporaciones Locales, y cualesquiera otras Administraciones Territoriales intracomunitarias, bajo la responsabilidad de la Comunidad Autónoma.

Este marco legal se completa con la Ley Orgánica 3/1986, de 14 de abril, de Medidas Especiales en Materia de Salud Pública, que faculta a las distintas Administraciones Públicas, dentro del ámbito de sus competencias, a adoptar medidas de intervención sanitaria excepcionales cuando así lo exijan razones de urgencia o necesidad; con la Ley 25/1990, de 20 de diciembre, del Medicamento, que tiene por objeto el garantizar la existencia y disponibilidad de medicamentos eficaces, seguros y de calidad, la adecuada información sobre los mismos y las condiciones básicas de la prestación farmacéutica en el conjunto del Sistema Nacional de Salud.

Por último, dentro de este marco legal global, deben considerarse también la Ley 31/1995, de 8 de noviembre, de Prevención de Riesgos Laborales, en cuanto a aquellos aspectos de salud laboral que le competen al sistema sanitario público; la Ley 6/1997, de 14 de abril, de Organización y Funcionamiento de la Administración General del Estado, que, entre otros aspectos, regula los organismos autónomos y las entidades públicas empresariales, y la Ley 7/1985, de 2 de abril, reguladora de las bases de régimen local.

Finalmente, en el ámbito de la Comunidad Autónoma de Extremadura, deben tenerse en cuenta la Ley 2/1990, de 26 de abril, de Salud Escolar; la Ley 3/1996, de 25 de junio, de Atención Farmacéutica; la Ley 3/1985, de 19 de abril, General de Hacienda Pública de la Comunidad Autónoma, y el Decreto legislativo 1/1990, de 26 de julio, que aprueba el texto refundido de la Ley de la Función Pública de Extremadura.

En ejercicio de aquella competencia y en el marco definido por la legislación básica estatal, la Asamblea de Extremadura establece, con la Ley 10/2001, de 28 de junio, de Salud de Extremadura, el ámbito normativo de la política de la Comunidad Autónoma en materia de sanidad.

El conjunto de la Ley tiene como finalidad la atención sanitaria al ciudadano. Para ello, establece un nuevo marco de ordenación específico para la sanidad pública extremeña, flexible, generador de innovaciones, motivador para todos los trabajadores de la salud y adaptable a los constantes cambios que demanda la sociedad extremeña.

En la misma destacan:

1. La constitución y ordenación del Sistema Sanitario Público de Extremadura, en el que se integra y articula funcionalmente el conjunto de actividades y prestaciones que, conforme al Plan de Salud de Extremadura, son desarrolladas por organizaciones y personas públicas en Extremadura, y que tiene por objetivo la promoción y protección de la salud, la prevención de la enfermedad y la asistencia sanitaria en todos los casos de pérdida de salud;
2. La regulación general de cuantas actividades, servicios y prestaciones, públicos o privados, determinen la efectividad del derecho constitucional de la protección de la salud;
3. La creación y organización del Servicio Extremeño de Salud, que comprende, bajo la dirección, supervisión y control de la Junta de Extremadura, las actividades y los servicios y las prestaciones directamente asumidos establecidos y desarrollados por la Administración de la Comunidad Autónoma en el triple campo de la promoción y protección de la salud, la prevención de la enfermedad, la asistencia sanitaria y rehabilitación funcional.

La Ley otorga una nueva estructuración del sistema sanitario de la Comunidad Autónoma de Extremadura, con separación de la autoridad sanitaria y la provisión de servicios, reservándose la primera a la Consejería responsable en materia sanitaria, y la segunda al Servicio Extremeño de Salud, como ente responsable de la gestión y prestación de la asistencia sanitaria y de los servicios públicos que lo integran.

La Ley de Salud de Extremadura opta por un modelo organizativo, generalizado entre las Comunidades Autónomas, y de cuyas leyes territoriales ha procurado extraer lo que ha valorado como más favorable a la realidad de la sociedad extremeña y aquello que la experiencia ha constatado como más eficaz y eficiente para alcanzar los objetivos enunciados en la misma.

Además, la Ley completa el catálogo de prestaciones a que tienen acceso los usuarios y particulariza algunas de ellas.

El título preliminar establece el objeto de la Ley, su ámbito de aplicación, así como los principios rectores en los que se inspira todo su articulado.

El sistema responde a los principios de universalización de la atención; aseguramiento único y financiación pública del sistema; complementariedad, coordinación e integración o adscripción funcional de todos los medios y recursos del Sistema Sanitario Público de Extremadura; organización desconcentrada y descentralizada; evaluación continua de los componentes públicos y privados del sistema; compensación y eliminación de las desigualdades a efectos del disfrute de los servicios y las prestaciones y de los desequilibrios territoriales injustificados en la asignación y distribución de los recursos y los medios; igualdad en el acceso a los servicios y las prestaciones; mejora continua de la calidad de la atención y la asistencia prestadas por los servicios; participación de la comunidad y de los profesionales en la orientación, la evaluación y el control de sistemas; economía, flexibilidad y eficiencia en la asignación y la gestión de los recursos y los medios puestos a disposición del Sistema Sanitario Público de Extremadura; eficacia, como parte de la calidad en la prestación de los servicios encomendados al sistema, respondiendo a criterios de planificación previos.

1.1. Objeto

La Ley 10/2001, de 28 de junio, de Salud de Extremadura, tiene por objeto la ordenación y regulación del Sistema Sanitario Público de Extremadura como parte integrante del Sistema Nacional de Salud, así como la creación del Servicio Extremeño de Salud.

1.2. Ámbito

En el territorio de la Comunidad Autónoma de Extremadura, la presente Ley será de aplicación a:

a) Todos los extremeños y residentes en cualquiera de los municipios de Extremadura, con independencia de su situación legal o administrativa. Los no residentes gozarán de los mismos derechos en la forma y condiciones previstas en la legislación estatal y en los Convenios Nacionales e Internacionales que sean de aplicación.

b) Las Administraciones Públicas de la Comunidad Autónoma de Extremadura.

c) Cualesquiera otras entidades o instituciones, tanto públicas como privadas, cuando así se establezca en la presente norma.

1.3. Principios rectores

La presente Ley se inspira en los siguientes principios:

a) Concepción integral de la salud, incluyendo actuaciones de promoción, prevención, asistencia, rehabilitación e incorporación social.

b) Universalización de la atención sanitaria, garantizando la igualdad efectiva en las condiciones de acceso a los servicios y actuaciones sanitarias.

c) Aseguramiento único y financiación públicos del Sistema Sanitario Público de Extremadura.

d) Integración funcional de todos los recursos sanitarios públicos.

e) Titularidad pública de los centros y servicios sanitarios, así como su coordinación, descentralización, autonomía y responsabilidad.

f) Eficacia y eficiencia en la asignación, utilización y gestión de los recursos.

g) Mejora continua de la calidad de los servicios y prestaciones.

h) Superación de los desequilibrios territoriales y en la prestación de los servicios y superación de las desigualdades sociosanitarias.

i) Participación social, comunitaria y de los trabajadores.

j) Fomento del conocimiento sobre el ejercicio de los derechos y deberes de los ciudadanos.

2. Sistema Sanitario Público de Extremadura

El título I de la Ley, dedicado al Sistema Sanitario Público de Extremadura, define a éste, y establece las distintas actividades, servicios y prestaciones de las Administraciones Públicas con relación al mismo.

El Sistema Sanitario Público de Extremadura, integrado en el Sistema Nacional de Salud, es definido en la Ley como el conjunto de recursos, de actividades y de prestaciones que, conforme al Plan de Salud de Extremadura, funciona de forma coordinada y ordenada, siendo desarrollados por organizaciones y personas públicas o privadas en el territorio de la comunidad, dirigidos a hacer efectivo el derecho a la protección de la salud a través de la promoción de la salud, la prevención de las enfermedades, la asistencia sanitaria y la rehabilitación.

Esta Ley incorpora una serie de medidas de reconocimiento, protección y garantía de los derechos de los ciudadanos con relación al sistema sanitario, en línea con las legislaciones europeas más avanzadas y con la práctica de las empresas de servicios públicos.

La Ley crea el Consejo Extremeño de Salud como órgano colegiado de carácter consultivo, con el objetivo general de promover la participación democrática de la sociedad en el Sistema Sanitario Público de Extremadura.

La Ley 7/2011 incluye como Disposición final primera una modificación de la Ley 10/2001, de 28 de junio, de Salud de Extremadura.

Disposición final primera

1. Se modifica el título de la Sección 1.ª del Capítulo IV del Título I de la Ley 10/2001, de 28 de junio, de Salud de Extremadura, que pasa a denominarse de la siguiente forma:

> «El Consejo Extremeño de Salud y El Consejo Regional de Pacientes de Extremadura».

2. Se introduce un nuevo artículo en la Sección 1.ª del Capítulo IV del Título I de la Ley 10/2001, de 28 de junio, de Salud de Extremadura, que queda redactado del siguiente modo:

> «Artículo 13 bis Consejo Regional de Pacientes de Extremadura
>
> 1. Con la finalidad de promover la participación formal de los pacientes en el Sistema Sanitario Público de Extremadura, se creará el Consejo Regional de Pacientes de Extremadura, adscrito a la Consejería competente en materia de sanidad, como órgano colegiado de carácter consultivo, de participación comunitaria y de coordinación en relación con las actividades que desarrollan las asociaciones de pacientes en la Comunidad Autónoma de Extremadura.
>
> 2. El Consejo Regional de Pacientes de Extremadura tendrá como objetivo general promover la coordinación, articulación, planificación estratégica, gestión y evaluación de las actividades relacionadas con la participación de las instituciones de pacientes y familiares de afectados con ámbito de actuación en la Comunidad Autónoma de Extremadura en el Sistema Sanitario Público de Extremadura.
>
> 3. La composición, organización, funcionamiento y atribuciones del Consejo Regional de Pacientes de Extremadura serán objeto de desarrollo reglamentario».

Mantiene, así mismo, los Consejos de Salud de Área y Zona, como órganos de consulta y participación comunitaria a nivel del área de salud y de la zona de salud, respectivamente.

Adscrito al departamento de la Administración regional que ostente las competencias en materia de protección de los derechos de los consumidores, la Ley crea la figura del defensor de los usuarios del Sistema Sanitario Público de Extremadura como órgano encargado de la defensa de los derechos de aquéllos, otorgándole plena autonomía e independencia en el desempeño de sus funciones.

Finalmente, en su último capítulo, el título I enuncia las fuentes de financiación del Sistema Sanitario Público de Extremadura.

3. El Plan de Salud de Extremadura

La planificación sanitaria en Extremadura tiene su principal referente en el Plan de Salud de Extremadura, expresión de la política de salud a desarrollar por las Administraciones Públicas y entidades privadas que ejerzan su actividad en este campo, en nuestra Comunidad Autónoma.

La Ley, en su título II, establece el Plan de Salud de Extremadura como una herramienta estratégica para la planificación sanitaria en la Comunidad Autónoma, así como para la coordinación de las actividades de promoción y protección de la salud, de prevención de la enfermedad y de asistencia sanitaria de todos los sujetos implicados, públicos y privados, a fin de garantizar que las funciones del mismo se desarrollen de manera ordenada, eficiente y eficaz.

En resumen, la Ley de Salud de Extremadura consolida y refuerza la existencia de un Sistema Sanitario Público universal, integral, solidario y equitativo, a la vez que pone las bases reguladoras para una ordenación sanitaria eficaz, que tenga en cuenta todos los recursos y que sea socialmente eficiente, lo que refuerza la vocación pluralista de la Ley y su carácter de perdurabilidad, dejando claramente establecidos los principios básicos que caracterizan a un Sistema Sanitario Público sin fisuras y al servicio de las necesidades y deseos de todos los extremeños.

3.1. Ordenación

El título III constituye la columna vertebral de la organización pública de los servicios sanitarios bajo la denominación de Sistema Sanitario Público de Extremadura y establece una ordenación territorial definida en áreas y zonas de salud.

El área de salud, como estructura básica del Sistema, constituye el ámbito de referencia para la financiación de las actuaciones sanitarias que en ella se desarrollan y dispone de una organización que asegura la continuidad de la atención en sus distintos niveles. Promueve la efectiva aproximación de los servicios al usuario y la coordinación de todos los recursos sanitarios y sociosanitarios. La zona de salud, por su parte, es el marco territorial y poblacional de la atención primaria donde desarrollan las actividades sanitarias los profesionales integrantes del equipo de atención primaria.

En relación con la ordenación funcional del Sistema Sanitario Público de Extremadura, se establecen las actividades de la estructura sanitaria del Sistema Sanitario y los niveles de atención del mismo. Respecto a las funciones, se enumeran las relativas a las Administraciones Públicas, de Salud Pública y de Asistencia Sanitaria; además, la Ley establece que los centros, servicios, y establecimientos del Sistema Sanitario Público de Extremadura, deberán fomentar la investigación, docencia y formación continuada del personal, y su participación en esas actividades, correspondiendo a la Administración sanitaria de la Comunidad Autónoma establecer reglamentariamente los principios a que han de ajustarse dichas actividades.

La Ley establece en este título dos niveles de atención: atención primaria y atención especializada. Como atención transversal a éstas, es decir, participando de ambos niveles, define la atención a las urgencias y emergencias sanitarias y la atención sociosanitaria.

3.2. Régimen sancionador

El título IV de la Ley regula el régimen sancionador. Tipifica las infracciones sanitarias y establece las sanciones aplicando una graduación a cada nivel de infracción, en función de la negligencia e intencionalidad del sujeto infractor, fraude o connivencia, incumplimiento de las advertencias previas, número de personas afectadas, perjuicio causado, beneficios obtenidos a causa de la infracción y permanencia y transitoriedad de los riesgos. Regula la prescripción de las infracciones, la caducidad de la acción, así como las medidas provisionales que podrá tomar el órgano competente para asegurar el cumplimiento de la legalidad y salvaguardia de la salud pública.

3.3. Regulación

El título V, estructurado en cinco capítulos, está dedicado a la creación y regulación del Servicio Extremeño de Salud.

En aras de alcanzar los objetivos otorgados al Sistema Sanitario Público de Extremadura, el Servicio Extremeño de Salud representa un órgano instrumental, separado del concepto del sistema, creado por la Ley para la ejecución de las competencias de administración y gestión de servicios, prestaciones y programas sanitarios que le encomiende la Administración de la Comunidad Autónoma, conforme a los objetivos y principios establecidos por la Ley.

Su creación se concibe como una actuación prudente y previsora, que permitirá, en su momento, asumir adecuadamente la transferencia de competencias y medios de los servicios sanitarios del Instituto Nacional de la Salud (INSALUD).

La configuración jurídico-organizativa adoptada como un Organismo Autónomo único e integrador que gestione todos los recursos, centros y servicios sanitarios públicos en Extremadura, permite la unificación funcional de los mismos, todo ello en el marco de una concepción integral de la salud en Extremadura y un funcionamiento descentralizado de los recursos humanos y materiales. Se le dota, así mismo, de una estructura organizativa y de gestión capacitada para una más eficaz atención a la salud en Extremadura en el ejercicio de los derechos regulados en la Ley 14/1986, General de Sanidad, y lograr una coordinada y óptima utilización de los medios y servicios sanitarios existentes o futuros en Extremadura.

4. Estatutos del Organismo Autónomo del Servicio Extremeño de Salud

La Constitución Española de 1978, en su artículo 43, reconoce el derecho a la protección de la salud y establece que compete a los poderes públicos organizar y tutelar la salud pública a través de medidas preventivas y de las prestaciones y servicios necesarios.

El Estatuto de Autonomía de Extremadura dispone, en su artículo 8.4, que a la Comunidad Autónoma de Extremadura le corresponde el desarrollo legislativo y ejecución en materia de sanidad e higiene, de centros sanitarios y hospitalarios públicos y de coordinación hospitalaria en general.

La Ley 14/1986, de 25 de abril, General de Sanidad, viene a significar la respuesta normativa al mandato constitucional de protección de la salud, teniendo como uno de sus objetivos principales establecer la estructura y funcionamiento del sistema sanitario público en el nuevo modelo político y territorial del Estado, y asignando a las Comunidades Autónomas un papel primordial para organizar y desarrollar las acciones sanitarias conforme a una política propia en materia sanitaria, si bien dentro de una concepción integral del sistema sanitario en el marco del Sistema Nacional de Salud.

De conformidad con las previsiones establecidas en el artículo 4.2 de la Ley General de Sanidad y ante la asunción de competencias en materia de asistencia sanitaria por parte de la Comunidad Autónoma, la Ley 10/2001, de 28 de junio, de Salud de Extremadura creó el Servicio Extremeño de Salud como organismo autónomo de carácter administrativo al que se le encomienda el ejercicio de las competencias de administración y gestión de servicios, prestaciones y programas sanitarios, conforme a los objetivos y principios de la mencionada Ley.

Por ello, mediante Decreto 209/2001, de 27 de diciembre, modificado por Decreto 81/2003, de 15 de julio, se aprueban los Estatutos del Servicio Extremeño de Salud y el logotipo del Organismo Autónomo, Servicio Extremeño de Salud. Los referidos Estatutos han significado un instrumento de primer orden para articular la gestión del Organismo Autónomo, gestión que durante estos años de andadura del Servicio Extremeño de Salud ha permitido fortalecer el sistema sanitario regional sobre bases de crecimiento, eficiencia, calidad e innovación.

Por otra parte, el Decreto del Presidente 17/2007, de 30 de junio, por el que se modifican la denominación, el número y competencias de las Consejerías que conforman la Administración de la Comunidad Autónoma de Extremadura, crea la Consejería de Sanidad y Dependencia y atribuye a la misma el ejercicio de las competencias en materia de dependencia que tenía atribuidas la anterior Consejería de Bienestar Social, con lo cual se agrupan bajo el mismo departamento las competencias relativas a la protección de la salud de los ciudadanos y las de servicios sociosanitarios y de atención a la dependencia.

A su vez, mediante Ley 1/2008, de 22 de mayo, de creación de Entidades Públicas de la Junta de Extremadura, se ha dispuesto la creación del Servicio Extremeño de Promoción de la Autonomía y Atención a la Dependencia, como Ente Público adscrito a la Consejería de Sanidad y Dependencia, lo que obliga a una reestructuración administrativa de la Consejería que en cierta medida afecta al ámbito funcional y a la propia estructura organizativa del Organismo Autónomo, Servicio Extremeño de Salud, recogidos en sus Estatutos.

Por consiguiente, debido a la nueva estructura orgánica de la Consejería de Sanidad y Dependencia, aprobada mediante Decreto 191/2007, de 20 de julio, y a la necesidad de adaptar las competencias y estructura del Servicio Extremeño de Salud al nuevo marco organizativo establecido en la Consejería a la cual figura adscrito, es necesario introducir modificaciones en el contenido de los Estatutos del Organismo Autónomo, procediendo que mediante este Decreto se aprueben unos nuevos Estatutos que unifiquen los contenidos de los hasta ahora vigentes con los cambios derivados de la reestructuración abordada en la Consejería de Sanidad y Dependencia.

Por ello, mediante el presente Decreto se deroga el Decreto 209/2001, de 27 de diciembre, a excepción de su artículo segundo y el Anexo II, ambos relativos al logotipo del Organismo Autónomo, Servicio Extremeño de Salud, así como el Decreto

81/2003, de 15 de julio. En consecuencia, quedan igualmente derogadas las disposiciones adicionales incorporadas al Decreto 209/2001, de 27 de diciembre, que regulaban aspectos de personal con motivo de la integración o adscripción al Servicio Extremeño de Salud de personal procedente de los Cuerpos de Funcionarios y Categorías Profesionales de la Junta de Extremadura, y las cuales en la actualidad ya no procede mantener, una vez realizada la integración del personal funcionario y laboral en el régimen estatutario de los servicios de salud a través del Decreto 203/2006, de 28 de noviembre, por el que se establecen procedimientos para la integración del personal funcionario y laboral que presta servicios en el Servicio Extremeño de Salud en el régimen de personal estatutario en los servicios de salud.

En su virtud, conforme a lo establecido en el artículo 113 de la Ley 1/2002, de 28 de febrero, del Gobierno y de la Administración de la Comunidad Autónoma de Extremadura, a iniciativa de la titular de la Consejería de Sanidad y Dependencia, a propuesta del Consejero de Administración Pública y Hacienda, de acuerdo con el Consejo Consultivo de Extremadura y previa deliberación del Consejo de Gobierno de la Junta de Extremadura en su sesión de fecha 24 de octubre de 2008,

4.1. Naturaleza y régimen jurídico

1. El Servicio Extremeño de Salud es un organismo autónomo de carácter administrativo, adscrito a la Consejería competente en materia sanitaria, dotado de personalidad jurídica propia y plena capacidad de obrar para el cumplimiento de sus fines, disponiendo de tesorería propia y facultades de gestión del patrimonio afecto.

2. El Servicio Extremeño de Salud se regirá por la Ley 10/2001, de 28 de junio, de Salud de Extremadura y disposiciones que la desarrollen, por los Estatutos establecidos en el presente Decreto, por la Ley 1/2002, de 28 de febrero, del Gobierno y de la Administración de la Comunidad Autónoma de Extremadura, por la Ley 5/2007, de 19 de abril, General de Hacienda Pública de Extremadura y demás normativa aplicable a los organismos autónomos de la Comunidad Autónoma de Extremadura.

4.2. Funciones

El Servicio Extremeño de Salud desarrolla las siguientes funciones:

a) La planificación, organización, dirección y gestión de los centros sanitarios adscritos al mismo que operen bajo su dependencia orgánica y/o funcional.

b) La prestación de la atención sanitaria.

c) La planificación, organización, dirección y gestión de los recursos humanos, materiales y financieros que le estén asignados para el desarrollo de las funciones encomendadas.

d) Aquellas otras que se le atribuyan legal o reglamentariamente.

4.3. Organización

Son órganos del Servicio Extremeño de Salud los siguientes:

a) De Dirección y Gestión:
   - La Dirección Gerencia.
   - La Secretaría General.
   - La Dirección General de Planificación Económica.
   - La Dirección General de Asistencia Sanitaria.
   - La Dirección General de Salud Pública.

b) De Control y Participación en la Gestión:
   - El Consejo General.

c) De Coordinación:
   - El Consejo de Dirección.

4.3.1. Órganos de Dirección y Gestión

La Ley 10/2001, de 28 de junio, de Salud de Extremadura, creó el Servicio Extremeño de Salud como organismo autónomo de carácter administrativo al que se le encomienda el ejercicio de las competencias de administración y gestión de servicios, prestaciones y programas sanitarios, conforme a los objetivos y principios de la mencionada ley, dotado de personalidad jurídica propia y plena capacidad de obrar, de tesorería propia y facultades de gestión del patrimonio afecto, para el cumplimiento de sus fines y adscrito a la Consejería competente en materia sanitaria.

Mediante Decreto 221/2008, de 24 de octubre, se aprobaron los Estatutos del Organismo Autónomo del Servicio Extremeño de Salud (DOE n.º 210, de 30 de octubre) adaptando las competencias y estructura de dicho organismo autónomo al marco organizativo establecido en ese momento en la Consejería a la cual figuraba adscrito.

El Título II del citado decreto abordó la regulación de la organización y funcionamiento del Servicio Extremeño de Salud configurando en su artículo 3 los órganos del mismo.

No obstante, el mismo ha sido objeto de diversas modificaciones, habiendo afectado las mismas, entre otras, a sus órganos de dirección, de tal modo que mediante el apartado primero de la disposición adicional quinta del Decreto 23/2012, de 10 de febrero, por el que se establecía la estructura orgánica de la Consejería de Salud y Política Social (DOE n.º 29, de 13 de febrero) se modificó su artículo 3 a) suprimiendo la Dirección General de Presupuestos y Tesorería, y desempeñando sus funciones la Secretaría General del Organismo Autónomo del Servicio Extremeño de Salud, órgano al que se adscribió todo su personal, El artículo 6 del Decreto 221/2008, de 24 de octubre, por el que se aprueban los Estatutos del Organismo Autónomo del Servicio Extremeño de Salud recoge las funciones de la Dirección General de Presupuestos y Tesorería, atribuyendo a dicho órgano, entre otras las funciones de dirección y gestión de la tesorería del organismo autónomo, el control y gestión de todos los ingresos y pagos.

Razones de eficacia y eficiencia en la gestión, así como una mayor especialización técnica aconsejaron realizar una modificación de los órganos de dirección y gestión, incorporando una Dirección General de Planificación Económica con las funciones que se detallarán correspondientemente.

4.3.1.1. La Dirección Gerencia

La Dirección Gerencia, con rango de Dirección General, es el órgano superior del Servicio Extremeño de Salud. El nombramiento y cese de su titular corresponderá al Consejo de Gobierno de la Junta de Extremadura, a propuesta del titular de la Consejería competente en materia sanitaria.

El Director Gerente del Servicio Extremeño de Salud desempeñará las siguientes funciones:

a) Ostentar la representación legal del Servicio Extremeño de Salud.

b) Ordenar los pagos del Organismo Autónomo.

c) Autorizar los gastos del Organismo Autónomo, excepto en aquellas competencias que tengan atribuidas las Gerencias de Área o en las que expresamente les sean delegadas.

d) Suscribir, en nombre del Servicio Extremeño de Salud, los convenios referidos a asuntos propios del mismo.

e) La resolución de los procedimientos de reintegro de gastos de productos farmacéuticos, de ortoprótesis y por asistencia sanitaria prestada con medios ajenos al sistema sanitario público, así como el abono de ayudas por gastos de estancia y desplazamiento con fines asistenciales.

f) La programación, dirección, evaluación interna y control de la organización y actividades de los centros, establecimientos y servicios adscritos orgánica y/o funcionalmente al Servicio Extremeño de Salud.

g) La dirección y coordinación general de la estructura de gestión del Organismo Autónomo.

h) La aprobación del anteproyecto del presupuesto anual del Organismo Autónomo.

i) Ejercer como órgano de contratación del Organismo Autónomo en los términos establecidos en la Ley de Salud de Extremadura y en la normativa general sobre contratación administrativa.

j) La gestión del patrimonio afecto.

k) Autorizar las modificaciones de créditos, previo informe favorable de la Intervención competente, en los términos de la Ley 5/2007, de 19 de abril, General de Hacienda Pública de Extremadura y resolver los procedimientos de reintegro de pagos indebidos en los términos establecidos en las Leyes de Presupuestos Generales de la Comunidad Autónoma de Extremadura.

l) Aprobar los instrumentos de ordenación del personal del Servicio Extremeño de Salud, así como gestionar el régimen retributivo del mismo de acuerdo con lo previsto en la Ley.

m) La convocatoria y resolución de los procedimientos de selección y provisión de plazas del personal estatutario del Servicio Extremeño de Salud.

n) El reconocimiento de los niveles de carrera y desarrollo profesional.

o) La rendición de cuentas anual del Organismo Autónomo.

p) Proponer al órgano competente la formación del personal del Servicio Extremeño de Salud, en colaboración con la Escuela de Estudios de Ciencias de la Salud y en coordinación con la Escuela de Administración Pública de Extremadura.

q) El nombramiento y cese del personal eventual del Organismo Autónomo.

r) La coordinación de los órganos de dirección y gestión del Organismo Autónomo.

s) La contratación de los seguros de responsabilidad civil y gerencia de riesgos.

t) La organización y dirección del sistema financiero del Organismo Autónomo referido a los fondos depositados en su tesorería.

u) La creación de los órganos, servicios y unidades inferiores del Organismo Autónomo que no afecten a la estructura de gestión de las áreas de salud.

v) La dirección, ordenación y organización de los sistemas de información.

w) La resolución de los procedimientos de concesión de subvenciones y de reintegro de las mismas cuando se aprecie la existencia de alguno de los supuestos establecidos en el artículo 37 de la Ley 38/2003, de 17 de noviembre, General de Subvenciones.

x) Todas aquellas no expresamente atribuidas a otros órganos en los presentes Estatutos, así como aquéllas que le pudieran ser expresamente delegadas.

4.3.1.2. La Secretaría General

La Secretaría General tiene rango de Dirección General. El nombramiento y cese de su titular corresponderá al Consejo de Gobierno de la Junta de Extremadura a propuesta del titular de la Consejería competente en materia sanitaria.

El Secretario General del Servicio Extremeño de Salud desempeñará las siguientes funciones:

a) La gestión de los procedimientos de selección y de provisión del personal estatutario fijo, así como la gestión de los instrumentos de promoción y de carrera y desarrollo profesional del mismo.

b) El nombramiento del personal estatutario fijo.

c) La constitución de las bolsas de trabajo del personal estatutario temporal, así como la gestión, selección y nombramiento del personal estatutario interino y eventual.

d) El nombramiento de personal funcionario interino y la contratación del personal laboral temporal.

e) El ejercicio de la potestad disciplinaria respecto del personal del Organismo Autónomo, excepto la separación del servicio que corresponderá al Director Gerente.

f) La organización y control del Registro de Personal del Servicio Extremeño de Salud, en coordinación con el Registro General de Personal de la Dirección General de la Función Pública.

g) El reconocimiento de las situaciones administrativas, la resolución de concesión del reingreso al servicio activo, así como de jubilaciones voluntarias, la declaración de jubilaciones forzosas y por incapacidad física y la autorización de prórroga en el servicio activo del personal estatutario y del personal funcionario sanitario del Servicio Extremeño de Salud.

h) La autorización de las comisiones de servicio y de otras situaciones de movilidad de carácter temporal del personal estatutario y del personal funcionario sanitario del Servicio Extremeño de Salud.

i) El reconocimiento de trienios y de servicios previos del personal estatutario y del personal funcionario sanitario del Servicio Extremeño de Salud.

j) La ejecución de la política retributiva y la gestión de la nómina del Organismo Autónomo.

k) Elaborar y gestionar los instrumentos de ordenación del personal del Organismo Autónomo.

l) Establecer las directrices sobre vacaciones, permisos, licencias, jornadas y horarios.

m) Controlar y supervisar el cumplimiento de la normativa vigente en materia de prevención de riesgos y salud laboral.

n) La tramitación y resolución de los procedimientos sobre incompatibilidades del personal estatutario y del personal funcionario sanitario del Servicio Extremeño de Salud.

o) La negociación colectiva con arreglo a las instrucciones emanadas del Consejo de Gobierno de la Junta de Extremadura y en los términos establecidos en la Ley 7/2007, de 12 de abril, del Estatuto Básico del Empleado Público.

p) La supervisión y coordinación de las contrataciones administrativas de cualquier clase que realice el Servicio Extremeño de Salud.

q) La gestión económica general del Organismo Autónomo.

r) Organizar y dirigir las actuaciones de gestión económica que se realicen por los centros de gasto.

s) La programación de las inversiones necesarias para el funcionamiento de la actividad del Organismo Autónomo.

t) El régimen interior.

u) Aquellas otras que expresamente le sean atribuidas o delegadas.

4.3.1.3. La Dirección General de Planificación Económica

El nombramiento y cese del Director General de Planificación Económica corresponderá al Consejo de Gobierno de la Junta de Extremadura a propuesta del titular de la Consejería competente en materia sanitaria.

El Director General de Planificación Económica desempeñará las siguientes funciones:

a) La dirección y gestión de la tesorería del organismo autónomo, de acuerdo con las estipulaciones contenidas en la Ley 5/2007, de 19 de abril, General de Hacienda Pública de Extremadura.

b) El control y gestión de todos los ingresos y pagos del organismo autónomo.

c) La colocación de los excedentes transitorios de tesorería mediante concertación de operaciones financieras activas.

d) La elaboración del anteproyecto de presupuestos del organismo autónomo, y el seguimiento y control de su ejecución.

e) La programación plurianual de los programas de gastos del organismo autónomo.

f) La tramitación de los expedientes de modificaciones de créditos.

g) La redistribución y reasignación de los créditos entre los distintos centros de gastos.

h) Organizar y dirigir las actuaciones de gestión financiera y presupuestaria que se realicen por los centros de gastos.

i) La planificación, gestión y seguimiento de las formas de intervención cofinanciadas con los fondos de la Unión Europea en el organismo autónomo.

j) Organizar y dirigir la contabilidad del organismo autónomo, de acuerdo con las directrices del régimen general de contabilidad pública.

k) La elaboración de la cuenta anual del organismo autónomo.

l) Establecer y mantener las actuaciones de control interno necesarias para comprobar el funcionamiento económico-financiero del organismo autónomo.

m) Aquellas otras que expresamente le sean atribuidas o delegadas".

4.3.1.4. La Dirección General de Asistencia Sanitaria

El nombramiento y cese del Director General de Asistencia Sanitaria corresponderá al Consejo de Gobierno de la Junta de Extremadura a propuesta del titular de la Consejería competente en materia sanitaria.

El Director General de Asistencia Sanitaria desempeñará las siguientes funciones:

a) La dirección de la gestión asistencial de los centros, establecimientos y servicios sanitarios del Organismo Autónomo.

b) La planificación operativa de los recursos adscritos a esta Dirección General.

c) La gestión de las prestaciones farmacéuticas y complementarias y las demás prestaciones comprendidas dentro de la asistencia sanitaria prestada por el Servicio Extremeño de Salud o, en su caso, concertada.

d) La elaboración e información de las propuestas sobre inversiones de carácter asistencial en materia de su competencia.

e) La colaboración en el desarrollo de los aspectos generales de la docencia e investigación en el marco de las competencias propias.

f) El control y evaluación de la calidad asistencial.

g) El desarrollo de las políticas de uso racional del medicamento.

h) La elaboración y dirección de los programas sanitarios en materia de salud mental.

i) La elaboración y dirección de los programas asistenciales relacionados con conductas adictivas.

j) La dirección, desarrollo e implantación de los procesos asistenciales de carácter transversal en el ámbito de la Comunidad Autónoma de Extremadura.

k) La ordenación e instrucción del procedimiento de concesión de subvenciones que otorgue el Servicio Extremeño de Salud dirigidas a financiar los programas en materia de salud mental.

l) La promoción y participación en la coordinación de los procesos sociosanitarios.

m) El ejercicio de la potestad sancionadora en materia de infracciones sanitarias, dentro de las competencias asignadas a la Dirección General.

n) Aquellas otras que expresamente le sean atribuidas o delegadas.

4.3.1.5. La Dirección General de Salud Pública

El nombramiento y cese del Director General de Salud Pública corresponderá al Consejo de Gobierno de la Junta de Extremadura a propuesta del titular de la Consejería competente en materia sanitaria.

El Director General de Salud Pública desempeñará las siguientes funciones:

a) La elaboración, coordinación y ejecución de los procesos en materia de promoción, protección de la salud y prevención de la enfermedad y, en general, los relativos a la salud pública.

b) La prevención y la reinserción de las drogodependencias en los términos previstos en la Ley 1/1999, de 29 de marzo, de Prevención, Asistencia y Reinserción de las Drogodependencias en la Comunidad Autónoma de Extremadura.

c) La ordenación e instrucción del procedimiento de concesión de subvenciones que otorgue el Servicio Extremeño de Salud dirigidas a financiar los programas en materia de conductas adictivas.

d) La planificación operativa de los recursos adscritos a esta Dirección General.

e) La elaboración de las propuestas sobre inversiones en materia de su competencia.

f) El control sanitario del medio ambiente, sin perjuicio de las competencias atribuidas a otras consejerías.

g) Elaborar y coordinar programas y acciones preventivas con especial incidencia en las zonas rurales, reduciendo y/o eliminando los riesgos ambientales, alimentarios y zoonósicos a los que pueda estar expuesta la población.

h) Velar por el cumplimiento de la normativa alimentaria en materia de higiene, registro, control e inspección de los alimentos.

i) La red de alerta y emergencias en salud pública.

j) El control sanitario de los establecimientos públicos.

k) Establecer las directrices generales sobre policía sanitaria mortuoria.

l) Promover, coordinar y ejecutar programas de prevención de las enfermedades trasmisibles evitables por inmunización, tanto en el niño como en adultos y en población de riesgo.

m) Coordinar y ejecutar planes de educación para la salud que promuevan hábitos de vida saludables entre la población en general y entre los grupos de riesgo en particular.

n) Las autorizaciones administrativas sanitarias en la materia que afecte al ámbito competencial de la Dirección General.

o) El ejercicio de la potestad sancionadora en materia de infracciones sanitarias, dentro de las competencias asignadas a la Dirección General.

p) El control y la coordinación de los laboratorios de salud pública, así como el estudio y propuestas de metodología analítica en materia de salud pública.

q) El control epidemiológico de enfermedades trasmisibles y brotes epidémicos, así como la elaboración de protocolos de prevención y control dentro de la cartera de servicios del Servicio Extremeño de Salud.

r) Aquellas otras que expresamente le sean atribuidas o delegadas.

4.3.2. Órganos Control y Participación en la Gestión. El Consejo General

1. El Consejo General es el órgano de control y participación en la gestión del Servicio Extremeño de Salud. Estará integrado por los siguientes miembros:

1.º El Consejero competente en materia sanitaria, que será su Presidente.

2.º Seis representantes de la Administración de la Comunidad Autónoma, designados de la siguiente forma:

- Dos miembros designados por la Consejería de Sanidad y Dependencia.
- Un miembro designado por cada una de las siguientes Consejerías: Consejería de Administración Pública y Hacienda, Vicepresidencia Segunda y Consejería de Economía, Comercio e Innovación, Consejería de Educación y Consejería de Igualdad y Empleo.

3.º Un representante designado, entre el personal del Servicio Extremeño de Salud, por cada una de las organizaciones sindicales representativas, en los términos establecidos en los artículos 6 y 7 de la Ley Orgánica de Libertad Sindical.

4.º Dos representantes designados por las organizaciones de consumidores y usuarios.

5.º Dos representantes de las Corporaciones Locales de la Comunidad Autónoma de Extremadura, designados por la Federación de Municipios y Provincias de Extremadura (FEMPEX).

Asistirá a las reuniones del órgano, con voz pero sin voto, un Secretario, designado por el Consejero competente en materia sanitaria de entre el personal del Servicio Extremeño de Salud que asistirá a las reuniones con voz pero sin voto.

2. El Consejo funcionará siempre en pleno, debiendo reunirse, al menos trimestralmente, con carácter ordinario. Podrán celebrarse reuniones con carácter extraordinario por iniciativa del Presidente o a propuesta de la mayoría absoluta de sus miembros, cuando la urgencia o importancia de los temas así lo demande.

A las sesiones del Consejo General asistirá el Director Gerente del Servicio Extremeño de Salud, con voz pero sin voto, quien podrá ser acompañado por los Altos Cargos o responsables de las unidades, cuando así lo demande la especificidad de los temas a tratar.

En caso de vacante, ausencia o enfermedad de su titular, corresponderá al responsable del órgano competente en materia de planificación sanitaria de la Comunidad Autónoma asumir la presidencia del Consejo General.

La deliberación y el régimen de adopción de acuerdos se ajustarán a lo previsto en la normativa vigente sobre funcionamiento de órganos colegiados.

La pertenencia al Consejo General del Servicio Extremeño de Salud no tendrá carácter retribuido, sin perjuicio de que sus miembros puedan percibir las indemnizaciones por razón del servicio que estén previstas en la normativa autonómica.

El Consejo General del Servicio Extremeño de Salud tendrá las siguientes atribuciones:

a) Establecer los criterios de actuación del Organismo Autónomo, de acuerdo con las directrices de la Consejería responsable en materia de sanidad.
b) La propuesta de adopción de medidas encaminadas a la mejor prestación de los servicios gestionados por el Organismo Autónomo.
c) Aprobar la memoria anual de la gestión del Servicio Extremeño de Salud.
d) Cuantas otras se deriven de la normativa vigente.

4.3.3. Órganos de Coordinación. El Consejo de Dirección

El Consejo de Dirección, presidido por el Director Gerente del Servicio Extremeño de Salud, ejercerá funciones de coordinación, deliberación, y participación en la toma de decisiones, y formarán parte del mismo los Altos Cargos del Servicio Extremeño de Salud y los Gerentes de Área de Salud.

A sus reuniones podrán ser convocados, cuando se juzgue necesario, los titulares de otras unidades del Organismo Autónomo.

4.4. Régimen

Contra los actos y resoluciones dictados por los distintos órganos del Servicio Extremeño de Salud se podrán interponer los recursos correspondientes en los términos establecidos en la Ley del Gobierno y de la Administración de la Comunidad Autónoma de Extremadura, así como en la legislación de procedimiento administrativo de carácter general.

Los actos y resoluciones del Director Gerente agotan la vía administrativa, siendo susceptibles de recurso potestativo de reposición o bien directamente de recurso contencioso-administrativo.

4.4.1. Reclamaciones previas a la vía jurisdiccional civil y laboral

La resolución de las reclamaciones previas a la vía jurisdiccional civil y laboral corresponderá a la Dirección Gerencia del Servicio Extremeño de Salud.

4.4.2. Defensa en juicio

El asesoramiento jurídico, en el ámbito de las funciones atribuidas a la Dirección General de los Servicios Jurídicos en el Decreto 46/1989, de 6 de junio, de organización y funciones del Gabinete Jurídico de la Comunidad Autónoma de Extremadura, así como la representación y defensa en juicio del Servicio Extremeño de Salud, en los términos establecidos en el artículo 447 de la Ley Orgánica 6/1985, de 1 de julio, del Poder Judicial y de la Ley 8/1985, de 26 de noviembre, de Comparecencia en Juicio de Extremadura, corresponderá a los Letrados de la Dirección General de los Servicios Jurídicos de la Junta de Extremadura.

4.4.3. Régimen patrimonial

Los bienes y derechos del Servicio Extremeño de Salud se regirán por la normativa contenida en la Ley General de Hacienda Pública de Extremadura, en la Ley de Patrimonio de la Comunidad Autónoma de Extremadura y en la Ley de Salud de Extremadura.

4.4.4. Régimen financiero

El régimen presupuestario, económico-financiero, de contabilidad, de intervención y de control financiero, se regirán por las disposiciones contenidas en la Ley de Salud de Extremadura, siendo de aplicación el régimen establecido en la Ley General de Hacienda Pública y Leyes de Presupuestos Generales de la Comunidad Autónoma de Extremadura.

4.4.5. Régimen de contratación administrativa

La contratación administrativa del Servicio Extremeño de Salud se regirá por las normas generales de contratación de las Administraciones Públicas, ostentando el Director Gerente la condición de órgano de contratación, con las limitaciones que, en su caso, se establezcan en las Leyes de Presupuestos Generales de la Comunidad Autónoma.

4.4.6. Régimen de recursos humanos

1. El Servicio Extremeño de Salud ostentará las atribuciones en materia de personal contempladas en el artículo 73 de la Ley de Salud de Extremadura y en los presentes Estatutos.

2. La clasificación del personal del Organismo Autónomo será la siguiente:

a) Funcionario de carrera.

b) Funcionario interino.

c) Personal estatutario, ya sea fijo o temporal.

d) Personal laboral.

e) Personal eventual.

Test de Materias comunes

eRodio ediciones

Test del tema 1

eRodio ediciones

1. La Constitución Española de 1978, ha sido modificada en dos ocasiones, habiéndose modificado en consecuencia los artículos:

a) 13.1 y 135.
b) 13.2 y 135.
c) 13.2 y 153.
d) 13.1 y 153.

2. ¿Cuál de las siguientes características no es predicable de la Constitución Española de 1978?

a) Es una Constitución consensuada.
b) Es una Constitución rígida.
c) Es una Constitución extensa.
d) Las tres anteriores se consideran características de la CE de 1978.

3. ¿En qué fecha fue publicada la Constitución Española en el Boletín Oficial del Estado?

a) El 6 de diciembre de 1978.
b) El 27 de diciembre de 1978.
c) El 29 de diciembre de 1978.
d) Ninguna de las obras respuestas en correcta.

4. ¿En qué fecha fue promulgada y sancionada por el Rey la Constitución Española de 1978?

a) El 31 de octubre de 1978.
b) El 6 de diciembre de 1978.
c) El 27 de diciembre de 1978.
d) El 29 de diciembre de 1978.

5. ¿Ante quién sancionó el Rey la Constitución Española de 1978?

a) Ante el Congreso de los Diputados.
b) Ante las Cortes Generales.
c) Ante el Senado y el Gobierno.
d) Ante el Gobierno y el Congreso de los Diputados.

6. ¿Quién aprobó la Constitución Española de 1978?

a) El Rey.
b) El pueblo español.
c) Las Cortes Generales.
d) El Congreso de los Diputados.

7. ¿Quién ratificó la Constitución Española de 1978?

a) El pueblo español.
b) Las Cortes Generales.
c) El Rey.
d) Ninguna de las otras respuestas en correcta.

8. En el título preliminar se recogen los principios y valores que luego van a inspirar toda la Constitución, dicho título está compuesto por cuantos artículos:

a) 1. b) 7. c) 9. d) 10.

9. ¿Qué día entró en vigor la Constitución Española de 1978?

a) El 1 de enero de 1979.
b) El 29 de diciembre de 1978.
c) El 28 de diciembre de 1978.
d) El 27 de diciembre de 1.978.

10. De las siguientes partes, ¿cuál abre y comienza el texto de la Constitución Española de 1978?

a) El Título Preliminar.
b) El Título I.
c) El Preámbulo.
d) Ninguna de las otras respuestas es correcta.

11. ¿Qué parte de la Constitución Española de 1978 no tiene fuerza jurídica, y en consecuencia no es de aplicación directa?

a) Todas las partes de la Constitución tienen fuerza jurídica.
b) Las Disposiciones adicionales.
c) El Título Preliminar.
d) El Preámbulo.

12. ¿A qué materia está dedicado el Título IV?

a) A las Cortes Generales.
b) Al Gobierno.
c) Al Gobierno y a las Cortes Generales.
d) Al Gobierno y a la Administración.

13. Conforme el artículo 1º de la CE, España se constituye en:

a) En una monarquía Parlamentaria.
b) En un estado social y democrático de derecho.
c) En un sistema democrático.
d) En la indisoluble unidad de la nación.

14. ¿En qué Título de la Constitución Española de 1978 encontramos regulado el Poder Judicial?

a) En el Título V.
b) En el Título IV.
c) En el Título VI.
d) En el Título VII.

15. ¿Cuántas Disposiciones Adicionales tiene la Constitución Española de 1978?

a) Nueve.
b) Cinco.
c) Cuatro.
d) Ninguna de las otras respuestas es correcta.

16. ¿Qué artículo abre el Título II de la Constitución Española de 1978?

a) El artículo 55.
b) El artículo 54.
c) El artículo 57.
d) Ninguna de las otras respuestas en correcta.

17. ¿Qué Título de la Constitución Española de 1978 está dedicado a la organización territorial del Estado?

a) El Título VII.
b) El Título VI.
c) El Título IX.
d) El Título VIII.

18. ¿De cuantos artículos consta la Constitución Española de 1978?

a) De 167.
b) De 169.
c) De 170.
d) De 165.

19. ¿Qué artículo, de los indicados a continuación, abre el Título VII?

a) El artículo 127.
b) El artículo 128.
c) El artículo 130.
d) El artículo 132.

20. ¿Qué artículos comprende el Título I de la Constitución Española de 1978?

a) Del 10 al 55
b) Del 9 al 55.
c) Del 14 a 55.
d) Del 14 al 29.

21. ¿En qué Título de la Constitución Española de 1978 se trata la Corona?

a) En el Título II.
b) En el Título III.
c) En el Título I.
d) En el Título Preliminar.

22. Conforme al artículo 8 de la CE, la misión de las Fuerzas Armadas serán:

a) Garantizar la soberanía e independencia de España.
b) Defender su integridad territorial.

c) Defender el ordenamiento Constitucional.
d) Las tres anteriores.

23. ¿De cuantas partes se compone la Constitución Española de 1978?

a) De dos, dogmática y orgánica.
b) De tres, orgánica, dogmática y estructural.
c) De dos, orgánica y estructural.
d) Ninguna respuesta es correcta.

24. ¿Qué expresan los partidos políticos, conforme el artículo 6º de la CE?

a) Sus ideas políticas.
b) Su programa e ideales.
c) La voluntad popular.
d) El pluralismo político.

25. ¿Dónde reside la soberanía nacional a tenor del contenido del art. 1.2 de la Constitución Española de 1978?

a) En las Cortes Generales.
b) En el pueblo español.
c) En el Jefe de Estado y en el pueblo español.
d) En las distintas partes que forman el Estado español.

26. ¿Cuál es la forma política del Estado español?

a) Estado democrático.
b) Estado social y democrático de derecho.
c) Monarquía parlamentaria.
d) Constitucional y democrático.

27. ¿En qué se fundamenta la Constitución, según el art. 2 de la misma?

a) En el pueblo español que la refrendó.
b) En la indisoluble unidad de la nación española.
c) En el poder soberano de las Cortes Generales.
d) En el estado democrático.

28. ¿Qué artículo de la Constitución de 1978 recoge el principio de autonomía de nacionalidades y regiones, que integran la nación española?

a) El artículo 1.
b) El artículo 2.
c) El artículo 3.
d) El artículo 4.

29. ¿Cuál es la lengua oficial del Estado español?

a) El español exclusivamente.
b) El castellano.
c) El castellano y las demás lenguas de acuerdo con los Estatutos de las Comunidades Autónomas.
d) Ninguna de las otras respuestas es correcta.

30. ¿Qué artículo de la Constitución Española de 1.978 recoge la bandera española?

a) El artículo 3.
b) El artículo 5.
c) El artículo 7.
d) El artículo 4.

31. ¿Cuál es el artículo más corto de toda la Constitución?

a) El artículo 3.
b) El artículo 5.
c) El artículo 6.
d) Ninguna de las otras respuestas es correcta.

32. ¿A quién le corresponde la defensa del ordenamiento constitucional?

a) Al Tribunal Constitucional.
b) A las Fuerzas Armadas.
c) A las Cortes Generales.
d) Al Gobierno y a las Cortes Generales.

33. Según el artículo 9 de la Constitución Española de 1978, ¿a qué están sujetos los poderes públicos y los ciudadanos?

a) A la Constitución y a la ley.
b) A la ley y al ordenamiento jurídico.
c) A la Constitución y al resto del ordenamiento jurídico.
d) A la Constitución, a la ley, a las normas, y al resto de ordenamiento jurídico.

34. ¿Qué disposiciones son irretroactivas?

a) Las sancionadoras que limiten derechos individuales exclusivamente.
b) Las normas de rango inferior a la ley que establezcan una limitación a las libertades individuales.
c) Las disposiciones favorables que limiten derechos adquiridos.
d) Ninguna de las otras respuestas es correcta.

35. ¿Qué significado tiene el principio de publicidad normativa?

a) Que a los ciudadanos están obligados a conocer las normas para que les pueda ser exigible su contenido.
b) Que todas las normas deben publicarse en un periódico de difusión nacional.
c) Que todas las normas deben ser publicadas a un diario oficial.
d) Ninguna de las otras respuestas en correcta.

36. ¿Qué artículo de la Constitución hace referencia a los sindicatos de trabajadores?

a) El artículo 5.
b) El artículo 7.
c) El artículo 8.
d) El artículo 9.

37. De los Títulos indicados a continuación, ¿cuál hace referencia a la reforma constitucional?

a) El Título X.
b) El Título IX.
c) El Título VIII.
d) El Título VII.

38. ¿Cuántos tipos de reforma constitucional existen?

a) Dos, ordinario y sumario.
b) Dos, ordinario y agravado.
c) Tres, ordinario, extraordinario y sumario.
d) Uno, el extraordinario.

39. Según el procedimiento contenido en el artículo 167 de la Constitución, ¿qué mayoría es necesaria para aprobar una reforma constitucional que afecte a un artículo del Título VIII, en primera votación?

a) Mayoría simple.
b) Mayoría absoluta.
c) Mayoría de 3/5.
d) Mayoría de 2/5.

40. ¿De qué plazo disponen los miembros de las Cámaras para solicitar, en el caso anterior, la celebración de un referéndum?

a) De diez días hábiles.
b) De cinco días hábiles.
c) De quince días.
d) De veinte días.

41. ¿En cuál de los siguientes casos se aplica el procedimiento reformista del artículo 168?

a) Cuando se pretenda reformar el artículo 2 de la Constitución.
b) Cuando se pretenda la reforma el Título VI de la Constitución.

c) Cuando se pretenda la reforma del Título X de la Constitución.

d) Todas las obras respuestas son correctas.

42. Los valores superiores del ordenamiento jurídico español según el artículo 1.1 de la Constitución son:

a) El estado social y democrático de derecho.

b) La libertad, la igualdad y la fraternidad.

c) La libertad y los derechos fundamentales.

d) La libertad, la justicia, la igualdad y el pluralismo político.

43. El artículo primero de la Constitución Española establece los valores superiores del ordenamiento jurídico, entre los que no se menciona:

a) La solidaridad.

b) La libertad.

c) La igualdad.

d) El pluralismo político.

44. La Constitución Española está formada, además de por el preámbulo y 169 artículos, por:

a) 9 disposiciones adicionales, 4 transitorias, 1 derogatoria y 1 final.

b) 4 disposiciones adicionales, 9 transitorias, 1 derogatoria y 1 final.

c) 9 disposiciones transitorias, 4 derogatorias, 1 adicional y 1 final.

d) 4 disposiciones adicionales, 4 transitorias, 9 derogatorias y 1 final.

45. El Título VII está formado por los artículos siguientes:

a) Del 118 al 126.

b) Del 117 al 127.

c) Del 128 al 136.

d) Del 127 al 136.

46. Los proyectos de reforma ordinaria de la Constitución recogida en el art. 167 CE:

a) Deben ser aprobados en todo caso por una mayoría de tres quintos de cada cámara.

b) Basta con una mayoría de tres quintos del Congreso.

c) Basta una mayoría absoluta del Congreso.

d) Deben ser aprobados por una mayoría de tres quintos de cada cámara, pero ante la falta de acuerdo, cabe crear una comisión de composición paritaria entre diputados y senadores.

47. Como afirma la sentencia del Tribunal Constitucional de 15 de junio de 1981, los derechos fundamentales responden a un sistema de valores y principios de alcance universal que han de informar todo nuestro ordenamiento jurídico, que necesitan ¿Qué, para ser aplicada?

a) Su positivación jurídica, que una norma jurídica positiva los reconozca.
b) Que el Gobierno correspondiente los respete.
c) Que los Tribunales de justicia los apliquen.
d) Que las Administraciones Públicas los acepten.

48. ¿En cuántos Capítulos se estructura el Título I de la Constitución española de 1978?

a) En cuatro.
b) En cinco.
c) En seis.
d) En tres.

49. ¿Qué artículo cierra el Título I?

a) El artículo 53.
b) El artículo 54.
c) El artículo 55.
d) El artículo 56.

50. ¿De cuántas secciones consta el Capítulo II del Título I?

a) De dos.
b) De tres.
c) De ninguno.
d) De cuatro.

51. ¿Qué artículos forman la sección denominada "Derechos fundamentales y libertades públicas?

a) Los artículos del 14 al 29 ambos inclusive.
b) Los artículos del 15 al 29 ambos inclusive.
c) Los artículos 14 al 30 ambos inclusive.
d) Los artículos del 15 al 30 ambos inclusive.

52. ¿Qué artículo del Título I recoge la regulación de la suspensión de los derechos y libertades?

a) El artículo 55.
b) El artículo 53.
c) El artículo 51.
d) El artículo 57.

53. ¿Qué artículo del Título I recoge el principio de igualdad jurídica de los españoles ante la Ley?

a) El artículo 12.
b) El artículo 11.
c) El artículo 14.
d) El artículo 16.

54. ¿A qué edad se alcanza la mayoría de edad a tenor del contenido del artículo 10 de la Constitución?

a) A los dieciocho años.
b) A los dieciocho años, pero se establece en el artículo 15.
c) A los dieciocho años, pero no se regula en el artículo 10.
d) A los dieciocho años pero se regula en el artículo 18.

55. En relación con el derecho a la libertad religiosa ¿qué declara la Constitución española?

a) La reconoce.
b) La garantiza.
c) La reconoce y la garantiza.
d) La reconoce, la garantiza y la protege.

56. ¿En qué casos se puede obligar a un ciudadano a declarar sobre su ideología?

a) En ningún caso
b) En caso de ciudadanos extranjeros.
c) En casos de riesgo grave de la seguridad ciudadana.
d) En cualquier caso.

57. ¿Qué carácter tiene es estado español a tenor del contenido del artículo 16 de la Constitución española de 1978?

a) Estado laico.
b) Estado católico.
c) Estado aconfesional.
d) Estado civil.

58. ¿En qué artículo de la Constitución española de 1978 se contiene el derecho a la libertad y seguridad?

a) En el artículo 18.
b) En el artículo 20.
c) En el artículo 21.
d) En el artículo 17.

59. ¿Cuál es el tiempo máximo de duración de la detención preventiva a tenor del contenido del artículo anterior?

a) 48 horas. b) 24 horas. c) 72 horas. d) 36 horas.

60. ¿Qué debe hacerse con un detenido en el momento en que se agote el tiempo máximo de detención preventiva?

a) Ponerlo en libertad.
b) Ponerlo a disposición judicial para que declare la puesta en libertad.
c) Ponerlo en libertad o a disposición judicial.

d) Declarar el ingreso en prisión.

61. En el caso de la detención preventiva ¿en qué trámites está garantizada por la Constitución, la asistencia del abogado?

a) En las diligencias policiales.
b) En las diligencias policiales y en judiciales.
c) Sólo en las diligencias judiciales.
d) Sólo en las diligencias policiales en las que lo solicite el interesado.

62. ¿Cómo se denomina el procedimiento judicial por el que se debe poner a un detenido a disposición inmediata de la autoridad jurídica?

a) Proceso sumario.
b) Habeas Corpus.
c) Recurso de amparo.
d) Proceso de amparo.

63. ¿En qué casos se puede proceder a la entrada de un domicilio particular?

a) En caso de resolución judicial exclusivamente.
b) En caso de delito flagrante o resolución judicial exclusivamente.
c) En caso de autorización del titular o resolución judicial exclusivamente.
d) En caso de autorización del titular, resolución judicial o flagrante delito.

64. ¿Qué artículo de la Constitución recoge el secreto de las comunicaciones?

a) En el artículo 20.
b) En el artículo 22.
c) En el artículo 24.
d) En el artículo 18.

65. ¿Pueden interceptarse las comunicaciones postales?

a) Si, por medio de resolución administrativa.
b) Sí, por medio de resolución judicial o administrativa.
c) No, en ningún caso.
d) Sólo mediante resolución judicial.

66. ¿Pueden limitarse el derecho a la entrada y salida de territorio español por motivos ideológicos a los ciudadanos españoles?

a) No, a tenor del contenido del artículo 19 de la Constitución.
b) Sí, a tenor del contenido del artículo 20 de la Constitución.
c) No, a tenor del artículo 21 de la Constitución.
d) Sí, a tenor del artículo 23 de la Constitución.

67. ¿En qué artículo de la Constitución se regula el derecho a la cláusula de conciencia y al secreto profesional?

a) En el artículo 20.
b) En el artículo 24.
c) En el artículo 27.
d) En el artículo 19.

68. ¿Quiénes tienen derecho a la tutela judicial efectiva de jueces y tribunales?

a) Todos los españoles pero no los extranjeros y no legalizados.
b) Todos los ciudadanos de la Unión Europea y los españoles, pero no los extranjeros ajenos a ese ámbito.
c) Todas las personas.
d) Solo los ciudadanos españoles y los nacionales de países de la Unión Europea legalizados.

69. ¿En qué ámbito están prohibidos los Tribunales de Honor?

a) En el ámbito de la Administración civil.
b) En el ámbito de la Administración civil y militar.
c) En el ámbito de la Administración civil y en el de las organizaciones profesionales.
d) En el ámbito de la Administración civil y militar y en el de las organizaciones profesionales.

70. ¿Puede, la Administración civil, imponer sanciones que impliquen privación de libertad?

a) No, ni de forma directa ni de forma indirecta o subsidiaria.
b) No de forma directa, pero sí de forma subsidiaria.
c) Sólo de forma directa.
d) Sí, tanto de forma indirecta como directa.

71. Las penas privativas de libertad ¿pueden consistir en trabajos forzados?

a) Sólo en caso de suspensión del derecho contemplado en el artículo 26 de la Constitución española de 1978.
b) En ningún caso.
c) Si, mediante resolución judicial.
d) Solo en casos excepcionalmente recogidos en la legislación vigente.

72. ¿Cuál de los siguientes derechos no se engloba en el derecho a la tutela judicial efectiva?

a) La libertad de acceso a jueces y tribunales.
b) El derecho al cumplimiento de las resoluciones judiciales.

c) El derecho a obtener una decisión por parte de los jueces y tribunales.
d) El derecho al juez subsidiario.

73. ¿En qué artículo de la Constitución se contempla el derecho al matrimonio?

a) En el artículo 31.
b) En el artículo 33.
c) En el artículo 32.
d) En el artículo 34.

74. ¿Se delimita, en la Constitución española de 1978, el derecho a la propiedad privada?

a) Sí, de acuerdo con las leyes y en virtud de su función social.
b) No, de acuerdo con las normas extraordinarias dictadas por el Tribunal Constitucional.
c) No. La propiedad privada no tiene delimitación constitucional.
d) Sí, en el artículo 22 de la Constitución.

75. ¿Qué asociaciones son ilegales?

a) Las que no estén inscritas en el registro correspondiente del Ministerio del Interior.
b) Las que persigan fines o utilicen medios tipificados como delito.
c) Las que se reúnan sin autorización previa.
d) Las asociaciones prohibidas.

76. ¿Qué asociaciones están prohibidas?

a) Las asociaciones secretas y las ilegales.
b) Las asociaciones ilegales y las paramilitares.
c) Las asociaciones paramilitares y las secretas.
d) Las asociaciones paramilitares, ilegales y secretas.

77. ¿Qué españoles pueden ejercer el derecho de petición solo de manera individual?

a) Los jueces y magistrados.
b) Los miembros de las Fuerzas Armadas.
c) Los miembros de las Fuerzas Armadas y los miembros del Poder Judicial.
d) Los miembros de los institutos armados con disciplina militar y los pertenecientes a las Fuerzas Armadas.

78. ¿Qué artículo de la Constitución recoge el derecho y el deber de trabajar?

a) El artículo 35.
b) El artículo 33.
c) El artículo 37.
d) El artículo 39.

79. ¿Qué contenido tiene el artículo 44 de la Constitución?

a) El derecho a la salud.
b) El derecho a acceso a la cultura.
c) El derecho a una vivienda adecuada.
d) El derecho a vacaciones retribuidas.

80. ¿Cómo se adquiere, se conserva y se pierde la nacionalidad española?

a) De acuerdo con la Constitución.
b) De acuerdo con la ley.
c) De acuerdo con las normas internacionales.
d) De acuerdo con los Tratados internacionales.

81. ¿Qué tipo de delitos están excluidos de la extradición?

a) Los delitos de terrorismo.
b) Los delitos políticos.
c) Los delitos sociales y políticos.
d) Los delitos sociales, pero no los políticos.

82. ¿Ante quién se presenta el recurso de amparo?

a) Ante el Tribunal Supremo.
b) Ante el Tribunal Constitucional.
c) Ante el Consejo General del Poder Judicial.
d) Ante cualquier juzgado o tribunal.

83. ¿Qué tipo de ley es necesaria para regular el desarrollo del artículo 21 de la Constitución española de 1978?

a) Ley ordinaria.
b) Ley de bases.
c) Ley orgánica.
d) Ley marco.

84. ¿Ante quién debe rendir cuenta el Defensor del Pueblo?

a) Ante el Gobierno y la Administración.
b) Ante las Cortes Generales.
c) Ante el Congreso de los Diputados.
d) Ante los Tribunales y el Congreso de los Diputados.

85. Cual de los siguientes derechos no necesita Ley orgánica para su desarrollo.

a) Derecho a contraer matrimonio.
b) Derecho a la vida.

c) Derecho de reunión.
d) Se necesita para los tres anteriores.

86. ¿Cuánto dura el mandato del Defensor del Pueblo?

a) Tres años. b) Cuatro años. c) Cinco años. d) Dos años.

87. Los derechos recogidos en el artículo 23 de la Constitución:

a) Sólo se aplican a extranjeros.
b) Sólo se aplican a nacionales.
c) Se aplican a extranjeros y nacionales.
d) Se aplican sólo a nacionales salvo que se atienda a criterios de reciprocidad.

88. El derecho a la propiedad privada:

a) Es un derecho de los ciudadanos de carácter general.
b) Es un derecho de los ciudadanos de carácter personal.
c) Es un derecho de los ciudadanos de carácter social.
d) Es un derecho fundamental.

89. El Recurso de Amparo se aplica a los artículos:

a) De la sección 1ª del Capítulo 2º.
b) De la sección 2ª del Capítulo 1º.
c) 14 y 15 a 29.
d) 14, 15 a 29 y 30.2.

90. El procedimiento preferente y sumario existente para la protección de derechos y libertades es aplicable a los artículos siguientes:

a) De la sección 1ª del Capítulo 2º.
b) De la sección 2ª del Capítulo 1º.
c) 14 y 15 a 29.
d) 14, 25 a 29 y 30.2.

91. El Defensor del Pueblo:

a) Se relaciona con las Cortes Generales mediante una comisión mixta Congreso-Senado.
b) Prosigue, sólo a petición de parte, investigaciones para esclarecer actos y resoluciones de la Administración Público.
c) Estará auxiliado por dos adjuntos propuestos por las Cortes Generales.
d) No puede ser detenido en ningún caso.

92. El derecho a la huelga recogido en el artículo 28.2 de la Constitución...

a) Está relacionado con el artículo 7 de algún modo.
b) Es un derecho que puede suspenderse en el estado de alarma.
c) Es un derecho que puede suspenderse, de forma individual, en el estado de excepción o sitio.
d) Es un derecho que puede suspenderse, de forma general, en el estado de excepción o sitio y además, guarda alguna relación con el artículo 7.

93. En caso de flagrante delito, se puede registrar el domicilio de un español:

a) Previa resolución judicial.
b) Sin autorización ninguna.
c) Con el consentimiento del interesado.
d) Con la presencia de un vecino.

94. Según la Constitución, la Ley puede exceptuar del ejercicio del derecho de sindicación:

a) A las Fuerzas o Institutos Armados.
b) A los funcionarios públicos.
c) A los demás Cuerpos sometidos a disciplina militar.
d) A los recogidos en los apartados a y c.

95. Los principales rectores de la política económica-social pueden ser alegados ante la jurisdicción ordinaria:

a) En todo caso.
b) De conformidad con la Constitución.
c) De acuerdo con lo dispuesto en sus leyes de desarrollo.
d) Ninguna de estas respuestas en correcta.

96. En situación normal el secuestro de publicaciones puede acordarse, según la Constitución:

a) Por las Cortes Generales.
b) Sólo por resolución judicial.
c) Por el Gobernador Civil en caso de injurias.
d) Sólo por Decreto del Gobierno.

Solución al test del tema 1

1. **b)** 13.2 y 135.
2. **d)** Las tres anteriores se consideran características de la CE de 1978.
3. **c)** El 29 de diciembre de 1978.
4. **c)** El 27 de diciembre de 1978.
5. **b)** Ante las Cortes generales.
6. **c)** Las Cortes Generales.
7. **a)** El pueblo español.
8. **c)** 9.
9. **b)** El 29 de diciembre de 1978.
10. **c)** El Preámbulo.
11. **d)** El Preámbulo.
12. **d)** Al Gobierno y a la administración.
13. **b)** En un Estado social y democrático de derecho.
14. **c)** En el Título VI.
15. **c)** Cuatro.
16. **d)** Ninguna de las otras respuestas es correcta.
17. **d)** El Título VIII.
18. **b)** De 169.
19. **b)** El artículo 128.
20. **a)** Del 10 al 55.
21. **a)** En el Título II.
22. **d)** Las tres anteriores.
23. **a)** De dos, dogmática y orgánica.

24. d) El Pluralismo político.

25. b) En el pueblo español.

26. c) Monarquía Parlamentaria.

27. b) En la indisoluble unidad de la nación española.

28. b) El artículo 2.

29. b) El castellano.

30. d) El artículo 4.

31. b) El artículo 5.

32. b) A las Fuerzas Armadas.

33. c) A la Constitución y al resto del ordenamiento jurídico.

34. d) Ninguna de las otras respuestas es correcta.

35. c) Que todas las normas deben ser publicadas en un diario oficial.

36. b) El artículo 7.

37. a) El Título X.

38. b) Dos, ordinario y agravado.

39. c) Mayoría de 3/5.

40. c) De quince días.

41. a) Cuando se pretenda reformar el artículo 2 de la Constitución.

42. d) La libertad, la justicia, la igualdad y el pluralismo político.

43. a) La solidaridad.

44. b) 4 disposiciones adicionales, 9 transitorias, 1 derogatoria y 1 final.

45. c) Del 128 al 136.

46. d) Deben ser aprobados por mayoría de tres quintos de cada cámara, pero ante la falta de acuerdo, cabe crear una comisión de composición paritaria entre diputados y senadores.

47. a) Su positivación jurídica, que una norma jurídica positiva los reconozca.

48. b) En cinco.

49. c) El artículo 55.

50. a) De dos.

51. b) Los artículos del 15 al 29 ambos inclusive.

52. a) El artículo 55.

53. c) El artículo 14.

54. c) A los dieciocho años pero no se regula en el artículo 10.

55. b) La garantiza.

56. a) En ningún caso.

57. c) Estado aconfesional.

58. d) En el artículo 17.

59. c) 72 horas.

60. c) Ponerlo en libertad o a disposición judicial.

61. b) En las diligencias policiales y en judiciales.

62. b) Habeas Corpus.

63. d) En caso de autorización del titular, resolución judicial o flagrante delito.

64. d) En el artículo 18.

65. d) Sólo mediante resolución judicial.

66. a) No, a tenor del contenido del artículo 19 de la Constitución.

67. a) En el artículo 20.

68. c) Todas las personas.

69. c) En el ámbito de la Administración civil y en el de las organizaciones profesionales.

70. a) No, ni de forma directa ni de forma indirecta o subsidiaria.

71. b) En ningún caso.

72. d) El derecho al juez subsidiario.

73. c) En el artículo 32.

74. a) Sí, de acuerdo con las leyes y en virtud de su función social.

75. b) Las que persigan fines o utilicen medios tipificados como delito.

76. c) Las asociaciones paramilitares y las secretas.

77. d) Los miembros de los institutos armados con disciplina militar y los pertenecientes a las Fuerzas Armadas.

78. a) El artículo 35.

79. b) El derecho a acceso a la cultura.

80. b) De acuerdo con la ley.

81. b) Los delitos políticos.

82. b) Ante el Tribunal Constitucional.

83. c) Ley orgánica.

84. b) Ante las Cortes Generales.

85. a) Derecho a contraer matrimonio.

86. c) Cinco años.

87. d) Se aplican sólo a nacionales salvo que se atienda a criterios de reciprocidad.

88. b) Es un derecho de los ciudadanos de carácter personal.

89. d) 14, 25 a 29 y 30.2

90. c) 14 y 15 a 29.

91. a) Se relaciona con las Cortes Generales mediante una comisión mixta Congreso-Senado.

92. d) Es un derecho que puede suspenderse, de forma general, en el estado de excepción o sitio y además, guarda alguna relación con el artículo 7.

93. b) Sin autorización alguna.

94. d) A los recogidos en los apartados a y c.

95. c) De acuerdo con lo dispuesto en sus leyes de desarrollo.

96. b) Sólo por resolución judicial.

Test del tema 2

eRodio ediciones

1. El artículo 37 del Estatuto de Autonomía de Extremadura, trata de el/los:

a) Consejo Económico y Social.
b) Principios rectores.
c) Foros multilaterales de cooperación horizontal.
d) Principios generales y régimen jurídico.

2. En el Título II, Capítulo III, Sección 1, Artículo 36, del Estatuto de Autonomía de Extremadura, habla del Gobierno de la Comunidad Autónoma, específicamente se trata de:

a) El cese.
b) Las potestades.
c) Las atribuciones.
d) El Estatuto de los miembros.

3. Señala cuál de los siguientes no constituye un elemento diferencial de Extremadura:

a) Su proyección en Portugal e Iberoamérica.
b) Los condicionantes históricos de su desarrollo socioeconómico.
c) La alta densidad de su población y su dispersión.
d) La calidad de su medioambiente y su patrimonio cultural.

4. Señala la afirmación incorrecta:

a) La bandera extremeña está formada por tres franjas horizontales iguales, verde la superior, blanca la central y negra la inferior.
b) La protección de los símbolos de Extremadura es la que corresponde a los demás símbolos del Estado, de acuerdo con el ordenamiento jurídico.
c) El día de Extremadura es el 8 de septiembre.
d) El escudo y el himno de Extremadura se regularán por ley de la Asamblea, aprobada por la mayoría de los diputados.

5. Marca la opción equivocada. Los poderes públicos regionales:

a) Impulsarán activamente la equidad territorial y la cohesión social en sus políticas internas y en sus relaciones con otras Comunidades Autónomas, con las instituciones generales del Estado y con las europeas.
b) Estimularán la investigación científica y técnica, la incorporación de procesos innovadores por los actores económicos, el acceso a las nuevas tecnologías por parte de empresas y ciudadanos, y los mecanismos legales y técnicos que faciliten el libre acceso de todos al conocimiento y la cultura.

c) Favorecerán medidas para el ahorro y la eficiencia energética y apoyarán la generación de energías no renovables.
d) Promoverán políticas para garantizar el respeto a la orientación sexual y a la identidad de género de todas las personas.

6. La Comunidad Autónoma de Extremadura tiene competencia exclusiva sobre la siguiente materia:

a) Conservación, defensa y protección del Fuero de Baylío e instituciones de derecho consuetudinario.
b) Cooperación transfronteriza e internacional para el desarrollo, en coordinación con el Estado.
c) Caza y explotaciones cinegéticas. Pesca fluvial y lacustre. Acuicultura.
d) Todas las anteriores son correctas.

7. No es una competencia exclusiva:

a) Artesanía.
b) Régimen minero y energético e instalaciones radioactivas de segunda y tercera categorías.
c) Servicio meteorológico de la Comunidad Autónoma.
d) Espectáculos y actividades recreativas.

8. La Comunidad Autónoma de Extremadura tiene competencias de desarrollo normativo y ejecución en:

a) Medioambiente. Regulación y protección de la flora, la fauna y la biodiversidad. Prevención y corrección de la generación de residuos y vertidos y de la contaminación acústica, atmosférica, lumínica, del suelo y del subsuelo.
b) Ferrocarriles, carreteras y caminos cuyo itinerario se desarrolle íntegramente en el territorio de la Comunidad Autónoma y, en el mismo ámbito, los transportes terrestres y fluviales, con independencia de la titularidad de la infraestructura.
c) Aeropuertos, helipuertos, puertos deportivos y otras infraestructuras de transporte que no sean de interés general.
d) Las opciones a y b son correctas.

9. Señala cuál de las siguientes es una competencia de desarrollo normativo y ejecución:

a) Protección civil y emergencias.
b) Casinos, juegos y apuestas, incluidas las modalidades por medios telemáticos, cuando la actividad se desarrolle exclusivamente en Extremadura.

c) Sanidad alimentaria.
d) Fomento del voluntariado.

10. ¿Cuál de las siguientes materias, se corresponde con una competencia de ejecución?:

a) Productos farmacéuticos.
b) Sanidad agrícola y animal.
c) Seguridad Social.
d) Ninguna de las anteriores.

11. Marca cuál de las siguientes no es una competencia de desarrollo normativo y ejecución:

a) Regulación y protección de la flora, la fauna y la biodiversidad.
b) Instalaciones de producción, almacenamiento, distribución y transporte de energías, de cualquier tipo, en su territorio.
c) Educación y enseñanza en toda su extensión, niveles, grados, modalidades y especialidades.
d) Las opciones a y c.

12. No se corresponde con una competencia de ejecución:

a) Sistema penitenciario.
b) Propiedad intelectual e industrial.
c) Contraste de metales.
d) Régimen minero y energético.

13. La Comunidad Autónoma ejecutará:

a) La normativa de la Unión Europea en los ámbitos materiales de competencia.
b) Los tratados y convenios internacionales ratificados por el Reino de España, en lo que afecten a materias de su competencia.
c) La fijación de las necesidades del mercado laboral, que determinan la concesión de las autorizaciones de trabajo.
d) Las opciones a y b son correctas.

14. La Comunidad Autónoma ejercerá sus poderes a través de:

a) La Asamblea.
b) El Presidente.
c) La Junta de Extremadura.
d) Todas las opciones son correctas.

15. Señala la afirmación incorrecta. La Asamblea de Extremadura:

a) Es elegida por cuatro años.
b) No podrá ser disuelta, salvo en los supuestos previstos en el presente Estatuto.

c) Goza de autonomía reglamentaria,presupuestaria, administrativa, pero no disciplinaria.
d) No podrá ser disuelta salvo en los supuestos previstos en su Estatuto.

16. Corresponde a la Asamblea de Extremadura:

a) Promover y controlar la acción del Presidente y de la Junta de Extremadura, y exigir, en su caso, su responsabilidad política en los términos previstos en su Estatuto.
b) Aprobar los proyectos de ley.
c) Solicitar la promoción de los medios de comunicación social dependientes de la Comunidad Autónoma.
d) Examinar los nombramientos que propone el gobierno para las altas instituciones del Estado, que sean de su competencia.

17. El número máximo de diputados de la Asamblea de Extremadura es de:

a) 56. b) 65. c) 46. d) 64

18. El Presidente de Extremadura, será:

a) Elegido por el Rey.
b) Nombrado por la Asamblea de Extremadura de entre sus miembros.
c) Elegido por los ciudadanos.
d) Ninguna de las respuestas es correcta.

19. El Presidente cesa por:

a) Aprobación de una moción de censura.
b) Celebración de nuevas elecciones.
c) Dimisión voluntaria presentada por escrito al Presidente de la Asamblea.
d) Todas las opciones son correctas.

20. Controla externamente la actividad financiera y presupuestaria de las instituciones, de la Administración autonómica, de las entidades locales, del sector público dependiente de aquella y de éstas, así como de las universidades públicas de Extremadura, el:

a) Consejo de Cuentas.
b) Consejo Económico y Social.
c) Personero del Común.
d) Consejo Consultivo.

Solución al test del tema 2

1. **b)** Principios rectores.
2. **a)** El cese.
3. **c)** La alta densidad de su población y su dispersión.
4. **d)** El escudo y el himno de Extremadura se regularán por ley de la Asamblea, aprobada por la mayoría de los diputados.
5. **c)** Favorecerán medidas para el ahorro y la eficiencia energética y apoyarán la generación de energías no renovables.
6. **d)** Todas las anteriores son correctas.
7. **b)** Régimen minero y energético e instalaciones radioactivas de segunda y tercera categorías.
8. **a)** Medioambiente. Regulación y protección de la flora, la fauna y la biodiversidad. Prevención y corrección de la generación de residuos y vertidos y de la contaminación acústica, atmosférica, lumínica, del suelo y del subsuelo.
9. **c)** Sanidad alimentaria.
10. **a)** Productos farmacéuticos.
11. **b)** Instalaciones de producción, almacenamiento, distribución y transporte de energías, de cualquier tipo, en su territorio.
12. **d)** Régimen minero y energético.
13. **d)** Las opciones a y b son correctas.
14. **d)** Todas las opciones son correctas.
15. **c)** Goza de autonomía reglamentaria,presupuestaria, administrativa, pero no disciplinaria.
16. **a)** Promover y controlar la acción del Presidente y de la Junta de Extremadura, y exigir, en su caso, su responsabilidad política en los términos previstos en su Estatuto.
17. **b)** 65.

18. d) Ninguna de las respuestas es correcta.

19. d) Todas las opciones son correctas.

20. a) Consejo de Cuentas.

Test del tema 3

eRodio ediciones

1. **Según la Ley 55/2003, de 16 de diciembre, del Estatuto Marco del Personal estatutario de los servicios de salud, ¿en qué situación administrativa se encuentra un estatutario autorizado por su Administración pública competente, que lleva 9 meses prestando servicios en una organización no gubernamental?**
   a) Servicio activo.
   b) Excedencia automática.
   c) Servicios bajo otro régimen jurídico.
   d) Servicios especiales.

2. **Según la Ley 55/2003, de 16 de diciembre, del Estatuto Marco del Personal estatutario de los servicios de salud, para acceder a plazas de personal estatutario fijo a través del turno de promoción interna, el interesado, entre otros requisitos, tendrá que:**
   a) Encontrarse en situación de servicio activo, con nombramiento como personal estatutario fijo durante los 5 años inmediatamente anteriores a la convocatoria.
   b) No haber participado durante los 5 años anteriores en procesos selectivos de personal estatutario fijo.
   c) Tener nombramiento como personal estatutario fijo con antigüedad mínima de 3 años.
   d) Encontrarse en situación de servicio activo, con nombramiento de personal estatutario fijo, durante al menos 2 años en la categoría de procedencia.

3. **Según la Ley 55/2003, de 16 de diciembre, del Estatuto Marco del Personal estatutario de los servicios de salud, si un estatutario pierde la nacionalidad española, ¿Puede recuperar la condición de personal estatutario en algún caso?**
   a) Se podrá recuperar una vez transcurridos 2 años, previa solicitud del interesado.
   b) Podrá recuperarse siempre.
   c) Se podrá recuperar si acredita la desaparición de la causa que motivó la pérdida de la nacionalidad.
   d) Nunca, podrá recuperarse.

4. **Según el artículo 5 de la Ley 55/2003, de 16 de diciembre, del Estatuto Marco del Personal estatutario de los servicios de salud, el personal estatutario de los servicios de salud se clasifica atendiendo:**
   a) Al trabajo desarrollado y al título exigido para el mismo.
   b) A la función desarrollada, al nivel del título exigido para el ingreso y al tipo de su nombramiento.

c) Al nivel de estudios distinguiendo entre cinco niveles A, B, C, D, y E.
d) A su nombramiento, diferenciando entre personal fijo y personal interino.

5. Según el artículo 43 de la Ley 55/2003, de 16 de diciembre, del Estatuto Marco del Personal estatutario de los servicios de salud, en cuanto a las retribuciones complementarias del personal estatutario ¿Cuál de los siguientes complementos está destinado a retribuir las condiciones particulares de algunos puestos en atención a su especial dificultad técnica, dedicación, responsabilidad, incompatibilidad, peligrosidad o penosidad?

a) Complemento de productividad.
b) Complemento específico.
c) Complemento de destino.
d) Complemento de nivel.

6. Según el Estatuto Marco del Personal estatutario de los servicios de salud, el personal estatutario fijo que temporalmente ocupe una plaza en promoción interna, percibirá durante el tiempo que permanezca en esta situación:

a) Las retribuciones correspondientes a las funciones desempeñadas, con excepción de los trienios, que serán los correspondientes a su nombramiento original.
b) Las retribuciones básicas y complementarias del puesto que ocupa en promoción interna temporal, sin excepción.
c) Las retribuciones básicas de su puesto de origen y las complementarias del puesto que ocupa en promoción interna.
d) Las retribuciones correspondientes al puesto que efectivamente ocupa, excepto el sueldo, que será el correspondiente a la categoría del puesto de origen.

7. Según la Ley 55/2003 de 16 de diciembre, del Estatuto Marco del personal estatutario de los servicios de salud, la renuncia a la condición de personal estatutario tiene carácter de acto voluntario, ¿Con qué antelación mínima deberá presentarse o solicitarse la renuncia por el interesado?

a) Con una antelación mínima de 15 días a la fecha en la que desee hacerla efectiva.
b) Con una antelación mínima de 10 días a la fecha en la que desee hacerla efectiva.
c) No se establece un periodo mínimo.
d) Deberá solicitarla con 72 horas de antelación.

8. Según el artículo 50 de la Ley 55/2003, de 16 de diciembre, del Estatuto Marco del Personal estatutario de los servicios de salud, siempre que una jornada de trabajo supere las 6 horas continuadas deberá de establecerse durante la misma, un periodo de descanso de:

a) No inferior a 15 minutos.
b) Hasta 15 minutos.
c) 20 minutos como mínimo.
d) No superior a 30 minutos.

9. Según el artículo 18 de la Ley 55/2003, de 16 de diciembre, del Estatuto Marco del Personal estatutario de los servicios de salud, ¿Cuál de los siguientes NO es un derecho colectivo que el personal estatutario ostenta?

a) Libre sindicación.
b) La huelga.
c) Movilidad voluntaria.
d) Reunión.

10. Según el artículo 46 de la Ley 55/2003, de 16 de diciembre, del Estatuto Marco del Personal estatutario de los servicios de salud, el periodo nocturno tendrá una duración mínima de 7 horas e incluirá necesariamente el periodo comprendido desde:

a) Las 22.00 a las 00.00 horas.
b) Las 22.00 a las 02.00 horas.
c) Las 00.00 a las 05.00 horas.
d) Las 00.00 a las 02.00 horas.

11. Según el Estatuto Marco del Personal estatutario de los servicios de salud, ¿En qué situación administrativa se encuentra un estatutario interino, que lleva 45 días en incapacidad temporal?

a) Servicios especiales.
b) Servicio activo.
c) Suspensión de funciones.
d) Excedencia.

12. Según el Estatuto Marco del Personal estatutario de los servicios de salud, en las convocatorias para la selección de personal estatutario se reservará un número de plazas para ser cubiertas entre personas con discapacidad de grado igual o superior al 33%, ¿Qué porcentaje de plazas deberá reservarse para ser cubiertas por este personal discapacitado?

a) Un cupo de plazas no inferior al 5% o al porcentaje que se encuentre vigente con carácter general para la función pública.
b) Un número de plazas no superior al 5%.
c) Como mínimo el 33% de las plazas.
d) Dependerá del número de plazas convocadas, no superando, en ningún caso, el 25% de las mismas.

13. Según el artículo 6 de la Ley 55/2003, de 16 de diciembre, del Estatuto Marco del Personal estatutario de los servicios de salud, el personal estatutario sanitario de formación profesional, se divide en:

a) Cuerpo Administrativo y Cuerpo Auxiliar.
b) Grupos C, D, y E.
c) Técnicos de Formación Profesional y otro personal.
d) Técnicos Superiores y Técnicos.

14. Según el artículo 46 de la Ley 55/2003, de 16 de diciembre, del Estatuto Marco del Personal estatutario de los servicios de salud, ¿Cómo se denomina el periodo de tiempo en el que el personal estatutario se encuentra en situación de disponibilidad, que haga posible su localización y presencia inmediata para la prestación de un servicio efectivo, cuando fuera llamado para atender las necesidades asistenciales que eventualmente se puedan producir?

a) Periodo de disponibilidad.
b) Periodo de localización.
c) Periodo de presencia inmediata.
d) Periodo de Atención Continuada.

15. La ordenación del régimen del personal estatutario de los servicios de salud se rige varios principios y criterios. Indique la respuesta correcta:

a) Sometimiento pleno a la ley y el derecho.
b) Libre circulación del personal estatutario en el conjunto del Sistema Nacional de Salud.
c) Planificación eficiente de las necesidades de recursos y programación periódica de las convocatorias.
d) Todas las anteriores son correctas.

16. El personal estatutario de los servicios de salud se clasifica atendiendo a (indique la correcta):

a) La función desarrollada.
b) Al nivel del título exigido para el ingreso.
c) Al tipo de su nombramiento.
d) Todas las anteriores son correctas.

17. Atendiendo al nivel académico del título exigido para el ingreso, el personal estatutario sanitario se clasifica entre otras de la siguiente forma (indique la correcta):

a) Licenciados con o sin título de especialista en Ciencias de la Salud.
b) Diplomados con o sin título de especialista en Ciencias de la Salud.
c) Diplomados sanitarios.
d) Técnicos superiores con o sin título de especialista en Ciencias de la Salud.

Solución al test del tema 3

1. **d)** Servicios especiales.
2. **d)** Encontrarse en situación de servicio activo, con nombramiento de personal estatutario fijo, durante al menos 2 años en la categoría de procedencia.
3. **c)** Se podrá recuperar si acredita la desaparición de la causa que motivó la pérdida de la nacionalidad.
4. **b)** A la función desarrollada, al nivel del título exigido para el ingreso y al tipo de su nombramiento.
5. **b)** Complemento específico.
6. **a)** Las retribuciones correspondientes a las funciones desempeñadas, con excepción de los trienios, que serán los correspondientes a su nombramiento original.
7. **a)** Con una antelación mínima de 15 días a la fecha en la que desee hacerla efectiva.
8. **a)** No inferior a 15 minutos.
9. **c)** Movilidad voluntaria.
10. **c)** Las 00.00 a las 05.00 horas.
11. **b)** Servicio activo.
12. **a)** Un cupo de plazas no inferior al 5% o al porcentaje que se encuentre vigente con carácter general para la función pública.
13. **d)** Técnicos Superiores y Técnicos.
14. **b)** Periodo de localización.
15. **d)** Todas las anteriores son correctas.
16. **d)** Todas las anteriores son correctas.
17. **c)** Diplomados sanitarios.

Test del tema 4

Rodio ediciones

1. En cuanto a la Ley de Salud de Extremadura, indica cuál de las siguientes afirmaciones no es correcta.

a) Será de aplicación a instituciones exclusivamente públicas cuando así se establezca.
b) Será de aplicación a cualquier institución tanto pública como privada cuando así se establezca.
c) Será de aplicación a las administraciones públicas de la Comunidad Autónoma de Extremadura.
d) Será de aplicación a todos los extremeños.

2. ¿En qué título de la Ley de Salud de Extremadura se establece el Plan de Salud de Extremadura?

a) En el título I.
b) En el título II.
c) En el título III.
d) En el título IV.

3. ¿Cuál de las siguientes funciones no corresponde a la dirección gerencia?

a) El nombramiento del personal estatutario fijo.
b) La dirección y coordinación general de la estructura de gestión del Organismo Autónomo.
c) Ordenar los pagos del Organismo Autónomo.
d) La gestión del patrimonio afecto.

4. ¿A quién corresponde la autoridad sanitaria en Extremadura?

a) Al Ministerio de Sanidad.
b) Al Servicio Extremeño de Salud.
c) A la presidencia de la Junta de Extremadura.
d) A la Consejería responsable en materia sanitaria.

5. ¿Qué Ley creó el Servicio Extremeño de Salud?

a) La Ley 10/2001, de 28 de junio.
b) La Ley 10/2002, de 28 de julio.
c) La Ley 18/2001, de 2 de mayo.
d) La Ley 15/2000, de 28 de noviembre.

6. ¿Cuál de los siguientes órganos del Servicio Extremeño de Salud es un órgano de coordinación?

a) La Dirección Gerencia.
b) El Consejo de Dirección.
c) La Secretaría General.
d) La Dirección General de Planificación Económica.

7. **Indique cuál de las siguientes afirmaciones no es correcta. Es función de la Dirección General de Asistencia Sanitaria...**
   a) El control y evaluación de la calidad asistencial.
   b) La planificación operativa de los recursos adscritos a esta Dirección General.
   c) El control sanitario del medio ambiente, sin perjuicio de las competencias atribuidas a otras consejerías.
   d) La elaboración y dirección de los programas asistenciales relacionados con conductas adictivas.

8. **¿Cuántos miembros del Consejo General son designados por la Consejería de Sanidad?**
   a) 1. b) 2. c) 3. d) 4.

9. **¿A los residentes en cualquiera de los municipios de Extremadura, aun no siendo extremeños, les será de aplicación la Ley de Salud de Extremadura?**
   a) No, solo a los extremeños.
   b) No a todos, solo a los naturales de ciertas regiones.
   c) Sí, pero depende su situación legal.
   d) Sí, con independencia de su situación legal o administrativa.

10. **¿A quién corresponde el cese del titular de la Secretaría General?**
    a) Al Consejo de Gobierno de la Junta de Extremadura a propuesta del titular de la Consejería competente en materia sanitaria.
    b) Al titular de la Consejería competente en materia sanitaria.
    c) Al Presidente de la Junta de Extremadura a propuesta del titular de la Consejería competente en materia sanitaria.
    d) Consejo de Gobierno de la Junta de Extremadura a propuesta del Presidente de la Junta de Extremadura.

11. **El Consejo de Dirección no ejercerá funciones de...**
    a) Coordinación.
    b) Proposición.
    c) Deliberación.
    d) Participación.

12. **La Ley de Salud de Extremadura no tiene entre sus principios...**
    a) La eficacia y eficiencia en la asignación, utilización y gestión de los recursos.
    b) La inhibición social, comunitaria y de los trabajadores.
    c) La integración funcional de todos los recursos sanitarios públicos.
    d) La mejora continua de la calidad de los servicios y prestaciones.

13. ¿En qué titulo de la Ley de Salud de Extremadura se regula el régimen sancionador?

a) En el título I.
b) En el título II.
c) En el título III.
d) En el título IV.

14. ¿Cuál de las siguientes funciones corresponde a la dirección general de planificación?.

a) La tramitación de los expedientes de modificaciones de créditos.
b) La gestión económica general del Organismo Autónomo.
c) Ordenar los pagos del Organismo Autónomo.
d) La planificación operativa de los recursos adscritos a esta Dirección General.

15. El Sistema Sanitario Público de Extremadura se basa en una...

a) Organización desconcentrada y no descentralizada.
b) Organización no desconcentrada y descentralizada.
c) Organización desconcentrada y descentralizada.
d) Organización no desconcentrada y no descentralizada.

16. ¿A quién corresponde la provisión de servicios sanitarios en Extremadura?

a) Al Ministerio de Sanidad.
b) Al Servicio Extremeño de Salud.
c) A la presidencia de la Junta de Extremadura.
d) A la Consejería responsable en materia sanitaria.

17. ¿Qué Ley modifica el título de la Sección 1.ª del Capítulo IV del Título I de la Ley 10/2001, de 28 de junio, de Salud de Extremadura?

a) La Ley 7/2010.
b) La Ley 9/2010.
c) La Ley 11/2011.
d) La Ley 7/2011.

18. Los bienes del Servicio Extremeño de Salud se regirán por la normativa contenida en..

a) La Ley General de Hacienda Pública de Extremadura.
b) La Ley de Patrimonio de la Comunidad Autónoma de Extremadura.
c) La Ley de Salud de Extremadura.
d) Todas las anteriores.

19. ¿Cuál de los siguientes órganos del Servicio Extremeño de Salud no es un órgano de dirección y gestión?

a) La Dirección Gerencia.
b) El Consejo General.
c) La Secretaría General.
d) La Dirección General de Planificación Económica.

20. ¿Cuántos miembros del Consejo General son designados por las organizaciones de consumidores y usuarios?

a) 1. b) 2. c) 3. d) 4.

Solución al test del tema 4

1. **a)** Será de aplicación a instituciones exclusivamente públicas cuando así se establezca.
2. **b)** En el título II.
3. **a)** El nombramiento del personal estatutario fijo.
4. **d)** A la Consejería responsable en materia sanitaria.
5. **a)** La Ley 10/2001, de 28 de junio.
6. **b)** El Consejo de Dirección.
7. **c)** El control sanitario del medio ambiente, sin perjuicio de las competencias atribuidas a otras consejerías.
8. **b)** 2.
9. **d)** Sí, con independencia de su situación legal o administrativa.
10. **a)** Al Consejo de Gobierno de la Junta de Extremadura a propuesta del titular de la Consejería competente en materia sanitaria.
11. **b)** Proposición.
12. **b)** La inhibición social, comunitaria y de los trabajadores.
13. **d)** En el título IV.
14. **a)** La tramitación de los expedientes de modificaciones de créditos.
15. **c)** Organización desconcentrada y descentralizada.
16. **b)** Al Servicio Extremeño de Salud..
17. **d)** La Ley 7/2011.
18. **d)** Todas las anteriores.
19. **b)** El Consejo General.
20. **b)** 2.

Materias específicas

eRodio
ediciones

Tema 1

El personal subalterno: funciones del Celador

eRodio ediciones

Índice esquemático

1. **Funciones del Celador**
2. **Tipos de Celadores de Hospital**
   - 2.1. Celador/a de puerta
   - 2.2. Celador/a de urgencias
   - 2.3. Celador/a de planta
   - 2.4. Celador/a de quirófanos
   - 2.5. Celador/a en la U.V.I. (Unidad de Vigilancia Intensiva)
   - 2.6. Celador/a en rehabilitación
   - 2.7. Celador/a de necropsias
   - 2.8. Celador/a de ambulancia
   - 2.9. Celador/a de ambulatorio
   - 2.10. Celador/a vigilante
   - 2.11. Celador/a de lavandería
   - 2.12. Celador/a almacenero
   - 2.13. Celador/a en dependencias administrativas
3. **Funciones del coordinador de personal subalterno**
4. **Funciones de asistencia al personal sanitario facultativo y no facultativo**

1. Funciones del Celador

Las funciones a realizar por los celadores, se recogen en la Orden de 5 de julio de 1971, del Ministerio de Trabajo, por la que se aprueba el Estatuto de Personal no Sanitario al Servicio de las Instituciones Sanitarias de la Seguridad Social (B.O.E. nº 174 de 22 de julio de 1971).

Aunque se ha promulgado el nuevo Estatuto Marco que afecta a todo el personal estatutario del Sistema Nacional de Salud (Ley 55/2003, de 16 de diciembre) y deroga los tres estatutos vigentes hasta la fecha, las funciones recogidas en el antiguo Estatuto continúan vigentes (según la Disposición Transitoria Sexta de la Ley 55/2003).

Dichas funciones son:

1. Tramitarán o conducirán sin tardanza las comunicaciones verbales, documentos u objetos que les sean confiados por sus superiores. Trasladarán de unos servicios a otros los aparatos o mobiliario que se les indique.
2. Harán los servicios de guardia que correspondan dentro de los turnos que se establezcan.
3. Realizarán excepcionalmente aquellas labores de limpieza que se les encomienden cuando su realización por el personal femenino no sea idónea o decorosa en orden a la situación, emplazamiento, dificultad de manejo, peso de los objetos o locales a limpiar.
4. Cuidarán, al igual que el resto del personal, de que los enfermos no hagan uso indebido de los enseres y ropas de la Institución, evitando su deterioro o instruyéndoles en el uso y manejo de las persianas, cortinas y útiles de servicio en general.
5. Servirán de ascensoristas cuando se les asigne especialmente ese cometido o las necesidades del servicio lo requieran.
6. Vigilarán las entradas de la Institución, no permitiendo el acceso a sus dependencias más que a las personas autorizadas para ello.
7. Tendrán a su cargo la vigilancia nocturna, tanto del interior como exterior del edificio, del que cuidarán estén cerradas las puertas de servicios complementarios.
8. Velarán continuamente por conseguir el mayor orden y silencio posible en todas las dependencias de la Institución.
9. Darán cuenta a sus inmediatos superiores de los desperfectos o anomalías que encontraren en la limpieza y conservación del edificio o material.
10. Vigilarán el acceso y estancia de los familiares y visitantes en las habitaciones de los enfermos, no permitiendo la entrada más que a las perso-

nas autorizadas, cuidando no introduzcan en las instituciones más que aquellos paquetes expresamente autorizados por la Dirección.

11. Vigilarán, asimismo, el comportamiento de los enfermos y de los visitantes, evitando que estos últimos fumen en las habitaciones, traigan alimentos o se sienten en las camas y, en general, toda aquella acción que perjudique al propio enfermo o al orden de la Institución.
12. Tendrán a su cargo el traslado de los enfermos, tanto dentro de la Institución como en el servicio de ambulancias.
13. Ayudarán, asimismo, a las Enfermeras y Ayudantes de Planta al movimiento y traslado de los enfermos encamados que requieran un trato especial, en razón de sus dolencias, para hacerles las camas.
14. Excepcionalmente, lavarán y asearán a los enfermos masculinos encamados o que no puedan realizarlo por sí mismos, atendiendo a las indicaciones de las supervisoras de planta o servicio o personas que las sustituyan legalmente en sus ausencias.
15. En caso de ausencia del peluquero o por urgencia en el tratamiento, rasurarán a los enfermos masculinos que vayan a ser sometidos a intervenciones quirúrgicas en aquellas zonas de su cuerpo que lo requieran.
16. En los quirófanos auxiliarán en todas aquellas labores propias del Celador destinado en estos servicios, así como en las que les sean ordenadas por los Médicos, Supervisoras o Enfermeras.
17. Bañarán a los enfermos masculinos cuando no puedan hacerlo por sí mismos siempre de acuerdo con las indicaciones que reciban de las Supervisoras de planta o servicios, o personas que las sustituyan.
18. Cuando por circunstancias especiales concurrentes en el enfermo, no pueda éste ser movido sólo por las Enfermeras o Ayudantes de planta, ayudará en la colocación y retirada de las cuñas para la recogida de excretas de dichos enfermos.
19. Ayudarán a las Enfermeras o personas encargadas a amortajar a los enfermos fallecidos, corriendo a su cargo el traslado de los cadáveres al mortuorio.
20. Ayudarán a la práctica de autopsias en aquellas funciones auxiliares que no requieran por su parte hacer uso de instrumental alguno sobre el cadáver. Limpiarán la mesa de autopsias y la propia sala.
21. Tendrán a su cargo los animales utilizados en los quirófanos experimentales y laboratorios, a quienes cuidarán alimentándolos, manteniendo limpias las jaulas y aseándoles, tanto antes de ser sometidos a las pruebas experimentales como después de aquellas y siempre bajo las indicaciones que reciban de los Médicos, Supervisoras o Enfermeras que les sustituyan en sus ausencias.

22. Se abstendrán de hacer comentarios con los familiares y visitantes de los enfermos sobre diagnósticos, exploraciones y tratamientos que se estén realizando a los mismos, y mucho menos informar sobre los pronósticos de su enfermedad, debiendo siempre orientar las consultas hacia el Médico encargado de la asistencia del enfermo.
23. También serán misiones del Celador todas aquellas funciones similares a las anteriores que les sean encomendadas por sus superiores y que no hayan quedado específicamente reseñadas.

El Sistema Extremeño de Salud (SES) ha decidido crear una nueva función de "celadores de atención continuada" dentro de la categoría estatutaria de celador con el fin de "reconocer" las funciones que desempeñan estos empleados en sus puestos de trabajo y las condiciones bajo las que las realizan.

Mediante Resolución de 30 de enero de 2015, de la Dirección Gerencia, se modifica puntualmente la estructura funcional de la plantilla del personal estatutario del Organismo Autónomo (Resolución de 2 de febrero de 2010 "DOE de 26 de febrero" de la Dirección Gerencia del Organismo Autónomo, Servicio Extremeño de Salud, por la que se aprueba la estructura funcional de la plantilla de personal estatutario de dicho Organismo para las plazas básicas y plazas singularizadas).

Así, se reconocerán las condiciones y dificultades que tienen a la hora de desempeñar su trabajo en un PAC, ya que se enfrentan a jornadas de trabajo con turnos de 24 horas, realizando además en ocasiones, labores "adicionales" a las propias del puesto de trabajo.

De este modo, el celador de atención continuada se diferenciará del celador de equipo de atención primaria y del celador de apoyo a la atención primaria al ejercer unas funciones específicas que "deben ser reconocidas". Entre ellas, destaca que su jornada se desarrolla "principalmente" en horarios nocturnos, en días festivos y se enfrentan a jornadas laborales "más complicadas".

No se trata de la creación de una nueva categoría, sino de desagregar las funciones del resto de los celadores de los EAP. Todo ello con el fin de poder retribuir a estos celadores los festivos y noches que vienen realizando.

2. Tipos de Celadores de Hospital

Existen diferentes tipos de Celadores, tales como: Celador de ambulatorio, de puerta, de vigilancia, de rehabilitación, de planta, de lavandería, de necropsias, de urgencias, Celador de almacén, de quirófanos, de ambulancia, de dependencias administrativas, Celador encargado de turno, de UVI y más, todos y cada uno de ellos son necesarios para preservar el buen funcionamiento de las instalaciones hospitalarias.

En este sentido, las funciones de los Celadores/as pueden variar **dependiendo del tipo de profesional que se trate**, las detallamos a continuación.

2.1. Celador/a de puerta

Se trata de un tipo de **Celador/a**, que como su nombre lo indica, se encuentra en la **entrada al centro de salud**. Por lo tanto, es la primera persona con la que tiene contacto el paciente o quien acuda por atención médica. El puesto requiere facilidad de palabra, extroversión, paciencia, amabilidad y comprensión para atender y contestar las preguntas que pueden formularle y estén dentro de su competencia. Sus principales tareas son:

- Controlar la entrada de toda persona ajena a la institución.
- Vigilar la salida de los enfermos, quienes deberán acreditar su autorización para abandonarla.
- Informar de las consultas externas, indicando lugar, día y hora de las mismas.
- Vigilar que se cumpla la correcta aplicación de todas las normas de uso respecto a las instalaciones del centro de salud.

2.2. Celador/a de urgencias

Las funciones de un **celador/a de urgencia** incluyen el traslado de la persona enferma a la consulta con el médico de guardia en la zona de urgencias. En caso de ser necesario, deberán utilizarse una camilla o una silla de ruedas para el traslado del paciente. Asimismo, debe hacerse cargo de colocar al enfermo en la mesa de reconocimiento, apoyado por personal auxiliar sanitario. Al finalizar la consulta, el paciente deberá ser trasladado a la zona que corresponda.

Cuando sea necesario, también hace entrega del enfermo al Celador/a de Planta y vuelve a su sitio inicial de Urgencias.

Este puesto concreto y de funciones limitadas requiere, no obstante, dinamismo, humanismo, paciencia y espíritu de equipo.

2.3. Celador/a de planta

Básicamente su función es la de **recibir a los enfermos que llegan a planta**, para posteriormente dirigirlos a su habitación. Asimismo tendrá que hacerse cargo de controlar la asistencia, así como la permanencia de los visitantes. Al igual que el Celador/a de Urgencias, es un puesto que requiere dinamismo, humanismo, paciencia y espíritu de equipo. Sus funciones son muy variadas como variado es el trabajo en una planta hospitalaria:

- Se hace cargo de los enfermos que llegan a la planta.
- Dirige al enfermo a la habitación designada ayudando a encamarlo al personal Auxiliar Sanitario, llevando el carro o camilla a su procedencia.
- Traslada a los enfermos en la cama al servicio designado por el médico.
- Ayuda a lavar a los enfermos masculinos, procurando hacerlo con cuidado y agrado.
- Afeita a los enfermos aquellas zonas designadas por el médico para una intervención u otro tipo de asistencia en caso de ausencia del peluquero.
- Coloca y quita "cuñas", ayudando a la enfermera cuando, por circunstancias especiales, no pueda hacerlo sola.
- Atiende a los órdenes del médico o enfermera respecto a la distribución de la "farmacia pesada".
- Traslada aparatos y material haciéndolo con cuidado para no deteriorarlos.
- Retira de los almacenes el material de la planta que haya sido autorizado, así como entrega el ce desecho.
- Conserva y vigila el material y enseres de la Institución.
- Impide que los enfermos y acompañantes hagan mal uso del material.
- Controla la entrada y salida de visitantes.
- Enseña, si es necesario, a usar bien los ascensores.
- Invita a abandonar la institución a todos aquellos visitantes que no justifiquen su permanencia en la misma con educación y buenas formas.
- Lleva informes verbales o escritos a los servicios que le sean ordenados procurando hacerlo con diligencia y rapidez.
- Transporta y coloca (cuando no existe instalación centralizada) la botella de oxígeno a la cabecera del enfermo bajo la vigilancia de la enfermera adaptando el manómetro y abriendo la botella.
- Ayudará a las enfermeras a amortajar a los fallecidos vistiéndolos con una sábana antes de trasladarlos al mortuorio. El cadáver debe ser retirado con discreción en una camilla procurando que los demás enfermos no se enteren de la muerte. Cuidará que no se pierda la tarjeta de identifica-

ción del cadáver y al transportarlo se pedirá a los pacientes deambulantes que se retiren a sus habitaciones durante el tiempo necesario para pasar el vestíbulo a pasillos.

- Dará cuenta a sus superiores de cualquier anomalía en la conservación del edificio o material.

2.4. Celador/a de quirófanos

Las **funciones de un Celador/a de quirófano** son parecidas a las de un celador/a de planta, solo que en este caso también debe ayudar a movilizar la mesa de operaciones, así como brindar soporte al personal de auxiliar sanitario.

En caso de llegar al Hospital un enfermo grave por accidente que precise de inmediato intervención quirúrgica y su estado de limpieza no sea adecuado, ayudará al lavado y preparación del mismo, procurando, al igual que con los enfermos cardíacos el moverlos lo menos posible.

Para entrar el Celador/a de quirófanos, deberá llevar un uniforme aséptico, con mascarilla y gorro y durante la intervención permanecerá en el antequirófano por su precisaran sus servicios.

2.5. Celador/a en la U.V.I. (Unidad de Vigilancia Intensiva)

Los celadores/as destinados en esta Unidad, por las características de los enfermos encamados, deben estar muy bien preparados en el movimiento de los mismos, ya que su movilidad no puede hacerse bruscamente.

En cuanto al movimiento de los enfermos y su adiestramiento, el Celador/a debe conocer someramente algunas posiciones tales como "decúbito supino", de espaldas, "decúbito prono", boca abajo, "decúbito lateral", de costado.

2.6. Celador/a en rehabilitación

Hacen el trabajo de planta ayudando al movimiento de los enfermos en los ejercicios de rehabilitación, ayudando a los Fisioterapeutas. Se requiere para este puesto condiciones físicas suficientes dado el esfuerzo a realizar.

2.7. Celador/a de necropsias

Trasladarán los cadáveres al mortuorio y en caso de precisar autopsia, colocarán el cuerpo en la mesa donde hayan de practicársela. Ayudarán en la misma en todo aquello que no requiera hacer uso de instrumental sobre el cadáver y lo asearán, cuidando el aspecto externo del difunto colocándolo en el mortuorio de tal forma que parezca dormido, siendo de su competencia la limpieza de la mesa, sala e instrumental empleado.

Tendrán también a su cargo la limpieza, cuidado y alimentación de los animales experimentales que se utilicen en los laboratorios.

Aparte de estas misiones específicas, tendrán las generales de todo Celador/a, tales como traslados de documentos, materiales, vigilancia, etc.

2.8. Celador/a de ambulancia

En el Servicio de Urgencia y en las ambulancias, debe ir un Celador/a cuya misión será bajar en camilla o silla a los enfermos desde el piso a la ambulancia. Durante el transporte debe ir junto al enfermo en el asiento que existe en toda ambulancia y avisar al personal Técnico Titulado de cualquier anomalía que observe en el paciente.

2.9. Celador/a de ambulatorio

Las funciones en Ambulatorios son similares a las que desarrollan los Celadores/as de Puertas en un Hospital.

- Cuidan del orden en todas las dependencias.
- Vigilan el comportamiento de enfermos y familiares.
- Velan por conseguir silencio.
- Informan al público sobre lugar, día y horario de consultas.
- Tienen a su cargo el traslado de enfermos que no puedan valerse por sí solos.
- Ayudan al personal sanitario en las pequeñas intervenciones quirúrgicas.
- Trasladan documentación, objetos y materiales, etc.

2.10. Celador/a vigilante

Tienen por misión la vigilancia nocturna interior y exterior del edificio, cuidando de que queden bien cerradas las puertas de servicios complementarios, cuidan de los aparcamientos, se encargan de las luces, tanto interiores como exteriores y dan parte por escrito a sus Superiores de cualquier anomalía que observe.

2.11. Celador/a de lavandería

Carga, descarga y pesa la ropa procedente de los Centros, clasifican la misma para su lavado en las "calandras" o bombos, llenan los "conectadores" de ropa limpia y ayuda a la carga en los camiones para su transporte.

2.12. Celador/a almacenero

Destinados a los Almacenes para carga, descarga, colocación y entrega de los productos o materiales que le sean solicitados mediante vale autorizado por la superioridad. Cuidarán del orden en el almacén y dará cuenta diariamente de las entradas y salidas que se produzcan.

2.13. Celador/a en dependencias administrativas

Su función consiste primordialmente en el traslado de documentación y correspondencia de unas Unidades a otras con la mayor diligencia, siendo también de su competencia las salidas al exterior de la Institución con dicha finalidad.

3. Funciones del coordinador de personal subalterno

Sin perjuicio de las que independientemente puedan confiársele por el Director Gerente y el Director de Gestión y Servicios Generales de la Institución sanitaria, al coordinador de personal subalterno le corresponde la ejecución de las siguientes funciones:

a) Por delegación del Director de Gestión y Servicios Generales, ejercerá la jefatura del personal de Celadores y ordenará y dirigirá el cumplimiento de sus cometidos.

b) Instruirá convenientemente al personal a sus órdenes, para que la realización de su trabajo sea eficaz y de calidad.

c) Constatará que el personal de oficio y subalterno cumple el horario establecido en la Institución y permanece constantemente en su puesto de trabajo.

d) Vigilará personalmente la limpieza de la Institución.

e) Ejercerá el debido y discreto control de paquetes y bultos de que sean portadoras las personas ajenas a la Institución que tengan acceso a la misma.

f) Mantendrá el régimen establecido por la Dirección para el acceso de enfermos, visitantes y personal a las distintas dependencias de la Institución.

g) Cuidará del orden en el edificio, dando cuenta al Director de Gestión y Servicios Generales de los desperfectos o alteraciones que encuentre.

h) Cuidará de la compostura y aseo del personal a sus órdenes, revisando y exigiendo que vistan el uniforme reglamentario.

i) Informará a los familiares de los fallecidos en la Institución, sobre los trámites precisos para llevar a cabo los enterramientos y, en caso necesario, les pondrá en contacto con la oficina administrativa correspondiente para completar dicha información.

j) Realizará aquellas funciones de entidades análogas a las expuestas que les sean ordenadas por el Director Gerente o del Director de Gestión y Servicios Generales de la Institución.

4. Funciones de asistencia al personal sanitario facultativo y no facultativo

- El celador es el personal estatutario encargado de distribuir documentación y pequeños objetos que deben ser enviados a las distintas unidades que conforman el centro asistencial.

  Debe hacerlo con rapidez, diligencia, orden y seguridad, adoptando las medidas adecuadas para que los documentos u objetos confiados lleguen a su destino sin deterioro.

  Tiene el deber de cooperar en el mantenimiento y confidencialidad de la documentación de que se le hace entrega para su transporte. Al igual que el resto del personal al servicio de las instituciones sanitarias, el celador se atendrá al deber de reserva y sigilo respecto de la información de las historias clínicas y documentación complementaria de los pacientes.

  En el cumplimiento de su cometido se conducirá con discreción, no divulgará el contenido de las comunicaciones verbales que deba pasar, especialmente cuando la información que facilitar tenga que ver con el estado de salud del paciente, y mucho menos informar a familiares, acompañantes u otras personas del contenido de los documentos relativos a los procesos asistenciales del enfermo, aunque los conozca.

  El precepto de reserva es inviolable. La no observancia de lo establecido anteriormente será motivo de sanción disciplinaria.

- Trasladará, en su caso, de unos servicios a otros los aparatos o mobiliario que se le indique.

Para el traslado de muebles, equipos y material, el celador se personará en la unidad peticionaria una vez recibida la solicitud de traslado y efectuará el porte. Una vez realizado el traspaso, pedirá conformidad del mismo.

Igualmente, el celador retirará las camas en mal estado, o colchones, para su restauración y conservación, cumpliendo siempre el horario, rutas y prioridades marcadas.

- Tendrá a su cargo el traslado de los enfermos, tanto dentro de la institución como en el servicio de ambulancias.

  Durante el traslado de un enfermo, ya sea en silla de ruedas o en cama hospitalaria, el celador estará pendiente del estado físico del paciente y de su bienestar. Su objetivo es que este realice el trayecto seguro, cómodo y abrigado convenientemente, y nunca lo dejará solo.

  Se prohíbe al celador dar información de la situación clínica actual del paciente a los familiares u otras personas, y se abstendrá de hacer comentarios acerca del estado de salud del paciente durante el traslado de los enfermos o en cualquier otra circunstancia.

- Ayudará a las enfermeras y auxiliares de planta al movimiento y traslado de los enfermos encamados, que requieran un trato especial en razón a sus dolencias, para hacerles las camas.
- Cuando por circunstancias especiales concurrentes en el enfermo no pueda éste ser movido solo por la enfermera o ayudante de planta, ayudará en la colocación y retirada de las cuñas para la recogida de excretas de dichos enfermos.
- Excepcionalmente, lavará y aseará a los enfermos masculinos encamados o que no puedan realizarlo por sí mismos, atendiendo a las indicaciones de las supervisoras de planta o de servicio.

  Bañará a los enfermos masculinos cuando no puedan hacerlo por sí mismos, siempre de acuerdo con las indicaciones que reciban de las supervisoras de planta o servicio o personas que las sustituyan.

- Realizará excepcionalmente aquellas labores de limpieza que se le encomienden cuando su realización por el personal femenino no sea idónea o decorosa en orden a la situación, emplazamiento, dificultad de manejo, peso de los objetos o locales que limpiar.
- Rasurará a los enfermos masculinos que vayan a ser sometidos a intervenciones quirúrgicas en aquellas zonas de su cuerpo que lo requieran, en caso de ausencia del peluquero o por urgencia en el tratamiento.
- En los quirófanos auxiliará en todas aquellas labores propias del celador destinado en estos servicios, así como en las que les sean ordenadas por los médicos, supervisoras o enfermeras.

- Ayudará a las enfermeras o personas encargadas a amortajar a los enfermos fallecidos, corriendo a su cargo el traslado de los cadáveres al mortuorio.
- Ayudará a la práctica de autopsias en aquellas funciones auxiliares que no requieran por su parte hacer uso de instrumental alguno sobre el cadáver. Limpiarán la mesa de autopsias y la propia sala.
- Tendrá a su cargo los animales utilizados en los quirófanos experimentales y laboratorios, a quienes cuidarán alimentándolos, manteniendo limpias las jaulas y aseándolos, tanto antes de ser sometidos a las pruebas experimentales como después de aquellas y siempre bajo las indicaciones que reciban de los médicos, supervisoras o enfermeras que les sustituyan en sus ausencias.
- Asimismo será función del celador realizar todas aquellas tareas similares a las anteriores que le sean encomendadas por sus superiores y que no hayan quedado específicamente reseñadas en los apartados anteriores.

Tema 2

Funciones de vigilancia. Actuaciones del Celador con los familiares del enfermo

eRodio ediciones

Índice esquemático

1. Funciones de vigilancia

Como ya hemos visto en el tema anterior, la promulgación del Estatuto Marco del Personal Estatutario de los Servicios de Salud (Ley 55/2003, de 16 de diciembre) derogó los antiguos estatutos sobre Personal no Sanitario al Servicio de las Instituciones Sanitarias de la Seguridad Social, no así, sus apartados referentes a las funciones de cada categoría, que continúan aún vigentes (según la Disposición Transitoria Sexta de la citada ley).

Una de las funciones del Celador es la vigilancia (de hecho, si buscamos celador en el Diccionario de la RAE nos refiere, persona destinada por la autoridad para ejercer la vigilancia), tanto de las entrada de la Institución, como el acceso y estancias de los familiares y visitas de los enfermos, así como el comportamiento de los enfermos y visitantes dentro de la Institución.

Por ello, las funciones de vigilancia de un celador/a relacionadas con el centro asistencial, serán:

1. Vigilarán las entradas al centro sanitario, no permitiendo el acceso a sus dependencias más que a las personas autorizadas, conforme a las instrucciones recibidas.
2. Podrán exigir la identificación de las personas que estando en las dependencias hospitalarias no lleve tarjeta identificativa.
3. Se encargarán de la vigilancia nocturna tanto del interior como del exterior de los recintos hospitalarios.
4. Comprobarán que las puertas de los edificios sanitarios complementarios se encuentren debidamente cerradas.
5. Darán cuenta a sus inmediatos superiores de los desperfectos o anomalías que encuentren en la limpieza y conservación del edificio y material.
6. Tendrán a su cargo las luces del edificio, apagando las que no sean necesarias y encendiendo las correspondientes.
7. Controlarán el acceso a las distintas estancias por parte de los familiares de los enfermos.
8. También serán los encargados de controlar el paso de aquellas personas que aun trabajando en el centro hospitalario, no formen parte de las zonas a las que quieren acceder. A estas personas se les procederá a controlar pidiéndoles su identificación. Puede ser el caso –por ejemplo– de los repartidores que acuden a los hospitales, los mensajeros, carteros…
9. Velarán continuamente por conseguir el mayor orden y silencio posible en todas las dependencias.

10. Cuidarán, al igual que el resto del personal, de que los enfermos no hagan uso indebido de los enseres y ropa del centro, evitando su deterioro e instruyéndoles en el uso.
11. Serán los responsables de avisar a sus superiores de cualquier anomalía o desperfecto que puedan observar.
12. También vigilarán a los enfermos, los cuales deberán enseñar su informe de alta médica para poder abandonar cualquier institución sanitaria.

Con respecto a la vigilancia relacionada con los enfermos, familiares y visitantes:

- Cuidarán de que se cumplan las normas de acceso; horario de visitas, número de familiares y visitantes autorizados, prohibición de fumar, introducción de alimentos, que deambulen por zonas de paso restringidas.

Por otra parte, el Celador, dada su movilidad en las Instituciones, puede llegar a enterarse del estado de un paciente, del diagnóstico, de una posible intervención, etc. Por ello está obligado a guardar silencio acerca de todo lo que conozca a causa del ejercicio de su profesión, ante los enfermos, familiares, visitantes, compañeros e incluso personas ajenas a su trabajo. Callará incluso las cosas que crea que no tienen importancia. Si es interrogado por la familia no deberá dar ninguna información sobre el estado del enfermo, sino dirigirla amablemente hacia el personal facultativo que es el único autorizado para dar explicaciones en estos casos.

Recordemos siempre que el Celador, no ofrece información con respecto al estado del enfermo, esa labor corresponde al personal facultativo.

2. Relación del Celador con los familiares de los enfermos

2.1. Servicio de información

La orientación en información que debe facilitar el celador a los usuarios se enmarca dentro del derecho “a la información sobre los servicios sanitarios a que puede acceder y sobre los requisitos necesarios para su uso” que reconoce el artículo 10.2 de la Ley general de sanidad a los usuarios de las administraciones públicas sanitarias y el capítulo II de la Ley 41/2002, de 14 de noviembre, básica reguladora de la autonomía del paciente y de derechos y obligaciones en materia de información y documentación clínica.

2.2. Principios básicos de la Ley 41/2002

A este respecto, vamos a analizar los derechos y obligaciones de los pacientes en materia de información, basándonos en la citada Ley 41/2002, básica reguladora de la autonomía del paciente y de derechos y obligaciones en materia de información y documentación clínica.

Son conceptos que debe conocer y tener en cuenta el Celador que desarrolla su actividad en los centros sanitarios:

- La dignidad de la persona humana, el respeto a la autonomía de su voluntad y a su intimidad orientarán toda la actividad encaminada a obtener, utilizar, archivar, custodiar y transmitir la información y la documentación clínica.
- Toda actuación en el ámbito de la sanidad requiere, con carácter general, el previo consentimiento de los pacientes o usuarios. El consentimiento, que debe obtenerse después de que el paciente reciba una información adecuada, se hará por escrito en los supuestos previstos en la Ley.
- El paciente o usuario tiene derecho a decidir libremente, después de recibir la información adecuada, entre las opciones clínicas disponibles.
- Todo paciente o usuario tiene derecho a negarse al tratamiento, excepto en los casos determinados en la Ley. Su negativa al tratamiento constará por escrito.
- Los pacientes o usuarios tienen el deber de facilitar los datos sobre su estado físico o sobre su salud de manera leal y verdadera, así como el de colaborar en su obtención, especialmente cuando sean necesarios por razones de interés público o con motivo de la asistencia sanitaria.
- Todo profesional que interviene en la actividad asistencial está obligado no sólo a la correcta prestación de sus técnicas, sino al cumplimiento de los deberes de información y de documentación clínica, y al respeto de las decisiones adoptadas libre y voluntariamente por el paciente.
- La persona que elabore o tenga acceso a la información y la documentación clínica está obligada a guardar la reserva debida.

Los pacientes tienen derecho a conocer, con motivo de cualquier actuación en el ámbito de su salud, toda la información disponible sobre la misma, salvando los supuestos exceptuados por la Ley.

Además, toda persona tiene derecho a que se respete su voluntad de no ser informada. La información, que como regla general se proporcionará verbalmente dejando constancia en la historia clínica, comprende, como mínimo, la finalidad y la naturaleza de cada intervención, sus riesgos y sus consecuencias.

La información clínica forma parte de todas las actuaciones asistenciales, será verdadera, se comunicará al paciente de forma comprensible y adecuada a sus necesidades y le ayudará a tomar decisiones de acuerdo con su propia y libre voluntad.

El médico responsable del paciente le garantiza el cumplimiento de su derecho a la información. Los profesionales que le atiendan durante el proceso asistencial o le apliquen una técnica o un procedimiento concreto también serán responsables de informarle.

El titular del derecho a la información es el paciente. También serán informadas las personas vinculadas a él, por razones familiares o de hecho, en la medida que el paciente lo permita de manera expresa o tácita.

El paciente será informado, incluso en caso de incapacidad, de modo adecuado a sus posibilidades de comprensión, cumpliendo con el deber de informar también a su representante legal.

Cuando el paciente, según el criterio del médico que le asiste, carezca de capacidad para entender la información a causa de su estado físico o psíquico, la información se pondrá en conocimiento de las personas vinculadas a él por razones familiares o de hecho.

El derecho a la información sanitaria de los pacientes puede limitarse por la existencia acreditada de un estado de necesidad terapéutica.

Los ciudadanos tienen derecho a conocer los problemas sanitarios de la colectividad cuando impliquen un riesgo para la salud pública o para su salud individual, y el derecho a que esta información se difunda en términos verdaderos, comprensibles y adecuados para la protección de la salud, de acuerdo con lo establecido por la Ley.

Toda persona tiene derecho a que se respete el carácter confidencial de los datos referentes a su salud, y a que nadie pueda acceder a ellos sin previa autorización amparada por la Ley.

Los centros sanitarios adoptarán las medidas oportunas para garantizar los derechos a que se refiere el apartado anterior, y elaborarán, cuando proceda, las normas y los procedimientos protocolizados que garanticen el acceso legal a los datos de los pacientes.

Toda actuación en el ámbito de la salud de un paciente necesita el consentimiento libre y voluntario del afectado, una vez que, recibida la información necesaria, haya valorado las opciones propias del caso.

El consentimiento será verbal por regla general. Sin embargo, se prestará por escrito en los casos siguientes:

- Intervención quirúrgica.

- Procedimientos diagnósticos y terapéuticos invasores.
- En general, aplicación de procedimientos que suponen riesgos o inconvenientes de notoria y previsible repercusión negativa sobre la salud del paciente.

Todo paciente o usuario tiene derecho a ser advertido sobre la posibilidad de utilizar los procedimientos de pronóstico, diagnóstico y terapéuticos que se le apliquen en un proyecto docente o de investigación, que en ningún caso podrá comportar riesgo adicional para su salud.

El paciente puede revocar libremente por escrito su consentimiento en cualquier momento.

2.3. Características de la atención al usuario

La consideración y el respeto hacia las personas que usan los servicios sanitarios podemos concebirlos como las más importantes características de la atención al usuario.

Las características generales de esta atención pueden ser:

- Respetar las diferencias y ofrecer atención en condiciones de equidad e igualdad.
- No admitir tratos discriminatorios a los usuarios, ni diferencias en la atención sanitaria, a los pacientes por su etnia, religión, clase social, sexo, orientación sexual, estado civil, aspecto físico, etc...
- No permitir la utilización de términos despectivos ni marginadores.
- Si se priorizase la atención de un paciente sobre otro, ello obedecería a criterios estrictamente profesionales, clínicos y según las normas establecidas.
- La equidad también supone que deban utilizarse más medios con aquellos pacientes que así lo ameriten, ya que requieren una asistencia más compleja y con más recursos técnicos y humanos.
- No se realizarán juicios morales sobre el comportamiento de los pacientes; por ejemplo, en personas que padecen enfermedades de transmisión sexual.
- Cuando un Facultativo se acoja a la objeción de conciencia, para la realización de determinadas intervenciones, deberá dirigir a los pacientes a otros profesionales que puedan atender a sus necesidades.
- Se evitará la utilización de adjetivos peyorativos y juicios de valor en la descripción de las personas.

- Comprender y respetar la intimidad de las personas que usan los servicios.
- Propiciar espacios y condiciones para que la comunicación clínica pueda realizarse de manera reservada, sin la presencia de personas ajenas.
- No hacer coincidir diversos pacientes en la misma consulta.
- En el caso en que se requiera la presencia de varios profesionales, no se realizarán comentarios personales que no interesen a esos otros profesionales. La presencia de profesionales en formación se permitirá siempre que ello no violente al paciente.
- Informar sobre enfermedad y muerte de manera delicada, reservada y confidencial.
- Dar la oportunidad a los usuarios de expresarse y responder a sus dudas con serenidad.
- Proteger la confidencialidad de todos los datos de los usuarios: tanto personales como sanitarios.
- No deben incluirse en la Historia clínica del paciente datos íntimos e irrelevantes con respecto al tratamiento clínico.
- Mantener la confidencialidad como principio general.
- La información personal del usuario es tanto la información personal administrativa (nombre, dirección, estado civil, etc...) como los registros clínicos, se haya obtenida verbalmente o mediante documentos escritos.
- La información personal de los usuarios, que deben manejar los profesionales, solo será utilizada para los servicios que se les preste en dicha organización.
- Se cuidará de que los profesionales que accedan a la información personal sean aquellos que la necesiten, a fin de que los servicios al usuario sean efectivos.
- Dentro de los límites permitidos, se garantizará que la información personal que exponga un usuario a un profesional, y que desee mantener reservada, sea respetada.
- Los profesionales localizarán un lugar reservado para conversar acerca de un paciente, cuando el tema de la conversación así lo precise.
- Antes de ofrecer un parte médico sobre "personajes públicos" los profesionales deberán recabar el consentimiento del paciente o de sus familiares.
- Las Historias clínicas y la documentación clínica no deben circular ni estar expuestas en sitios públicos.
- La amabilidad será señal de profesionalidad y de respeto.

- El profesional de la institución sanitaria debe mantener la cortesía y las buenas maneras, como muestra del respeto mutuo necesario en el proceso asistencial. Aunque el usuario pueda perder la paciencia, el profesional no debe hacerlo.
- El tratamiento que debe utilizarse para dirigirse a los usuarios adultos debe ser siempre "usted". A los usuarios mayores de edad debe tratarse de modo respetuoso.

2.4. Funciones del Celador con relación a la información

Como ya hemos visto, el artículo 14.2 del Estatuto del Personal no sanitario establece, como primera función de los celadores que: "tramitarán o conducirán sin tardanza las comunicaciones verbales que le sean confiadas por sus superiores".

Ello implica que los celadores han de transmitir a compañeros, subordinados, familiares de los pacientes o público en general, las comunicaciones verbales (instrucciones, mensajes, avisos...) que les indiquen sus superiores o profesionales autorizados, por delegación de estos.

En consecuencia, los celadores tienen atribuida, entre otras, la función de transmitir información.

Respecto a la orientación, el celador remitirá al usuario al servicio o unidad por la que pregunte y, en caso de duda, al servicio de atención al paciente.

Los datos que constituyan el contenido de la orientación serán transmitidos de forma comprensible y amable.

Algunas de las tareas de los celadores relativas al área de actividad y orientación de los pacientes y familiares son:

- Avisar a los acompañantes de los familiares asistidos en urgencias que pasen a las dependencias en la que van a ser informados de la asistencia y evolución del paciente.
- Llamar a los familiares de los enfermos intervenidos para que el médico les informe del desarrollo de la intervención.
- Avisar a los familiares del paciente que va a ingresar en planta para que (al menos uno) le acompañe.

La información al público debe ser clara, completa, amable, sencilla para poder ser entendida por cualquier persona.

El Celador, dada su movilidad en las Instituciones, puede llegar a enterarse del estado de un paciente, del diagnóstico, de una posible intervención, etc... por ello está obligado a guardar silencio acerca de todo lo que conozca a causa del ejercicio de su profesión, ante los enfermos, familiares, visitantes, compañeros e incluso personas ajenas a su trabajo.

Si es interrogado por la familia no deberá dar ninguna información sobre el estado del enfermo, sino dirigirla amablemente hacia el personal facultativo.

En resumen, la atención al enfermo y a los familiares se concreta en las siguientes funciones:

a) **Orientación al usuario durante su estancia en el Centro Sanitario**, referida al propio Centro:
   - Ubicación de los Servicios y Unidades del Centro.
   - Horario de los distintos servicios.
   - Información a los pacientes sobre las horas de visita y consulta para la información médica.

b) **Atención personalizada a familiares**:
   - Disminuir la preocupación de los familiares.
   - Información a los familiares sobre la planta o Servicio en el que se encuentra el paciente, incidencias, tiempos de espera, traslados, etc.
   - Localización de familiares por el servicio de megafonía para traslado de avisos, información o llamadas telefónicas del exterior.
   - Canalizar las quejas, reclamaciones y sugerencias de los usuarios.

Por las características del trabajo del Celador, debe tener en cuenta que, en determinados momentos, puede llegar a ser alguien vital para quien le consulta, sea éste familiar o paciente, por lo tanto, debe proceder con sumo cuidado teniendo conciencia del efecto de sus actos y palabras hacia dichas personas.

Además, el Celador siempre debe tener muy presente que va a tratar en muchos casos a personas que sufren y que, por lo tanto, su comportamiento delante de ellos o sus familiares ha de ser siempre muy humano y delicado; ya que, en éstas circunstancias, el enfermo y los familiares son más susceptibles y detectan con mayor facilidad los pequeños detalles.

Los celadores tienen encomendadas también funciones de vigilancia, tanto en el acceso y estancia de familiares y visitantes como en el acceso a las entradas de la institución.

Tema 3

Actuación en las habitaciones de los enfermos y las estancias comunes. Aseo del paciente

eRodio ediciones

Índice esquemático

1. Actuaciones en las habitaciones de los enfermos y las estancias comunes

1.1. Unidad del paciente

Se considera unidad del paciente el espacio que ocupará éste durante su estancia en el hospital, esto es, su habitación. Hay que procurar que ésta sea lo más agradable, cómoda y limpia posible en base a una serie de puntos mínimos:

- La habitación tendrá un máximo de cuatro camas, una mesilla por usuario, armarios, sillas y como ideal un baño por habitación.
- El espacio entre cama y mesilla ha de ser suficiente para posibilitar al personal sanitario la realización de sus actividades con comodidad. El espacio entre cama y cama y pared lateral será de 1,20 m aproximadamente.
- Habrá por cama y enfermo una toma de oxígeno, una de vacío, una cuña y botella, un timbre de alarma, barandillas si son necesarias…
- La luz será preferentemente natural y, en su defecto, lo más moderada posible.
- El tono de las paredes será de colores no estresantes, pastel y mate.
- Ideal que las salas fuesen insonorizadas y, si no, se favorecerá un ambiente lo más tranquilo posible.
- La temperatura oscilará entre 18 y 22 grados.
- Mobiliario y accesorios de la habitación.

Su finalidad será proporcionar la mayor comodidad al paciente, como el carro-bandeja para tomar comidas en la cama, biombo o cortinas para preservar la intimidad.

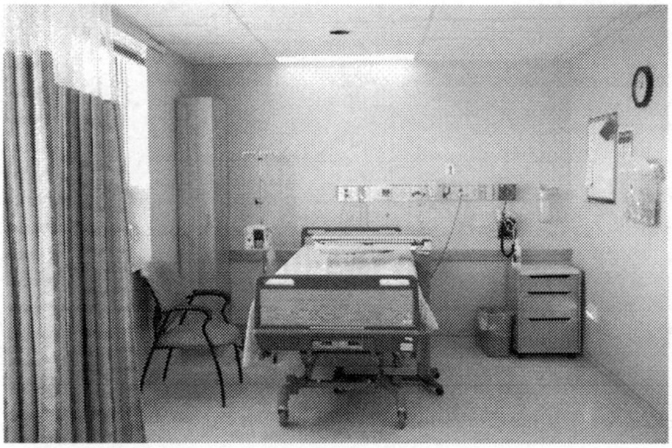

1.2. Instalaciones colindantes a la habitación

Deberá existir un teléfono cercano, pasillos amplios, suelos antideslizantes, biblioteca, sala de televisión, salas de juegos, sala de visita.

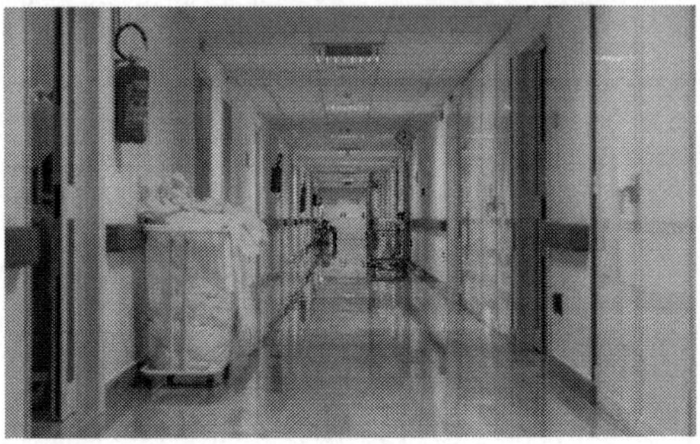

1.3. La cama hospitalaria

Debe posibilitar que el paciente se encuentre cómodo y que el personal sanitario realice sus funciones con facilidad. Una medida de aproximadamente 210 cm. de largo, con espacio entre el colchón y el cabecero o piecero, que serán desmontables. La anchura debe ser de un metro y la altura graduable entre 50 y 90 cm. La espalda y los pies deben poder elevarse a distintos ángulos. La cama llevará cuatro ruedas bloqueables permitiendo el traslado y acción de sus mecanismos por una sola persona.

1.3.1. Partes de la cama

- **Colchón**. Puede ser anti escaras o de presión alternante que estimula la circulación cutánea para prevenir las úlceras por presión.
- **Ropa de cama**. Funda de colchón con dos caras, una absorbente y otra impermeable. Sábanas y entremetidas de algodón. Hule; actualmente se usan pañales abiertos entre la sábana bajera y la entremetida. Manta de lana. Colcha exterior. Almohada, será blanca y baja.

1.3.2. Accesorios de la cama

- Barandilla, para evitar caídas en pacientes con esta posibilidad.
- Arco de protección, para evitar el roce del paciente con las sábanas.

- Armazón de Bolkman, atraviesa la cama sosteniéndose por un asta al piecero, facilita la incorporación del paciente mediante un trapecio que le sirve de apoyo.
- Soporte para los pies. Tableros que se ajustan para evitar la aparición de edemas. Suelen emplearse férulas anti rotación para inmovilizar el pie y mantenerlo en posición anatómica.
- Tablas para fracturas o de cama. Para pacientes traumatológicos proporciona dureza y rigidez favoreciendo la posición anatómica del cuerpo.
- Protectores de barandilla. Para evitar que el paciente se lesione si se golpea con la barandilla.
- Cuñas tope o quesitos. Acolchados de forma triangular que mantienen la estabilidad del paciente.
- Soporte o pie de suero. Desde la cama o portátil, sostiene las botellas de suero.

1.3.3. Tipos de camas

- **Camillas de exploración**. Sirven para la exploración y el transporte del paciente. Se utilizan en los consultorios de los hospitales, los centros de salud, etc. Deben cubrirse con una sabanilla antes de colocar al paciente, que será cambiada después de su utilización. Las camillas de exploración pueden ser:
  - *Rígidas*. Tienen una estructura de tubo metálico hueco, sobre la que se asienta un colchón con base rígida, recubierto de piel o de algún material similar fácilmente lavable. Puede llevar ruedas para facilitar su desplazamiento, y un sistema de freno que las bloquee.

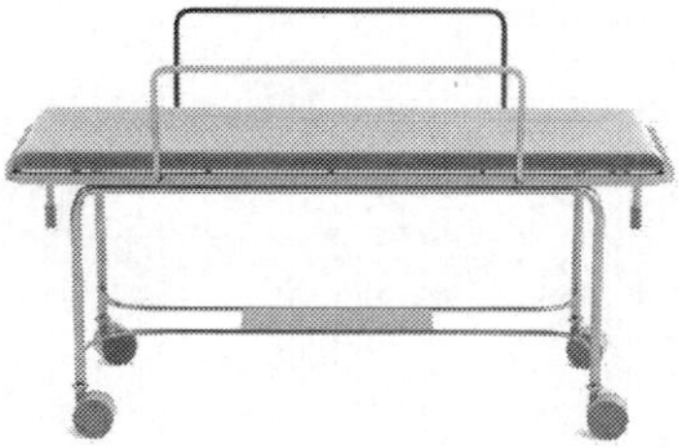

  - *Articuladas*. Suelen tener una sola articulación, situada en el cabecero, que se puede elevar hasta 90° respecto al plano de la cama. Tiene dos o tres segmentos móviles y adaptables a las necesidades del enfermo.

- **Camas de descanso**. Están destinadas a pacientes que van a permanecer en el hospital durante largos periodos de tiempo.
  - ▹ *Cama metálica de somier rígido*. Consta de un somier rígido, sin articulaciones. En algunos modelos puede elevarse la parte de la cabeza mediante una manivela.

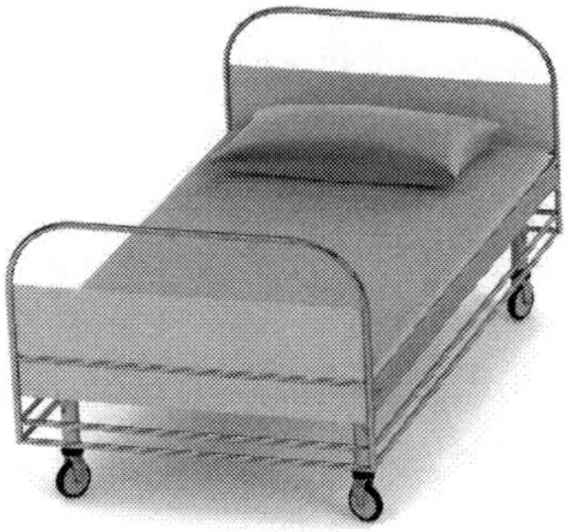

  - ▹ *Cama articulada*. Es la que más se utiliza en los hospitales y consta de un somier metálico articulado, formado por dos, tres o cuatro segmentos móviles que se accionan con una manivela situada en los pies o en los laterales de la cama. En las camas motorizadas la movilización se realiza a partir de un mando eléctrico. Cada articulación permite dividir la cama en dos segmentos; por lo tanto, la cama con dos articulaciones tiene tres segmentos y la cama con tres articulaciones, cuatro segmentos. En la de tres segmentos el superior soporta la cabeza y la espalda, el central es para la pelvis, y el inferior para las extremidades inferiores. En la de cuatro segmentos se diferencia una posibilidad de movilización más, bien en la cabeza/hombros, bien en las rodillas. Este tipo de camas facilita la acomodación del paciente y los cambios posturales.

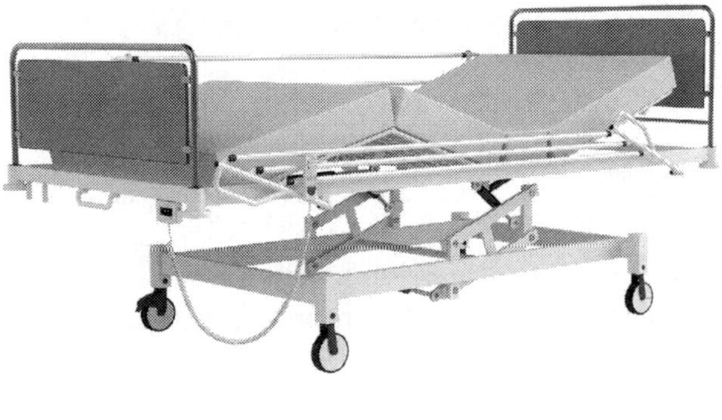

- *Cama ortopédica, traumatológica o de "Judet".* Consta de un marco, llamado «marco de Balkan», que sujeta unas varillas metálicas, situadas por encima de la cama, para acoplar unas poleas que, mediante cuerdas, soportan diferentes sistemas de pesas. Para realizar la tracción, uno de los extremos se aplica al paciente y en el otro se colocan las pesas. Una tracción es una técnica terapéutica que aplica fuerzas sobre un hueso, músculo o articulación. Puede ser cutánea o esquelética. En la primera, la fuerza se ejerce sobre la piel, y en la segunda, sobre los huesos, a partir de clavos quirúrgicos, alambres, etc. Los objetivos de esta técnica son alinear una extremidad fracturada, evitar deformaciones en el caso de parálisis y aliviar el dolor de un traumatismo osteoarticular (fractura, luxación, etc.).También está provista de un estribo o «triángulo de Balkan», que permite al paciente moverse ligeramente para incorporarse o cambiar de posición. Se utiliza, sobre todo, en traumatología, con pacientes que sufren fracturas, luxaciones, parálisis de las extremidades, politraumatismos, etc.
- *Cama electrocircular.* Está formada por dos armazones metálicos circulares, unidos entre sí por un plano rígido que gira sobre los anteriores. La cama puede adoptar cualquier posición: horizontal, vertical, inclinada en todos los ángulos y boca abajo. Además, está provista de un interruptor que permite un movimiento lento en sentido circular y que puede ser manejado por el propio paciente. Pueden acoplarse soportes para los pies, barandillas laterales, cintas de sujeción y cualquier otro elemento que facilite los cambios de presión en la superficie corporal, evitando así las úlceras por presión. Se utiliza en grandes quemados, politraumatizados o en lesiones medulares, es decir, en casos de inmovilización a largo plazo.
- *Cama RotoRest.* Es una cama que mantiene al paciente sujeto, pero girando constantemente, por lo que distribuye los puntos de presión. Se utiliza para prevenirla aparición de úlceras por presión. Permite giros y cambios de posición laterales y longitudinales. Para este tipo de camas se emplean armazones o sujeciones laterales, de la cabeza, de los pies y para el giro, así como almohadillas amortiguadoras.
- *Incubadora.* Se emplea para mantener a los recién nacidos prematuros en un ambiente adecuado de temperatura y humedad, con el fin de asegurar sus condiciones de vida. Permite la manipulación del bebé desde el exterior, a través de unos dispositivos a modo de guantes o puertas. Se pueden regular con precisión la humedad, la temperatura y la concentración de oxígeno.

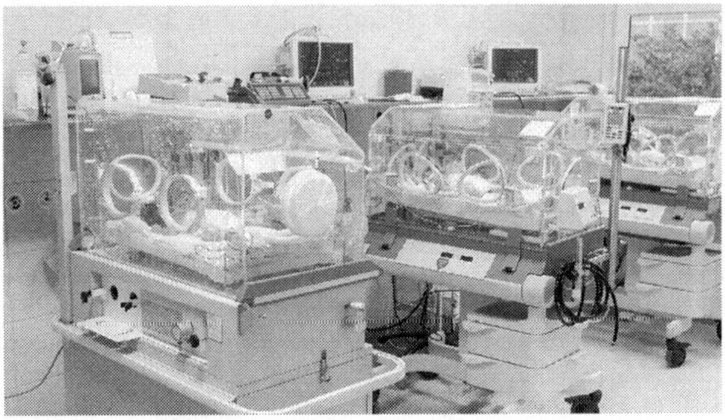

Permiten monitorizar al recién nacido (frecuencia cardíaca, frecuencia respiratoria y temperatura), así como conectarle a un respirador, hacerle la aspiración de secreciones si fuese preciso, utilizar la unidad nebulizadora, aplicar la lámpara de luz azul (hiperbilirrubinemia), etc. La cámara donde se coloca al bebé es de material transparente, lo que facilita tanto el aislamiento como su control y observación. Suele situarse sobre un mueble metálico, con compartimientos que permiten guardar el material necesario para los cuidados. Hay incubadoras provistas de ruedas que facilitan el desplazamiento en aquellos casos en que sea adecuado, y algunas van equipadas, incluso, con todo el material necesario para prestar cuidados intensivos.

1.3.4. Técnicas de arreglo de la cama

El objetivo de estas técnicas es favorecer el bienestar general del paciente y satisfacer su necesidad de descanso y sueño. Por lo tanto, es importante mantener la cama limpia, sin arrugas, con el fin de que proporcione comodidad al paciente y le permita moverse sin sensación de agobio. Además, se contribuye a favorecer el descanso si la habitación está limpia, sin malos olores, sin ruidos ni estímulos molestos y con unas condiciones ambientales apropiadas. Desde el punto de vista psicológico, el descanso se verá favorecido con intervenciones de enfermería que disminuyan la ansiedad.

Deben tenerse en cuenta unas normas generales para el arreglo de la cama y conocer los procedimientos concretos que se emplean en cada situación.

Normas generales

- La ropa de la cama se cambiará por la mañana, tras el baño o aseo del paciente, y además siempre que se manche o se moje.

- Antes de iniciar la técnica de arreglo de la cama, hay que tener preparado todo el material necesario.
- En el caso de que se preparen varios equipos para rehacer más de una cama, se empleará un carro de ropa limpia, con todos los equipos necesarios, y otro de ropa sucia, en el que se depositan las bolsas que contienen la ropa de cama retirada de cada paciente.
- Para evitar que estos carros sirvan de vehículo de transmisión de microorganismos de un paciente a otro, se dejarán en el pasillo, a la puerta de las habitaciones.

- Se ha de realizar el lavado higiénico de las manos antes y después de llevar a cabo el procedimiento. Se ponen los guantes.
- Se explica el procedimiento al paciente y se pide su colaboración.
- Cuando no esté contraindicado, se coloca la cama en posición horizontal.
- El cubre colchón, la bajera y la entremetida no deben tener arrugas, ya que pueden producir molestias y favorecer la aparición de irritaciones y úlceras por roce o presión.
- La encimera, la manta y la colcha deben cubrir al paciente hasta los hombros. Se ajustan bajo el colchón, en la zona de los pies, sin remeterlas por los lados.
- La ropa de cama sucia no debe entrar en contacto con el uniforme del personal. Se depositará directamente en la bolsa que está dentro de la habitación o en el carro que está en la puerta, pero nunca se dejará en el suelo o sobre otra cama o silla que hubiera en la habitación.
- La ropa de cama retirada no debe agitarse en el aire para evitar la dispersión de microorganismos.

- El arreglo de la cama debe hacerse con rapidez y precisión, pero evitando los movimientos bruscos cuando el paciente se encuentre en ella.
- Se usa un biombo para proteger la intimidad del paciente, cuando sea necesario.

Procedimientos de arreglo de la cama

Describimos los procedimientos apropiados para preparar una cama según diferentes situaciones:

- *Cama cerrada*. Es la cama del hospital que permanece vacía hasta la admisión de un nuevo paciente. La puede hacer un solo personal sanitario.
- *Cama abierta*. Es aquella que corresponde a un paciente ingresado que la ocupa, pero que puede levantarse. La puede hacer un solo personal sanitario.
- *Cama ocupada*. El paciente permanece en ella cuando se arregla.
- *Cama quirúrgica*. Es la que se prepara para recibir a un post-operado.

Trato con el paciente

La actitud de los técnicos es muy importante a la hora de arreglar la cama. Ponte en el lugar de un paciente en estas dos situaciones:

a) Llegan dos auxiliares de enfermería a hacer tu cama, y todo el tiempo hablan de sus cosas, de la película que vieron anoche, del día libre que no consiguieron, etc.

b) Si al llegar te saludan, y te explican que vana hacer la cama, te preguntan cómo te encuentras, te escuchan y te tienen en cuenta. Seguro que el paciente se sentirá mucho más cómodo en la segunda situación.

Importante. Antes de hacer la cama, hay que preparar el equipo necesario y lavarse las manos, así como comprobar que la cama no está ocupada por ningún paciente. Si la ocupó un paciente infecto contagioso, se deberá utilizar una bolsa de sucio especial para la ropa, de un color determinado según las normas hospitalarias de tratamiento de objetos contaminados.

1.3.5. Cama cerrada

1. Lavarse las manos y ponerse los guantes.
2. Colocar sobre una silla todo el material necesario en orden inverso a como se va a utilizar. Es decir, almohadón, funda de almohada, colcha, manta, sábana encimera, entremetida, empapador, sábana bajera y cubre colchón.

3. Frenar las ruedas de la cama y colocarla en posición horizontal.
4. Quitar la colcha y la manta. Si van a volver a utilizarse, doblarlas correctamente para hacer con ellas la cama.
5. Retirar la ropa sucia, pieza a pieza, sin agitarla, doblándola o enrollándola sobre sí misma, y depositarla en la bolsa de sucio.
6. Extender y fijar el cubre colchón.
7. Colocar la sábana bajera de forma que el derecho quede hacia arriba. Debe dejarse el largo adecuado para poder fijarla bajo el colchón, remeter primero la cabecera y luego los pies, haciendo las esquinas en mitra o inglete, y remeter por los laterales. Para hacerla:
8. Situar la entremetida en el tercio medio de la cama, centrándola, y remetiendo por los dos laterales del colchón. Si fuera preciso, se colocará el empapador sobre la entremetida, de forma que quede completamente tapado por ella. Tanto la bajera como la entremetida y el empapador deben quedar perfectamente estirados y sin arrugas.
9. Colocar la sábana encimera centrada, dejando el revés de la sábana hacia arriba. Remeter la parte inferior bajo el colchón y dejar las esquinas, para hacerlas junto con la manta y la colcha (aunque también puede hacerse pieza a pieza). La sábana puede extenderse en sentido longitudinal o bien transversal (estirando desde la cabeza hacia los pies). Puede extenderse como la sábana inferior.
10. Claves y consejos. En ocasiones, los dibujos que llevan serigrafiados las sábanas en sentido longitudinal con el nombre del hospital nos servirán como referencia para su colocación centrada en el colchón.
11. Extender la manta de manera que la parte superior quede a la altura delos hombros, a unos 20 cm del cabecero de la cama.
12. Colocar la colcha y centrarla. Con la colcha, la manta y la encimera juntas se confecciona, en cada esquina de los pies del colchón, un borde mitra. En la parte superior, volver la sábana sobre la manta y la colcha, para hacer el embozo. La sábana superior, la manta y la colcha deben colgar por igual a los lados de la cama y no se deben remeter bajo el colchón.
13. Después de comprobar el buen estado de la almohada, se coloca la funda y, sobre ella, el almohadón, dejándola en la cabecera de la cama.
14. Comprobar que la ropa de la cama queda bien estirada.
15. Ordenar la habitación y comprobar que el timbre funciona.
16. Retirar la ropa usada y llevarla al cuarto de sucio o seguir el procedimiento de la institución (hospital).
17. Quitarse los guantes y lavarse de nuevo las manos.

1.3.6. Cama abierta

El procedimiento se realiza siguiendo los pasos descritos para la cama cerrada, pero deben tenerse en cuenta algunas diferencias:

1. Después de extender la sábana encimera, se aconseja dejar espacio para los pies del paciente. Uno de los medios para conseguirlo es hacer un pequeño pliegue o doblez en sentido transversal a la altura de los pies de la cama. Esto es una medida de comodidad al añadir espacio adicional para los pies.
2. Si el paciente volviera a ocupar la cama, se le abrirá, de forma que su acceso le resulte fácil.

1.3.7. Cama ocupada

Para hacer una cama ocupada, el procedimiento a seguir será distinto dependiendo del grado de colaboración del paciente. Si puede colaborar, será suficiente un personal sanitario, que indicará al paciente de qué forma debe colocarse para facilitar la realización de la técnica. Si no puede colaborar, es aconsejable que intervengan dos, para que el arreglo de la cama se haga de forma más cómoda y sin riesgos para el paciente (como el de la caída al suelo).

Al realizar las movilizaciones del paciente dentro de la cama, el personal sanitario debe prevenir riesgos, como la caída accidental del paciente de la cama, provocarle lesiones en la piel con relojes o pulseras (que además pueden ser un reservorio de microorganismos), etc.

Si el paciente tuviera sueros, drenajes u otros sistemas terapéuticos, normalmente el procedimiento lo realizan la enfermera y el TCAE para evitar desconexiones accidentales, reflujos del drenaje o de la bolsa de diuresis, etc.

- Informarse de la situación del paciente para saber si se le puede mover, o si es necesaria la colaboración de la enfermera.
- Observar los equipos terapéuticos que tenga el paciente para evitar el riesgo de desconexiones, reflujos, extracción de catéteres, etc.

Arreglo de una cama ocupada

Objetivo

Realizar un correcto arreglo de una cama ya ocupada por un paciente que no puede levantarse.

Proceso operativo

En general, el procedimiento se realiza siguiendo los mismos pasos descritos para la cama cerrada, pero deben tenerse en cuenta algunas diferencias:

1. Preparar el equipo necesario y, después de lavarse las manos, llevarlo a la habitación del paciente, dejándolo sobre una silla como se describió para la cama cerrada.
2. Lavarse las manos y ponerse los guantes y la bata, si fuese preciso.
3. Explicar al paciente el procedimiento que se va a realizar, pidiendo su colaboración.
4. En caso de ser una habitación compartida, colocar un biombo para preservar la intimidad del paciente.

Cada uno del personal sanitario se situará a un lado de la cama y seguirá, simultáneamente, estos pasos:

1. Retirar la colcha, aproximando los bordes superior e inferior, e introducirla en la bolsa de sucio. Hacer lo mismo con la manta. Si la colcha y la manta se van a reutilizar, doblarlas y colocarlas sobre una silla.
2. Si la sábana encimera no está sucia, se afloja por los pies y se deja colocada sobre el paciente, para cubrirle mientras se arregle la cama. Se doblará hacia el paciente una parte de la sábana para que no estorbe mientras se realiza la técnica, asegurándose de que el paciente no queda destapado.
3. Retirar la almohada, dejándola apoyada sobre una silla o sillón, y quitar el almohadón. En determinadas situaciones, puede dejarse para que el paciente esté más cómodo.
4. Colocar al paciente en decúbito lateral, de forma que quede sujeto por uno del personal sanitario y descanse en un lado de la cama.
5. El otro personal sanitario recogerá la entremetida, el hule o empapador y la sábana bajera desde el lado más lejano de la cama hacia el cuerpo del paciente.
6. Extender la sábana bajera. Sujetarla bajo el colchón en la cabeza y los pies, y hacer en ambas esquinas el doblez en mitra. Recoger el resto de sábana limpia, enrollándola hacia el paciente.
7. Colocar la entremetida en el tercio medio de la cama, fijándola bajo el colchón. El resto se recoge próximo al cuerpo del paciente.
8. Entre los dos, cambiar de posición al paciente, girándolo hacia el lado contrario, de forma que quede acostado en la otra orilla de la cama (ya limpia).

9. Un auxiliar sujeta al paciente, mientras el otro se cambia al otro lado y extiende bien las piezas de la cama (sábana bajera, hule y entremetida), estirándolas para evitar que se formen arrugas. Retirar la ropa sucia sin airearla e introducirla en la bolsa de sucio.
10. Fijar la ropa en las esquinas; para ello se hace la esquina de mitra en la cabecera y los pies con la sábana inferior.
11. Colocar al paciente en decúbito supino, con la cabeza sobre la almohada en la que se ha puesto un almohadón limpio. Extender la sábana encimera limpia, al tiempo que se recoge la pieza que cubría al paciente.
12. Poner después la manta y la colcha, haciendo las esquinas en mitra.

1.4. Actuaciones del celador en habitaciones y estancias comunes

1.4.1. En las habitaciones y estancias comunes

1. Cuidar de que los enfermos no hagan uso indebido de los enseres.
2. Instruir en el uso de persianas, cortinas y útiles.
3. Ayudar a Enfermeras y Auxiliares al movimiento y traslado de enfermos.
4. Revisar y mantener el funcionamiento de sillas de ruedas, pies de gotero, etc.
5. Vigilar el acceso y estancia de los familiares.
6. Cuidar que los familiares y visitantes no introduzcan más que los paquetes autorizados.
7. Vigilarán el comportamiento de enfermos y visitantes.
8. En caso de conflicto requerirán la presencia del Servicio de Seguridad.
9. Velarán por conseguir el mayor orden y silencio.
10. Se abstendrán de hacer comentarios sobre diagnósticos, exploraciones y tratamientos.

1.4.2. En relación con el puesto funcional de planta

1. Traslado de enfermos para la realización de pruebas o consultas.
2. El Celador será responsable de la documentación que le entregue el personal de Enfermería.

3. Traslado de los cadáveres al mortuorio.
4. Tramitaran o conducirán las comunicaciones verbales, documentos, correspondencia u objetos.

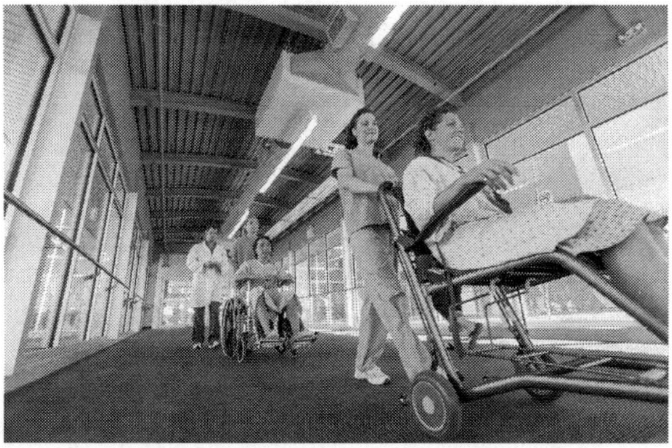

5. Trasladaran, de unos servicios a otros, el aparataje o mobiliario que se requiera.
6. Revisar diariamente las balas de oxígeno.
7. Harán los servicios de guardia dentro de los turnos establecidos.

1.5. Actuación del Celador ante enfermos especiales

1.5.1. Actuación del celador en torno al enfermo mental

1.5.1.1. Higiene

- Realizar baño o ducha diarios.
- Mantener las uñas cortas y limpias.
- Fomentar un patrón de cepillado e higiene bucal regular.
- Cuidar la higiene de ojos, nariz y oídos.

1.5.1.2. Alimentación

- Control de la dieta según pauta médica.
- En casos de depresión profunda, anorexia o bulimia se vigilarán exhaustivamente.

1.5.1.3. Eliminación

- Se valorará:
  1. Frecuencia.
  2. Consistencia.
  3. Presencia de dolor o sangrados.
- Se valorarán los cambios en el patrón de eliminación.
- Se vigilará incontinencia urinaria y/o fecal.
- Se controlará la aparición de náuseas y vómitos.

1.5.1.4. Actividad y ejercicio

- Se preguntará sobre su grado de actividad física antes del ingreso.
- Se valoraran las limitaciones que presente, pero fomentando su autonomía.
- Se estimulará la actividad física en pacientes depresivos profundos.
- Se controlará la hiperactividad de los pacientes anoréxicos con entorno tranquilo.
- Con alucinaciones se evitará la actividad que pueda dañarles.

1.5.1.5. Reposo y sueño

- Se valorarán las alteraciones que presenten:
  1. Insomnio-Disminución del sueño.
  2. Hipersomnia o letargo.
  3. Necesidad de medicación sedante o hipnótica.
- Se estimulará al paciente para que respete los horarios normales de vigilia y sueño.
- Ante estados de hiperactividad o sueño profundo se comunicará con enfermería para descartar posibles efectos de la medicación.
- No se interrumpirá el sueño nocturno para dar medicación.
- En las unidades de psiquiatría se evitarán ruidos durante las horas de sueño nocturno.

1.5.1.6. Autoimagen y autoconcepto

- En las depresiones profundas se fomentara la autoestima.
- En los pacientes narcisistas o con alucinaciones será preciso reubicarles en la realidad.
- Se fomentara una correcta adecuación en el vestido y el maquillaje.

1.5.1.7. Sexualidad y reproducción

- Al detectar conductas aberrantes o abusos sexuales se comunicara al facultativo y se eliminaran evitando emitir juicios de valor.

1.5.1.8. Relaciones y ocio

- Valorar el tipo de relación que tiene el paciente.
- Fomentar un entorno terapéutico entre pacientes y equipo medico.
- Ofertar actividades recreativas.

1.5.1.9. Seguridad

- Seguridad física:
  1. Tranquilizarle primero con palabras amables.
  2. Medidas de contención mecánica (barras laterales, correas, etc.).
  3. En último caso, se recurrirá al tratamiento farmacológico.
- Seguridad emocional.

1.5.2. Mantener una relación cordial sin menospreciar al paciente

Los cuidados psiquiátricos:

- Aceptación del paciente y su enfermedad (no juzgar).
- Escuchar al paciente.
- No mentir, ni dar falsas promesas (ganar la confianza).
- Respetar al enfermo e informarle que tiene derecho a ser respetado.

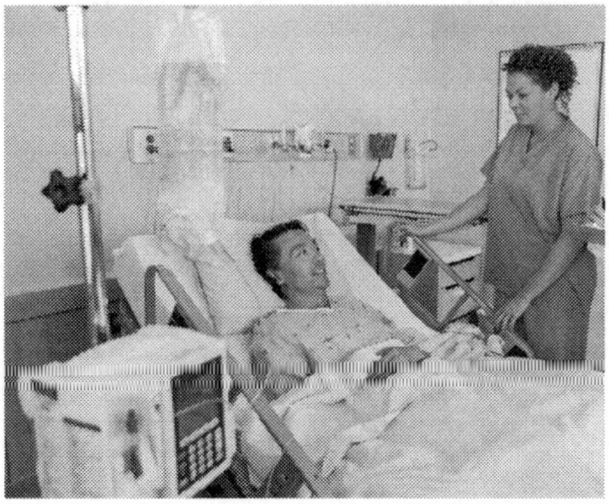

1.5.3. Actuación del celador ante un enfermo deprimido

- **Necesidades de seguridad**:
  1. Vigilar de forma constante al deprimido.
  2. El riesgo de suicidio es mayor cuando el paciente se encuentra mejor.
- **Necesidades fisiológicas**:
  1. Excepcionalmente, lavarán y asearán a los pacientes masculinos encamados.
  2. Bañarán a los pacientes masculinos que no puedan por sí mismos.
  3. Ayudarán en la colocación y retirada de las cuñas.
  4. Favorecer el ejercicio físico, acompañándolo a dar algún paseo.
- **Necesidades psicológicas**:
  1. Hablar siempre con el paciente deprimido, ayudándole a expresar sus sentimientos.
  2. Mejorar su autoestima, elogiándolos y alabándoles.
  3. Demostrarle interés, pasando un tiempo cada día con él.

1.5.4. Actuación del celador frente a un enfermo agitado

- **Medidas generales**:
  1. Llamar inmediatamente a la Enfermera de la unidad.
  2. Separar al enfermo agitado de otros enfermos.
  3. Mantener su seguridad, no oponiéndonos al delirio, sino aceptándolo con calma.

4. Pueden ser necesarios medios de contención física.
5. Deberá observar gestos, expresiones y propósitos del enfermo y anotarlo.
6. Cuidar que la habitación del enfermo este iluminada suavemente, incluso por la noche.
7. Evitar en lo posible toda clase de estímulos.
8. Demostrar mucho interés y confianza – escuchar al enfermo.
9. Prevenir el agotamiento del agitado.

- **Medidas fisiológicas**:
  1. Ayudarle en sus necesidades de higiene.
  2. Procurar que duerma suficientemente.

1.5.5. Inmovilización de un agitado durante una crisis aguda

- Es preciso que el enfermo no lo vivencie como castigo.
- Procedimiento:
  1. Se espolvorea talco o se aíslan con algodón.
  2. Se ata una mano de un lado y un pie del otro.
  3. Se atan los cuatro miembros no entrecruzándolos sobre el pecho.
  4. Doblar una sábana en tres, pasarla por encima del abdomen y los muslos del paciente y fijarla.
  5. Se debe cuidar no molestar la respiración.
  6. Protección contra la caída
  7. Correas resistentes a nivel de los pies.

2. Aseo del paciente

2.1. Definición de higiene

Se denomina higiene al conjunto de procedimientos que conllevan a conservar mejor la piel, el cabello y las uñas de los pacientes, lo cual constituye una mejor defensa contra las enfermedades. Si se trata de una paciente enfermo, la higiene debe ser aún más rigurosa, porque está más expuesto a los microorganismos. La figura encargada de la higiene del paciente es el o la auxiliar de enfermería.

La higiene correcta permite que la piel cumpla sus funciones de protección. Esto es, si no se elimina el sudor, por ejemplo, se acumulan en la piel estas secreciones y el polvo, lo cual evita que la piel respire o absorba medicamentos. Tampoco podrían eliminarse productos tóxicos irritantes, y la piel podría macerarse e infectarse.

2.2. Higiene del personal que está en contacto con el enfermo

Tan importante es realizar una higiene correcta en el paciente, como la higiene del personal que está en contacto con el enfermo. Para ello:

- Su ropa debe estar siempre limpia (para evitar la diseminación de gérmenes), sin manchas, presentable, de tal modo que su apariencia refleje limpieza.
- Debe lavarse las manos antes y después que brinde algún cuidado o atención a un paciente.

2.3. Higiene del paciente

La higiene se define como aquellos procedimientos que tienen la finalidad de mantener limpio todo el cuerpo de una persona. Si esta persona es dependiente parcial o total para desarrollar estas funciones, el papel de la familia, del equipo de enfermería y del auxiliar de enfermería tiene una gran relevancia en el cuidado y mantenimiento de la higiene de los pacientes.

2.3.1. Objetivo de la higiene

- Que la piel se mantenga limpia, sin secreciones.
- Que se encuentre libre de olores.
- Eliminar la proliferación bacteriana.
- Mejorar o estimular la circulación sanguínea.
- Facilitar la observación de la piel.
- Mantener la integridad de la piel.
- Proporcionar al paciente la sensación de bienestar físico mediante la higiene.
- Mejorar su autoestima, ya que el paciente está mejor al sentirse limpio, presentable, sin malos olores, etc.

Es así que la higiene debe realizarse cuantas veces sea necesario, teniendo en cuenta las condiciones particulares de cada paciente.

2.3.2. Generalidades

Hay que tener siempre en consideración el pudor del paciente, porque podría ser incómodo estar expuesto ante otros testigos diferentes de quienes le estén brindando una atención. Algunas recomendaciones son las siguientes:

- Tener preparado el equipo antes de comenzar.
- Antes de iniciar el procedimiento, explicarle al paciente que se le realizará la limpieza, para qué, y solicitar su colaboración, y que manifieste si existe algo, durante el procedimiento, que le incomode o moleste.
- Que la temperatura del medio ambiente sea adecuada, alrededor de los 25º.
- Que la temperatura del agua esté entre los 37 y 40 °C.
- Que no haya corrientes de aire en el cuarto de baño.
- Respetar la privacidad del paciente en el momento del baño (ya sea con cortinas, puertas cerradas, mamparas, etc.), de esta manera disminuimos su ansiedad.
- Usar jabones neutros.
- Solicitar la participación de paciente para fomentar su autonomía.
- Verificar si para el baño se necesitará solo una persona, o dos, como sería el caso de una persona inmovilizada.
- No cansar al paciente, es decir, que no haga movimientos innecesarios y muy de prisa.
- Vigilarlo, si está cansado, si su frecuencia cardíaca está elevada.
- Observar la piel, sus movimientos (actividad física), y conversar con él.

2.4. Lavado en general

Los baños pueden ser parciales o completos en:

a) La cama.

b) La bañera.

c) La ducha.

La técnica que se elija dependerá de las circunstancias de cada paciente, de si es autónomo o parcialmente autónomo, y de las preferencias del paciente. Las residencias tienen horarios ya sea de mañana o tarde. Las personas que tienen trastornos demenciales pueden tener miedo y volverse agresivas, dado que no logran comprender lo que está pasando. Por tanto, hay que moderarse con la voz, de tal forma que ellos se puedan tranquilizar.

Para el baño, debemos considerar:

- Lavado del cuerpo: por partes, baño, ducha o baño en la cama.
- Lavado y peinado del cabello.
- Cepillado de los dientes.
- Afeitado.
- Cuidado de las uñas.
- Cuidado de las orejas.

Equipo

- Dos toallas de baño y dos de cara, toallas de papel, guantes.
- Jabón recomendado, en pastilla o líquido.
- Colonia o loción relajante, esponjas, paños.
- Manta de baño, para cubrir al paciente.
- Pañuelo desechable.
- Cepillo de dientes y vaso, dentífrico.
- Peine o cepillo para el pelo, loción, talco, desodorante o antitranspirante.
- Tijeras, termómetro de baño.
- Maquinilla de afeitar, tijeras y lima para uñas.
- Camisón, pijamas o ropa limpia y ropa de cama limpia.
- Delantal de plástico y guantes desechables.
- Si el paciente tiene catéteres u otras sondas, tener los equipos necesarios.
- Bolsa de plástico para recoger la ropa sucia.
- Palangana con abundante agua caliente (entre 39 y 40 °C).

Recomendaciones previas

- Preparar todo el material que necesitará (se mencionó antes).
- Identificar que sea el paciente (ya sea por la pulsera y otro medio).
- Explicarle al paciente y obtener su consentimiento y cooperación.
- Respetar su intimidad.

2.4.1. Lavado en cama - Baño completo en la cama

- Recomendaciones previas.
- Ofrecerle la cuña o el orinal protegiendo su intimidad.
- Lavarse las manos.
- Poner los frenos a la cama, para evitar movimientos imprevistos que pongan en riesgo la seguridad del paciente y ajustar la altura para su movilización y manipulación seguras.
- Ajustar la altura de la cama para la movilización y manipulación sean seguros.
- Colocar los utensilios en una mesa auxiliar, de forma que sea de fácil acceso.
- Cerrar puertas y ventanas.
- Retirar todo el exceso de ropa de la cama, de forma que no haya elementos innecesarios y exista un mejor acceso al paciente.
- Verificar que las barandillas estén subidas.
- Retire el avisador.
- Baje la barandilla que está a su lado.
- Colocarse los guantes.
- Coloque sobre el paciente una toalla de baño.
- Baje la cabecera del paciente, teniendo en cuenta sus enfermedades y tolerancia. Deje al menos una almohada.
- Coloque la mesa auxiliar, y sobre ella, coloque toallas de papel.
- Verificar la temperatura de la palangana.
- Ahora suba la barandilla de su lado.
- Llene la palangana hasta las 2/3 partes a una temperatura de 39 a 40°C. Con el termómetro se puede medir la temperatura. También se puede usar el codo para comprobar la temperatura.
- Colocar la palangana sobre la mesa.
- Bajar la barandilla.
- Colocar una toalla sobre el pecho del paciente.
- Hacer una manopla.
- Con agua lavar alrededor de los ojos sin jabón. Se inicia con el ojo más distante, y luego el más próximo. Antes de aplicar jabón en el rostro, preguntar al paciente si desea que se le aplique jabón.

- Lavar, enjuagar y secar el rostro, las orejas y el cuello, y fomentar que nos ayude. Seque con la toalla que está en el pecho, sin fricción, sino con toques para que absorba el agua.
- Retirar el camisón ayudando previamente al paciente a moverse, si lo puede hacer, cerca de usted.
- Colocar una toalla para cubrirlo, por debajo del brazo contrario.
- Sujetar al paciente colocando su palma sobre el codo del paciente, de esta forma, el antebrazo del paciente descansará sobre el del auxiliar.
- Lavar brazo, hombro, axila. Enjuagar y secar con golpecitos.
- Colocar la palangana sobre la toalla, y enseguida colocar la mano del paciente dentro del agua para lavarla. Limpiar uñas; se puede usar la lima. Fomentar la ayuda del paciente si es posible.
- Retirar la palangana y secar bien la mano. Cubrir el brazo con una manta de baño, y repetir el mismo procedimiento con el otro brazo.
- Luego, colocar una toalla de baño cruzada sobre el pecho. Sujetar la toalla y tirar de la manta por debajo hasta la cintura.
- Al levantar la toalla lavar el pecho, enjuagar y secar con toques absorbentes, no hacer fricción.
- Colocar la toalla sobre el pecho, a lo largo, y el abdomen, sin destapar al paciente. La manta se coloca ahora hasta la zona púbica.
- Levantar un poco la toalla y lavar, enjuagar y secar.
- Luego tirar de la manta hasta los hombros, y cubrir ambos, y retirar la toalla.
- Ahora cambiar el agua jabonosa. Al retirarse por más agua, no olvidar subir la barandilla. Al regresar con el agua, tomar la temperatura de la misma.
- Cubrir el área genital y descubrir la pierna más alejada, y colocar por debajo de ella una toalla a lo largo de la pierna.
- Para lavar la pierna, doblar la rodilla (si es posible) y colocar su brazo (del o de la Auxiliar) por debajo de ella y proceder a lavar, enjuagar y secar.
- Si el paciente no tiene contraindicación para doblar la rodilla, doblarla y colocar el pie sobre la palangana (esta tiene que colocarse sobre la toalla).
- Lavar el pie, los dedos y entre los dedos, se puede usar una lima. Enjuagar, retirar la palangana y secar el pie sin fricción, cuidando de que las partes interdigitales queden bien secas.
- Enseguida cubrir la pierna y retirar la toalla que está por debajo de la pierna. Repetir lo mismo con la otra pierna.

- Cambiar nuevamente el agua y medir la temperatura. No olvidar que cada vez que tenga que alejarse de la paciente, hay que subir la barandilla.
- Rotar al paciente de forma que queden frente a usted la espalda y los glúteos del paciente. Colocar sobre la cama una toalla a lo largo de la espalda y las caderas. Ahora lavar la espalda. Iniciar por el cuello y finalizar en los glúteos. Enjuagar y secar y colocarlo en su posición original. Se puede realizar un masaje en la espalda en este paso, o hasta el final del baño.
- Cambiar el agua y medir la temperatura. Proceder con el lavado perineal. Valorar un cambio de guantes. El lavado perineal debe ser diario, máxime si el paciente lleva una sonda vesical permanente, o después de la aplicación de un enema, o sencillamente cuando se ensucie.
- Puede realizarle un masaje al paciente.
- Aplicar lociones, desodorantes o aquellos artículos que el paciente suele aplicarse después del baño. En esto consiste la atención personalizada.
- Vestir al paciente, o ayudarlo a vestirse, si él puede colaborar, y cepillar su cabello.
- Hacer la cama.
- Acomodar al paciente, y colocar todo en su lugar.
- Lavarse las manos e informar a la enfermera sus observaciones.

Recordar que mientras realizamos el procedimiento, observar la piel del paciente en busca de alteraciones, como las úlceras de presión.

2.4.2. Baño parcial

- Recomendaciones previas.
- Ayudar al paciente a desplazarse hasta el baño, ya sea que camine, o que necesite silla de ruedas, etc.
- Verificar la temperatura adecuada del agua.
- Ayudarlo a desvestirse, si es que lo necesita.
- Mientras el paciente realiza esta actividad, hay que observarlo.
- Ayudarle a acercarse al baño, con o sin dispositivos mecánicos.
- Ayudarle a que él mismo se lave. Comenzar con el rostro y el cuello, para que en estas regiones utilice agua limpia.
- Luego apoyarlo a lavarse el cabello, si lo necesita.

- Ayudarle a lavarse el cuerpo, si lo necesita.
- Ayudarlo a que salir del baño. Se le ayuda a sentarse sobre una silla, colocando previamente una toalla sobre la silla para evitar que resbale o sufra caídas.
- Ayudarlo a secarse y a vestirse.
- Ayudarlo, si requiere, a la higiene de su boca (dientes, prótesis…).
- Ayudarlo a peinarse, si lo necesita.
- Ayudarlo a que se siente en una silla o sobre la cama. La idea es que después del baño pueda descansar, que se sienta relajado.
- Desechar el equipo adecuadamente.

2.4.3. Duchas

- Recomendaciones previas.
- Para la ducha se utilizan, como ayuda, un banco fijo o una silla móvil.
- Ayudar al paciente a desplazarse al baño, ya sea caminando o con ayuda de dispositivos mecánicos.
- Ayudarlo a desvestirse, si es necesario.
- Ayudarlo a sentarse en una silla de ducha o en un banco, con la finalidad de evitar riesgos de caídas.
- Verificar la temperatura del agua y contar con la aprobación del paciente.
- Ayudarlo a lavarse, de forma que disfrute el lavado de su cuerpo.
- Ayudarlo a lavarse el cabello, si lo necesita, y ayudarlo a secarse.
- Seguir con la normativa ya comentada.

2.4.4. Técnicas por zonas

2.4.4.1. Higiene bucal

Con el lavado se pretende que los dientes estén limpios, evitar la halitosis y prevenir caries e infecciones. Por otro lado, proporcionarle al paciente la sensación de bienestar. Un paciente con una adecuada higiene también saborea mejor los alimentos. Existen algunos alimentos que producen mal sabor de boca; otros producen una capa blanquecina en la lengua y en los carrillos. También hay factores externos que influyen en la sequedad de la boca, como el tabaco, el oxígeno, una pobre ingesta de líquidos.

La higiene bucal debe hacerse cuando el paciente se despierta, cuando termina de comer y antes de irse a la cama. Las cerdas deben ser suaves. Es preciso detectar alteraciones a nivel bucal, a veces el paciente tiene los labios con grietas, deshidratados, inflamados o con vesículas, o llagas, placas blanquecinas (en la boca o en la lengua), hemorragia que se presenta con el cepillado, dientes sueltos, etc.

A) Paciente consciente

- Recomendaciones previas.
- Reunir el material: cepillo de dientes, vaso, pajita, batea, toalla para la cara, toallas de papel, guantes. Las toallas de papel servirán para colocar lo que va a utilizar.
- Elevar la cama para ayudar a la higiene postural. Asegurarse de que las barandillas estén subidas.
- Luego, ya para iniciar, bajar la barandilla.
- Ayudarle a incorporarse para que pueda sentarse.
- Colocar una toalla sobre su pecho.
- Colocar la mesa auxiliar y ajustarla para que quede próxima a él.
- Colocarse los guantes.
- Tomar el cepillo y colocar sobre las cerdas la pasta dental.
- Colocar debajo del cepillo la batea, y aplicar agua sobre el cepillo.
- Cepillar los dientes gentilmente. Si el paciente está consciente y puede lavárselos él mismo, puede ayudarlo. Puede ser el caso de que esté consciente, pero no pueda realizarse la higiene bucal, por lo que el auxiliar de enfermería tendrá que cepillarle los dientes.
- Cepillar la lengua, si lo requiere.
- Que la persona se enjuague la boca con agua, mientras la batea la coloca por debajo de su barbilla. Este paso puede repetirlo.
- Darle enjuague bucal con solución sosteniendo mientras tanto la batea debajo de su barbilla.
- Una vez que haya terminado, retirar la toalla, quitarse los guantes y desecharlos.
- Acomodar al paciente.
- Retire los utensilio, colóquelos en su sitio, limpie los equipos y la mesa.
- Lávese las manos y reporte a enfermería sus observaciones.

El cepillado consiste en colocar el cepillo en un ángulo de 45 grados. Para la parte superior externa, se colocan las cerdas en el nacimiento del diente y se desplaza de arriba hacia abajo, los movimientos son se arriba hacia abajo. Luego vamos con la parte interna, e igualmente es de arriba hacia abajo. Con la parte inferior, se colocan las cerdas en la raíz del diente y se desplaza el cepillo de abajo hacia arriba. Posteriormente cepillamos en forma horizontal con movimientos de atrás hacia adelante sobre las muelas superiores e inferiores. Terminamos con la lengua. Colocamos el cepillo en la base y los desplazamos hacia adelante, de adentro hacia afuera, haciendo una especie de barrido sobre toda la lengua.

B) Paciente inconsciente

Un paciente inconsciente no puede hablar, puede tener mascarilla de oxígeno, o estar intubado. Estos pacientes no pueden ingerir alimentos sólidos ni líquidos, y su boca tiende a estar seca debido a que la mantienen abierta, o reciben oxígeno. Dado que no pueden deglutir, hay que evitar que, al realizar la higiene bucal, el líquido sea aspirado por el paciente. Para ello hay que colocar su cabeza de lado, haciendo girar su cabeza. De esta forma, el exceso de líquido podrá salir de la boca. En un paciente inconsciente, lo mejor es utilizar la mínima cantidad de líquido para realizar la higiene, para disminuir el riesgo de aspiración. Para mantener la boca abierta, se utiliza un depresor lingual almohadillado. Tenga cuidado de introducir sus dedos, ya que podría sufrir una mordedura. Recuerde que independientemente de que el paciente pueda escucharla o no, explíquele lo que le va a realizar y para qué.

Pasos:

- Lavado de manos.
- Reunir todo el equipo que necesitará: torundas de algodón, producto de limpieza indicado para ese paciente, depresor lingual almohadillado, una batea, lubricante para labios, toalla para el rostro, toallas de papel, guantes.
- Sobre las toallas de papel, que están sobre la mesa auxiliar, colocará lo que va a utilizar.
- Corroborar la identificación del paciente con su pulsera.
- Explíquele el procedimiento y el motivo.
- Conserve su privacidad.
- Eleve la cama para ayudar a su higiene postural, y cerciórese de que las barandillas estén subidas.
- Cuando vaya a comenzar, baje la barandilla del lado.
- Colocarse los guantes.
- Debe colocar al paciente de lado, cerca de usted, girando su cabeza.

- Colocar la toalla debajo de la cara del paciente.
- La batea se coloca por debajo de su barbilla.
- Acomodar la mesa auxiliar, de tal forma que pueda alcanzar sin esfuerzo los utensilios.
- Con el depresor con almohadilla separe las mandíbulas, sin usar la fuerza. Si no puede, solicite ayuda.
- Proceder a limpiar la boca con torundas de esponja humedecidas con el producto indicado para el paciente. Se limpia primero la parte superior-interna de los dientes, luego la parte externa, el cielo de la boca, la parte interna de los carrillos y los labios, y lengua. Después con una torunda húmeda (con agua) se procede a limpiar la boca enjuagando. Las torundas, una vez utilizadas, hay que colocarlas en la batea.
- Colocar lubricante en los labios.
- Retirar la toalla.
- Quitarse los guantes y desecharlos.
- Proceder a explicarle al paciente que ha terminado y que lo va a acomodar.
- Colocar al paciente en su posición original.
- Subir la barandilla y colocar el avisador a mano.
- Limpiar y colocar los utensilios y la ropa sucia donde corresponda.
- Despedirse del paciente.
- Lavarse las manos.
- Informe a la enfermera sus observaciones.

Cuidado de la dentadura postiza:

- Recordar que primero hay que llamar a la puerta.
- Explicar al paciente el procedimiento.
- Reunir el material: cepillo para la dentadura postiza con cerdas blandas, la caja de la dentadura (que tenga los datos paciente), el producto limpiador, vaso con agua fría, pajita, enjuague bucal, batea, toalla para la cara, toallas de papel, guantes.
- Identificar al paciente con la pulsera.
- Mantener la intimidad.
- Bajar la barandilla.
- Colocar una toalla sobre el pecho del paciente.
- Colocarse los guantes.

- Pedirle que se retire la dentadura; si no puede, retíresela usted con gasas para evitar que resbale: sujete la dentadura superior con el pulgar y el índice. Haga movimientos de arriba hacia abajo, una vez liberada, sáquela despacio. Luego tome la dentadura inferior con los dedos pulgar e índice, y con movimientos giratorios, retírela.
- Colocarla en la batea.
- Si tiene barandillas, asegúrelas.
- Tome la batea, la caja de la dentadura, el cepillo y el producto limpiador y llévelos al baño.
- Recubra el lavabo con una toalla.
- Llene el lavabo de agua.
- Enjuagar la dentadura bajo el chorro de agua templada o fría, luego la coloca en la caja.
- Coloque el producto de limpieza sobre el cepillo y cepille las dentaduras.
- Enjuague las dentaduras bajo el chorro de agua (mirar las instrucciones del fabricante respecto a la temperatura del agua).
- Colocarlas en la caja y las cubrimos con agua fría hasta cubrirlas.
- Lavar la batea
- Llevar la caja de la dentadura y la batea a la mesa auxiliar.
- Bajar la barandilla.
- Colocar en posición al paciente para realizar la limpieza bucal.
- Darle el enjuague bucal y coloque la batea debajo de la barbilla.
- Luego pídale que se coloque la dentadura y, si no puede, la auxiliar debe hacerlo.
- Tomar la dentadura superior con el pulgar y el índice, mientras que con la otra mano suba el labio superior. Ahora presione con sus índices hasta colocarla. El mismo procedimiento para la dentadura inferior, sujétela con los dedos índice y pulgar mientras tira suavemente del labio inferior para insertar la dentadura, presionando hacia abajo.
- Colocar la caja de la dentadura en el cajón de arriba de la mesa de noche.
- Retirar la toalla.
- Quitarse los guantes y desecharlos.
- Acomodar al paciente y acercarle el avisador.
- Subir las barandillas, de acuerdo al plan asistencial del paciente.

- Limpiar los utensilios y colocarlos en su sitio. Seguir normas hospitalarias estipuladas.
- Lavarse las manos.
- Reportar las observaciones.

2.4.4.2. El lavado de las manos

El paciente debe lavarse las manos con frecuencia, como antes de comer o después de ir al baño. Para ello, se le puede acercar una silla para sentarse y lavarse las manos, o sentarlo al borde de la cama y acercarle un barreño con agua tibia sobre una mesita auxiliar. Si no puede levantarse, se sube la cama a la posición de Fowler y se le acerca el barreño.

2.4.4.3. El afeitado en la cara

Es importante conocer el grado de autonomía del paciente, ya que esto nos permite darnos cuenta si puede colaborar con nosotros. Asimismo saber su estado de salud, como si toma anticoagulantes, y sus hábitos personales.

- Lavarse las manos y colocarse guantes.
- Material: espejo, toalla, palangana con agua tibia, pañuelos de papel, loción para después del afeitado (si la usa), rasuradora eléctrica o navaja de rasurar, crema de afeitar.
- Explicar al paciente lo que realizará y para qué, y obtener su consentimiento y colaboración, si es que puede ofrecerla.
- Colocar al paciente en posición adecuada. Si está inconsciente, en decúbito supino y la cabeza un poco elevada. Si está consciente, en sedestación.
- Mantener su privacidad.
- Colocar sobre el tórax una toalla.

a) Afeitado con rasuradora eléctrica

- Conectar la rasuradora, ajustar el cabezal.
- Efectuar movimientos circulares.
- Preguntar al paciente si se le aplica loción o masaje.

b) Con navaja de rasurar

- Humedecer una toalla en agua caliente y colocarla sobre la barba (de tal forma que no sufra quemaduras) durante por lo menos 1 minuto.
- Colocar crema de afeitar sobre la barba. En caso de que utilice jabón, frotar hasta hacer espuma.
- Comenzar a afeitar con la navaja, sujetando la navaja con su mano dominante, y con la otra, la piel.
- Inicie con las patillas, luego el mentón, en el sentido del crecimiento del pelo. Seguir en cuello, luego nariz y boca con movimientos cortos y suaves.
- Enjuagar la navaja con frecuencia, y si se seca el jabón, aplicar más.
- Lavar y secar la cara al paciente.
- Aplicar loción o masaje sin frotar el rostro, si el paciente lo desea (preguntar al paciente).
- Recoger e informar a enfermería.

2.4.4.4. El lavado del cabello

Dependiendo de las condiciones del paciente, valorar si el lavado de cabello lo realiza en su cama o en una silla, para ello debe conocer la edad del paciente, su grado de autonomía, su estado de salud, el tratamiento que recibe, su estado emocional y mental, sus hábitos personales, su tipo de cabello, etc. El lavador puede ser en la cama o en la silla.

- Explicar al paciente lo que se le va a realizar, y pedir su consentimiento y colaboración, si es que la puede proporcionar. Si el paciente está inconsciente, de igual forma, hay que explicarle el procedimiento que le realizará.
- Lavarse las manos y colocarse guantes.
- Reunir el material: silla, palangana para el agua, dos jarras con agua caliente a 37 °C y verificar la temperatura; champú, acondicionador, toallas, peine (personal), secador, hules de plástico, algodón. Si el paciente estará sentado en una silla, no necesitará palangana ni hules de plástico.
- Colocar al paciente en posición adecuada: si es en la cama: en decúbito supino y colocar su cabeza en el borde superior de la cama. Si es en la silla: sedestación con hiperextensión cervical.
- Procurar que la temperatura del medio ambiente sea de 25 °C.
- Cerrar puertas y ventanas para que no entren corrientes de aire.

- Mantener la intimidad del paciente.
- Si el paciente está consciente, valorar si puede ir al baño, en caso contrario, se realizará el lavado en la misma habitación.

a) En la cama

- Lavarse manos y colocarse guantes.
- Colocar el cabezal de la cama en un plano horizontal y retirar la almohada.
- Acercar el paciente al borde superior de la cama.
- En una silla, hay que colocar la palangana para recoger el agua del lavado.
- Colocar hules debajo de la cabeza y los hombros, y sobre los hules se coloca una toalla.
- Con el hule se hace un túnel dirigido a la palangana para que se deposite el exceso de agua.
- Retirar los accesorios que haya en el cabello (cintas, etc.), peine o cepille y desenrede.
- Colocar la toalla en torno al cuello y hombros del paciente.
- Colocar una almohada por debajo de los hombros.
- Se puede colocar algodón en los oídos, hay que preguntarle al paciente, siempre que no esté contraindicado.
- Mojar el cabello y aplicar champú y masajear con movimientos suaves con las yemas de los dedos en todo el cuerpo cabelludo.
- Enjuagar y volver a aplicar champú, masajear y enjuagar y aplicar suavizante.
- Escurra toda el agua con las manos.
- Secar con la toalla, frotando suavemente, y peinar, desenredar, y luego secar con el secador a temperatura intermedia y cambiar las zonas para evitar exceso de calor. Peinar como desee el paciente.

b) En la silla

- Lavarse las manos, colocarse una bata, y colocarse los guantes no estériles.
- Colocar el respaldo de la silla frente al lavabo y pedirle al paciente que tome asiento.

- Retire cintas, horquillas, etc., del cabello.
- Colocar una toalla sobre el cuello y los hombros.
- Ofrecer algodón al paciente, si no existe contraindicación.
- Pedirle al paciente que hiperextienda el cuello, si no hay contraindicación.
- Y, como se dijo antes, humedecer, aplicar champú, masajear, enjuagar, champú, enjuagar, y luego suavizante etc.
- Deje al paciente cómodo.
- Recoger el material e informar.

2.4.4.5. El lavado del perineo

Aseo perineal femenino

- Explicarle al paciente lo que se le realizará y solicitar su colaboración y consentimiento y proteger su intimidad.
- Lavarse las manos.
- Reunir el material: jabón, manoplas, toalla de baño, manta de baño, termómetro para el agua, almohadilla impermeable, guantes, toallas de papel. Todo esto se coloca en la mesita auxiliar.
- Colocar a la paciente en fowler.
- Desvestir a la paciente, y si ella puede hacerlo, que colabore para fomentar su autonomía.
- Colocar sobre la paciente una toalla para proteger su intimidad y mantenerla con calor.
- Si la paciente puede lavarse a sí misma, dejar que lo haga, en caso contrario: colocarla en decúbito dorsal. Cubrirla con una toalla o manta.
- Llenar la palangana con agua y medir la temperatura.
- Doblar las rodillas de la paciente, si no existe contraindicación, y separar las piernas, o que solo las separe sin doblar las rodillas.
- Colocarse los guantes.
- La almohadilla impermeable se coloca por debajo de los glúteos.
- Descubrir el área hasta el abdomen, humedecer la manopla , escurrirla y aplicar jabón (si no fuera jabonosa).
- Separar los labios mayores y lavar de una sola vez, de arriba hacia abajo, y de delante hacia atrás. Este procedimiento puede repetirlo hasta que la zona esté limpia, y utilizar más manoplas o esponjas.

- Enjuagar el perineo con una esponja limpia. Ahora, separar nuevamente los labios, y limpiar de arriba hacia abajo, de delante hacia atrás. En cada zona se debe utilizar una parte limpia de la manopla, por lo que se necesitará otras más.
- Secar sin fricción.
- Bajar la manta o la toalla para volverla a cubrir y dejarla en decúbito dorsal con las piernas extendidas, sin flexionar las rodillas.
- Girarla hacia el lado contrario suyo.
- Aplicar jabón en la manopla o esponja y limpiar la zona anal, desde la vagina hacia el ano hasta que quede limpia. La parte de la manopla que se utilice debe estar limpia, por lo que se necesitarán otras más.
- Enjuagar con una manopla limpia, desde la vagina hacia el ano hasta que quede limpia. Se necesitarán más manoplas. Luego secar con suavidad, sin fricción.
- Retírese los guantes y desecharlos.
- Colocar al paciente en su posición y retirar todo lo que se ha utilizado: almohadilla, toalla, etc. Lavarse las manos, y notificar a enfermería sus observaciones.

Aseo perineal masculino

Los primeros pasos es como el anterior.

- Replegar el prepucio, sujetar el pene y limpiar la punta con un movimiento circular. Comenzar desde la uretra hacia la parte externa. Repetir hasta que esté limpio y cada vez con una manopla limpia.
- Enjuagar y colocar el prepucio en su posición normal.
- Lavar el pene hacia abajo, enjuagar.
- Pedir al paciente que doble las rodillas, si puede, o ayudarlo a que lo haga si no está contraindicado.
- Separar sus rodillas.
- Lavar el escroto, enjuagar y secar suavemente. Bajar sus rodillas y cubrir al paciente.
- Girarlo al lado contrario al suyo.
- Limpiar la zona anal igual que se explicó antes en el aseo perineal femenino.
- Quitarse los guantes y desecharlos.

2.5. Vestir y desvestir al paciente

2.5.1. *Desvestir a una persona*

- Identificar a la personas y explicarle lo que se le va a realizar y proteger su intimidad.
- Lavarse las manos.
- Conseguir una manta.
- Bajar la barandilla y colocar al paciente en decúbito supino y cubrirlo con la manta; doble las sábanas enrolladas o tipo acordeón hasta la altura de los pies.
- Elevar la cabeza de la persona.
- Desabrochar los botones o cremalleras y dirigir la ropa a los lados del paciente y retirar primero de la extremidad dominante. Si está acostado, colocar al paciente en posición lateral, se retira la prenda que quede libre, arriba, y luego se gira al paciente, y se retira el otro lado.
- Si la ropa se cierra por delante de la persona, se sienta a la persona, y se retira siempre del lado dominante, siempre se deja al último el lado débil. Por ejemplo, si la persona tiene secuelas de un EVC y su brazo derecho presenta disminución de la fuerza motora, para retirarle la ropa se hará primero del brazo izquierdo porque no está afectado, y se deja al final el lado afectado.
- Si es un jersey, y el paciente está acostado, se sube la prenda y se retira del lado dominante, luego se sube al cuello y se retira el lado más débil.
- Con los pantalones, y si el paciente puede movilizarse, le solicitamos que levante las caderas y los glúteos, de esta manera hacemos descender el pantalón y lo retiramos.
- Si tiene afectación de una pierna, se le acuesta y se gira al paciente y se retira primero del lado dominante (el lado débil quedará tocando la cama), y luego se gira y se retira de la parte débil.

2.5.2. *Vestir a una persona*

- Como siempre, identificar a la persona, explicar el procedimiento, guardar su intimidad, tener listo todo el material.
- Lavarse las manos.
- Desvista a la persona (ya se explicó).

- Colóquela en decúbito supino y la cubre con una manta.
- Si pondrá una prenda que se cierra por detrás: primero deslice la prenda por el brazo y el hombro débiles, luego por el lado fuerte, levante la cabeza y los hombros y cierre por detrás. Si la persona está acostada, entonces, igualmente acostada primero deslice la prenda por el brazo y el hombro débiles, y luego el fuerte, luego la gire hacia usted y extienda la ropa hacia la espalda, luego la gira al lado contrario y acerque la ropa a la espalda y anude o abroche.
- Si la ropa se cierra por delante y la persona puede moverse, deslice la prenda por el lado débil, eleve la cabeza y los hombros y pase la ropa por detrás, acuéstela y deslice la ropa por el brazo dominante. Si no puede incorporarse, deslice la ropa por el lado débil, y gire al paciente hacia usted, coloque la ropa por detrás del paciente, y luego lo gira alejándolo de usted, extienda la ropa por la espalda, colóquelo en decúbito supino y deslice la ropa por el hombro dominante que faltaba, y abroche o abotone.
- Para colocar un jersey y si la persona puede movilizarse, introduzca el jersey por la cabeza, luego incorpore la cabeza y los hombros del paciente, y deslice la manga por el lado débil, baje la prenda, y luego deslice la prenda por el lado dominante. Si la persona no puede mantenerse semisentada, introduzca el jersey por la cabeza y deslice por el hombro y brazo débiles, luego lo gira hacia usted, y extiende la ropa por detrás del paciente, luego lo coloca en decúbito supino, y desliza la ropa por el hombro y el brazo dominantes. Abroche o abotone.
- Para los pantalones, si se puede movilizar, se introducen por los pies, ambos, se suben por las piernas, pedir a la persona que levante las caderas y los glúteos, y subir los pantalones hasta la cintura, y luego pedirle que baje las caderas. Si el paciente no puede movilizarse, se introducen los pantalones por los pies, hasta las piernas, se gira al paciente sobre su lado dominante y se sube el pantalón del lado débil, luego se gira sobre su lado débil, y se sube el pantalón del lado dominante. Abroche.
- Poner calcetines, zapatos antideslizantes.
- Ayudar al paciente a levantarse de la cama, si puede. Pero si se va a acostar, acomódelo, cúbralo, suba las barandillas, acérquele el dispositivo por si necesita llamar, lávese las manos y presente su informe.

Tema 4

El Celador en su relación con los enfermos: traslado y movilidad de los mismos. Técnicas de movilización de pacientes. Actuación en la UCI

eRodio ediciones

Índice esquemático

1. El celador en su relación con los enfermos. Traslado y movilidad de los pacientes. Técnicas de movilización de pacientes

1.1. Movilización y traslado de pacientes

En la mayoría de los hospitales, gran parte de sus pacientes se encuentran con una reducida movilidad debido a sus enfermedades, por lo que va a ser muy habitual que tengamos que colaborar en su movilización y en su traslado.

Los celadores deberán tener en cuenta una serie de normas generales para realizar las movilizaciones.

- Seguir las instrucciones del personal sanitario.
- Mantener la intimidad del paciente en todo momento.
- Adoptar las medidas de higiene necesarias, en cada caso.
- Evitar movimientos bruscos al llevar a cabo las movilizaciones.
- Garantizar en todo momento la seguridad del paciente.
- Seguir las normas ergonómicas, como son levantarse con la fuerza de los músculos de las piernas y no con los de la espalda, ésta es también una técnica de movilización y transporte de pacientes.

No solo deben tener en cuenta las normas de todo personal sanitario si no que para realizar una buena movilización y no incumplir ninguna de las normas antes citadas el celador deberá seguir unos pasos previos y otros posteriores.

A) **Pasos previos**:

  ▹ Lavarse las manos e informar al paciente del movimiento que se va a realizar, y pedirle su colaboración.

  ▹ Retirar aquellos elementos que molesten y preparar el material adecuado que se va a necesitar.

  ▹ Colocar la cama para la perfecta movilización del paciente y posteriormente frenarla.

  ▹ Por último, tener extrema precaución con las vías, los sueros y drenajes y realizar el cambio postural o movilización.

B) **Pasos posteriores**. Una vez terminada la movilización acomodar al paciente, volver a colocar los sueros y drenajes, y verificar que el paciente este cómodo y no haya sufrido daños, en el caso de que si, avisar a la enfermera.

Por último, antes de comenzar a describir las movilizaciones, cabe nombrar los dispositivos y materiales necesarios que ayudan al celador a la movilización del paciente. Estos son: sábanas, grúas y arneses, discos giratorios, transfer, rolón, escabel, potencia o trapecio.

1.1.1. Tipos de Movilización

Podemos llamar movilización a una serie de ejercicios que tienen por finalidad conseguir que se restablezcan las funciones disminuidas por la enfermedad, mantener el alineamiento corporal, la fuerza y el tono muscular, estimular la autonomía, y el autocuidado.

Dependiendo del paciente, clasificamos las movilizaciones en activas o pasivas, en términos generales, aunque también se consideran las movilizaciones activas-asistidas y activas-resistidas según la acción del terapeuta sobre el paciente.

a) **Activas**.

Son aquellas movilizaciones que puede llevar a cabo el paciente por sí mismo, aunque debe estar supervisado por un profesional. Consta de movimientos musculares y articulares de la zona del cuerpo que interese ejercitar.

El celador estimulará al paciente encamado para que mueva los brazos y las piernas.

b) **Activas-asistidas**.

Es realizado por el mismo paciente con sus propias fuerzas, de forma voluntaria o automática refleja, corregidos o ayudados por el terapeuta o bien mediante sistemas instrumentados. Tienen por objetivo mantener o recuperar el trofismo muscular y el balance articular, y evitar rigideces articulares.

c) **Activas-resistidas**.

El paciente realiza una movilización activa contra una resistencia externa, que se opone al movimiento. Ellas imponen la participación voluntaria del paciente y descansan en el trabajo muscular. El objetivo principal será el de recuperar o mantener la función muscular y facilitar los movimientos articulares, integrándolos en el esquema corporal, evitando la atrofia muscular.

d) **Pasivas**.

Son aquellas movilizaciones, realizadas por el terapeuta o el celador, sobre el paciente. Este tipo de movilidad suele ser usada en pacientes que tienen parálisis o algún tipo de anestesia, es decir pacientes que no pueden hacer esfuerzo físico.

1.1.2. Traslado de pacientes

Los pacientes de un hospital pueden ser trasladados de diversas formas, las más comunes son a pie, en silla de ruedas o en camilla.

En los apartados siguientes hablaremos de cómo transportar a un paciente en silla de ruedas, en cama o en camilla, en este apartado, procederemos a explicar cómo trasladar un paciente a pie y los instrumentos de ayuda que existen.

A pie podrán trasladarse los pacientes enfermos leves, conscientes y orientados, casi siempre son traslados de corta duración y el paciente puede ir vestido con su propia ropa, en el caso de que lleve la ropa del hospital habrá que ofrecerle una bata.

Para el paciente es el traslado más cómodo ya que se vale por sí mismo y no depende de nadie. En ocasiones el celador procede a colocarse delante del paciente para guiarle por dónde ir, pero eso puede ser peligroso puesto que pierdes de vista al paciente, no ves el ritmo de paso que sigue y puede ocurrir algo. Aconsejamos ir a su lado, al ritmo que indique el paciente, y ofreceremos un brazo si lo creemos oportuno para proporcionarle apoyo y seguridad.

Durante este tipo de traslado, el paciente además de la ayuda del celador puede precisar de la ayuda de algún instrumento adicional que le proporcione más estabilidad y seguridad en la deambulación.

Veremos algunos de ellos a continuación.

1.1.2.1. Andadores

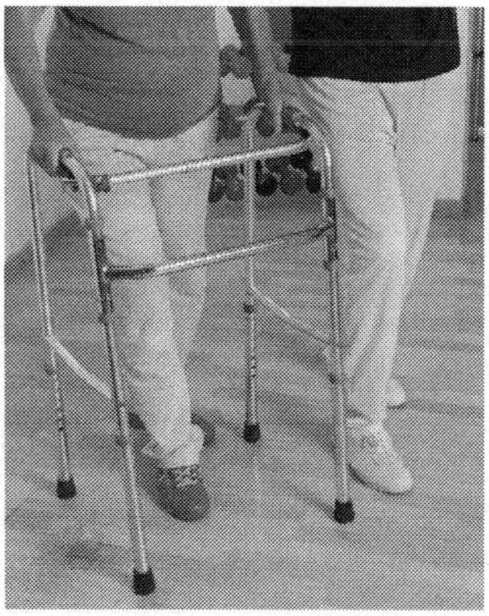

El paciente va erguido en todo momento, con el andador delante de él y el celador a su lado. Las patas del andador deben reposar en el suelo y los pies del paciente posicionarse a unos 15 cm de distancia el uno del otro.

Las caderas y las rodillas deben estar rectas, procurando que los pies no se desvíen, por último se debe ajustar la altura.

1.1.2.2. Bastón

El paciente debe ir erguido. La longitud del bastón será equivalente a la existente desde el trocánter mayor del paciente al suelo. El bastón debe ir colocado paralelo a la pierna y la punta estar bien apoyada en el suelo.

El bastón debe cogerse con la mano contraria de la extremidad inferior afectada.

1.1.2.3. Muletas o dos bastones

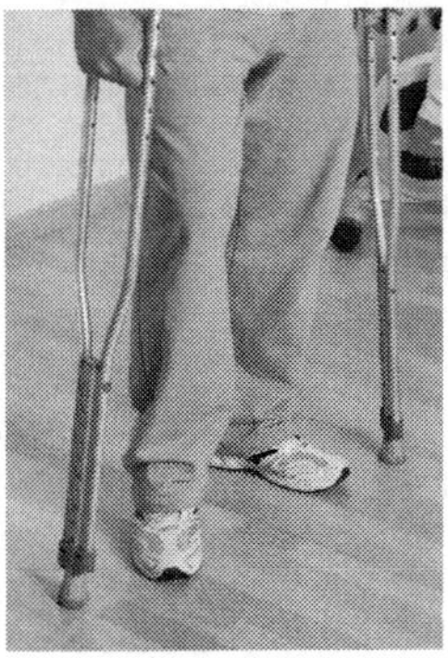

El celador debe colocarse en el lado afectado, ligeramente detrás del paciente. El paciente debe pasar todo el peso al pie sano y desplazar las muletas hacia delante, haciendo oscilar la pierna afectada hacia delante.

1.2. Técnicas de movilización

Las técnicas de movimiento consciente son el principal componente y el hilo conductor, para el desarrollo de la consciencia corporal.

A través de este tipo de técnicas aprendemos que es nuestra intención la que dirige los músculos, en lugar de que la voluntad esté dominada por la acción refleja de estos.

1.2.1. Movimientos del paciente hacia la cabecera de la cama

1.2.1.1. Con ayuda del paciente

Cuando realizamos un movimiento con ayuda del paciente solo hará falta una persona para realizar la movilización. Se debe pedir al paciente su colaboración, flexionar sus rodillas y si es posible, que éste se agarre al trapecio.

El paciente, de ese modo, se impulsará hacia el cabezal de la cama, mientras al mismo tiempo, la persona que le sujeta le ayuda a realizar el movimiento y, de ese modo, evitaremos que se golpee la cabeza con el cabecero.

1.2.1.2. Sin ayuda del paciente

En este caso, harán falta dos personas para realizar la acción, estos se colocarán cada uno a un lado de la cama y, de esta forma, simultáneamente, desplazarán al paciente hasta la cabecera. Otra opción es agarrar al paciente por las axilas.

1.2.2. Movimientos del paciente hacia un lateral de la cama

Para realizar este movimiento sin ayuda del paciente es necesario dos celadores. Deben colocarse a cada lado de la cama, lo más cerca posible del paciente.

Se procederá a doblarle la rodilla contraria al sentido del giro y, a continuación, empujar, con la sábana, hacia el centro de la cama. Finalmente, comprobaremos que el brazo no fue presionado bajo el cuerpo.

1.2.3. Movimiento del paciente de la cama al sillón o silla de ruedas

1.2.3.1. Con ayuda del paciente

Para realizar este movimiento, solo se usa un celador, en el caso de que el paciente pueda colaborar. Se sitúa la silla o sillón junto a la cama o paralela a ella, una vez realizado, hay que incorporar la cabeza del paciente en posición Fowler.

Sujetando al paciente por los hombros y las rodillas, le giraremos hasta sentarlo al borde de la cama, flexionaremos las rodillas para abrazar ligeramente al paciente por la cintura, para ayudarle a incorporarse de pie y, a continuación, en un cuarto giro, le sentamos en la silla o sillón.

Por último, siempre hay que mirar que el paciente este cómodo y no haya sufrido daños.

1.2.3.2. Sin ayuda del paciente

Lo primero es tener un segundo celador que colabora contigo, ya que el paciente no puede hacerlo. Y, como hemos explicado en el paso anterior, fijar la silla o sillón junto a la cama y paralela a ella.

Incorporaremos la cabeza del paciente en posición Fowler, un celador se colocará a la altura de la cabeza del paciente y otro a la altura del lumbar del paciente.

El celador que lo sujeta por la lumbar, deberá subirlo un poco y, el otro, le cogerá por las axilas, debiendo tener el paciente los brazos hacia el tórax.

Para finalizar, el otro celador cogerá al paciente por las rodillas y muslos y, en un movimiento sincronizado, se le trasladará a la silla o sillón.

1.2.4. Movimiento del paciente de plano a plano

1.2.4.1. Con ayuda del paciente

Para realizar este movimiento solo es necesario una persona. Colocaremos los dos planos a la misma altura, si es posible. Inmovilizaremos ambos y cubriremos el hueco entre ambos. Posteriormente, nos colocaremos en el lado del plano contrario en el que se encuentre el paciente, acompañándole en el movimiento y procurando que no voltee.

1.2.4.2. Sin ayuda del paciente

Se precisa la colaboración de dos personas. Los dos planos deben estar a la misma altura y posteriormente inmovilizar ambos y cubrir el hueco entre ambos.

Se coloca a una persona a cada lado, cada una coge la sábana, lo más próximo posible al paciente. La persona más alejada del paciente apoyará su rodilla en el plano vacío, para ayudarse en la movilización.

Y, finalmente, de forma sincronizada, desplazamos al paciente al plano al que queremos movilizarle.

1.3. Traslado de paciente encamado, en camilla y en silla de ruedas

El médico y/o el personal de enfermería son quienes deciden que un paciente debe ser trasladado y cómo debe hacerse: a pie, en silla, en cama o camilla.

Los criterios que son usados para transportar a los pacientes son: la enfermedad del paciente, la edad, la movilidad y la orientación mental.

Las formas de trasladar a un paciente se pueden realizar de tres modos distintos, en silla, a pie o en cama o camilla. En este apartado, especificaremos los denominados en el título.

1.3.1. Silla de ruedas

La estructura de una silla de ruedas es muy variada, es decir las hay sencillas o con motor, aunque para trabajar en un hospital se usan las sencillas y nos centraremos en ellas.

En la silla de ruedas, se trasladan enfermos leves, conscientes y orientados, pero afectados en alguna parte del cuerpo. Pueden ser traslados de corta o larga duración.

El paciente normalmente va vestido, con el pijama del hospital, con lo cual, habrá que ofrecerle una bata y una toalla o sábana para que le tapen las piernas.

La silla de rueda de piecero, es la más cómoda para pacientes con una lesión en las extremidades inferiores. En esta silla, el traslado es relativamente cómodo, el paciente va sentado y tiene buen campo de visión, aunque no controla la velocidad o los giros.

En los traslados de silla de ruedas es muy importante que el celador mantenga una postura de la columna vertebral recta y alienada, respetando la curvatura natural de su espalda y teniendo en todo momento la vista al frente. Deberá evitar giros bruscos del tronco y deberá prestar excesiva atención a las extremidades inferiores, sobre todo cuando estas estén afectadas, circulando de manera lenta y teniendo cuidado en lugares donde puede haber accidentes.

Cuando se vaya en ascensor con un paciente en silla de ruedas, el paciente no deberá quedar de frente a la pared, con lo cual el celador deberá entrar de espaldas en éste y no de frente. Lo ideal es que dentro del ascensor estemos a su vista, podemos ponernos delante o a su lado, que es mucho más seguro.

1.3.2. Cama o Camilla

Son los traslados más incómodos de llevar a cabo, los más molestos para el paciente y los más lentos. Este sistema se emplea con todo tipo de pacientes.

Para trasladar a un paciente en una camilla, el celador debe tener en cuenta que debe estar sentado en una postura de 90° o semisentado en 45°, con fracturas de cadera en 20º y si es en decúbito prono o tiene algún tipo de fractura en la columna, siempre es en 0º.

Para poder manejar bien la camilla es necesario conocer su estructura y las partes de ésta.

- Barandilla de protección del paciente. Se unen a modo de manillar para manejar la camilla.
- Barras frontales y traseras, son los mangos de protección.
- Cabezal.
- Palo de suero. Se pueden poner tanto a la derecha como a la izquierda del paciente, lo correcto es colocarlo en el mismo lugar donde se encuentra la vía.

El paciente deberá ir tapado con una sábana o toalla, las barandas o barandillas deben de estar siempre subidas y se circulará siempre con la misma precaución que con una silla de ruedas, es decir por la derecha en las esquinas y por el centro en los pasillos rectos.

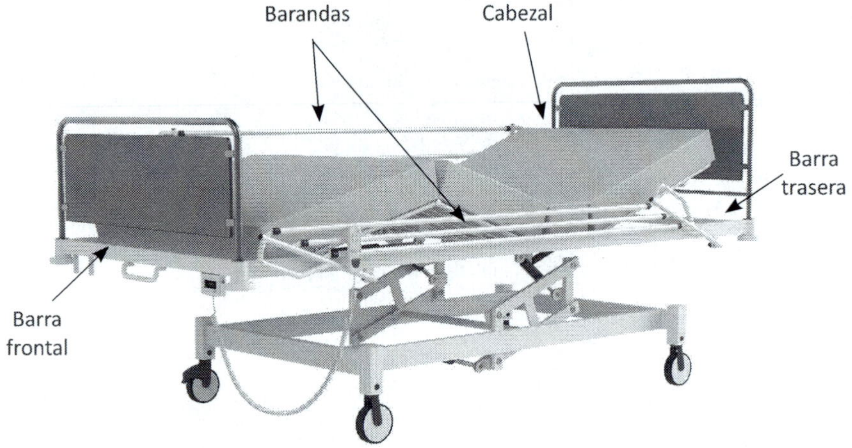

1.3.2.1. Conjunciones

Una conjunción es solo una forma de trasladar a un paciente que describe la posición del camillero y garantiza la comodidad y seguridad del paciente.

No todos los pacientes son iguales, con lo cual no todos sufren las mismas patologías, o dentro de una misma enfermedad, pueden sufrirlo de forma distinta, con lo cual hay que trasladarlos de forma distinta. Para ello están las conjunciones, que diferenciamos entre conjunción A, B, YB y Giro.

Conjunción A

Se utiliza para pacientes leves, conscientes y orientados. El celador se coloca detrás de la barra trasera y la coge con su mano derecha y con la mano izquierda coge la barandilla izquierda del paciente, es decir con la mano derecha empuja y con la izquierda dirige. En el caso de que sea zurdo, adoptará la posición contraria.

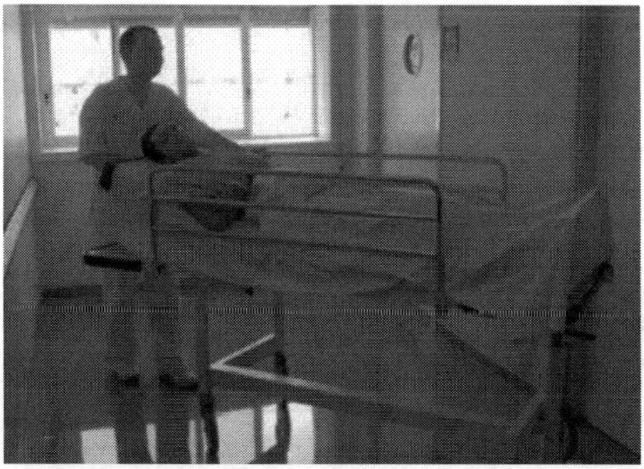

Esta posición es la más cómoda para el paciente, ya que tiene buen campo de visión y se mueve en sentido natural.

El celador intentará mantener los segmentos de su cuerpo alienados para evitar el cansancio, y la tensión. El desplazamiento siempre será longitudinal.

Conjunción B

Se utiliza para pacientes graves, inconscientes, desorientados y para cualquier paciente sobre el que tengamos dudas. Es la más segura cuando se realiza con un solo celador.

El celador se coloca delante de la barra frontal, con su mano derecha coge dicha barra y con la izquierda coge los pies de la cama, y al igual que en la conjunción anterior, con la mano derecha empuja y con la izquierda dirige.

En esta conjunción los pacientes están incómodos y crean un cierto nivel de desconfianza hacia el celador, ya que su campo de visión es nulo y van hacia atrás, dando lugar a que en ocasiones se maree.

El celador debe circular con la máxima precaución, debe vigilar al paciente y ver por donde va en todo momento, evitando posibles golpes.

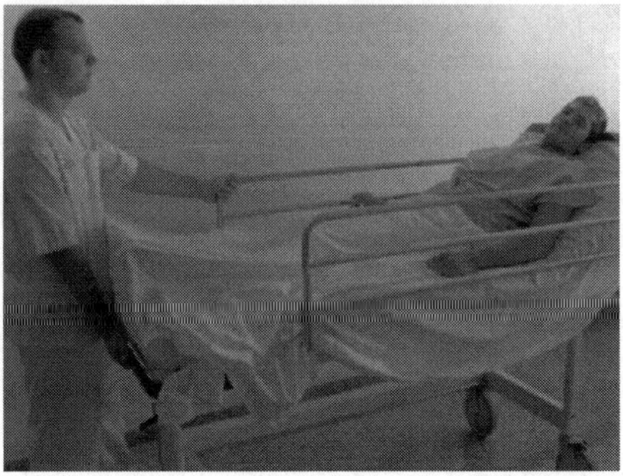

Conjunción YB

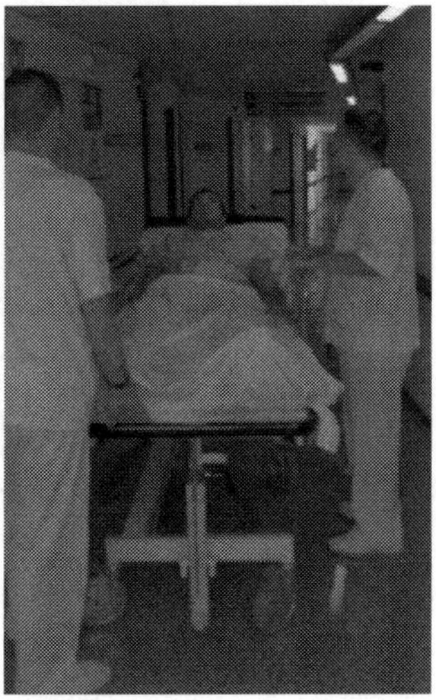

Todas las conjunciones que empiezan por Y, indica que la camilla es manejada por dos celadores. Se utiliza cuando la camilla es muy pesada o el paciente está en estado crítico, o para el traslado de cadáveres.

El primer celador adopta la posición de la conjunción B, y el segundo coge la barandilla contraria con las dos manos y empuja y dirige a la vez. El paciente se siente igual que en la conjunción B, puesto que sigue circulando de espaldas.

En esta posición hay que tener en cuenta que existe un paciente, y no descuidarle, es decir que los celadores no se pongan a hablar entre ellos, dejando de lado al paciente, o haciendo como si no existiera.

El giro

Para realizar un giro, cuando solo hay un celador, éste se pondrá de espaldas a la esquina donde va a realizar el giro, con las manos cogerá la barandilla correspondiente y, con los brazos extendidos, empujará la camilla e irá girando sobre sí mismo hasta alcanzar su objetivo.

El celador mantendrá la columna recta y las extremidades inferiores ligeramente separadas, de este modo se aumenta la base de sustentación y se consigue un mayor equilibrio.

1.4. Posiciones anatómicas básicas

Por lo general el paciente que se encuentra en el hospital, debido a su enfermedad, puede tener su movilidad reducida. Por lo tanto, tendremos que ayudarles para que realicen movimientos que son fundamentales. Las posiciones más frecuentes que se requieren para facilitar la exploración, el tratamiento y la prevención de lesiones.

La posición anatómica puede estudiarse de acuerdo a tres ejes: el eje vertical (de la cabeza a los pies), el eje transversal (de lado a lado) y el eje anteroposterior (de adelante hacia atrás).

1.4.1. Posición anatómica estándar

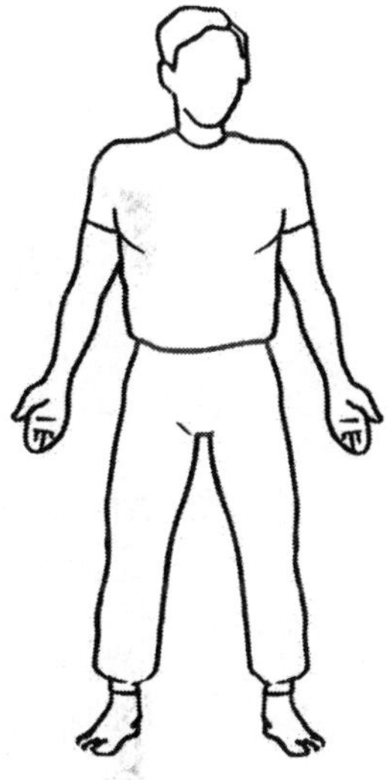

El estudio se inicia con el cuerpo en lo que se conoce como posición anatómica estándar o posición cero. En esta posición de partida la persona estará de pie, con la cabeza y el cuello rectos, los brazos a ambos lados del cuerpo y con las palmas de las manos hacia delante con la mirada hacia el frente.

Las piernas estarán extendidas y ligeramente separadas, con los pies y los tobillos también extendidos. Esta misma posición anatómica estándar, si el cuerpo está situado en una camilla, implica que lo que con anterioridad observaba hacia delante pasa a mirar hacia arriba, mientras que lo que observaba hacia atrás, mira actualmente hacia abajo.

La posición anatómica puede estudiarse de acuerdo a **tres ejes**:

- El *eje vertical* (de la cabeza a los pies).
- El *eje transversal* (de lado a lado).
- El *eje anteroposterior* (de adelante hacia atrás).

Los principales **planos anatómicos** son:

- El *plano medio*, que divide al cuerpo en dos partes: izquierda y derecha.
- Los *planos frontales*, que separan al cuerpo en anterior y posterior.
- Los *planos axiales*, que son orientados de manera horizontal.
- Los *planos sagitales*, son perpendiculares a los frontales.
- Los *planos oblicuos*, son aquellos que dividen el cuerpo en una dirección que no resulta paralela al resto de los planos.

1.4.2. Decúbito supino o dorsal

El paciente está tumbado sobre la espalda, con los brazos y las piernas extendidas y pegados al cuerpo, es decir paralelos al suelo.

El uso de esta posición corporal sirve para las exploraciones médicas, cambios posturales, en el post-operatorio, en la estancia en cama.

Para facilitar la postura se pueden colocar cojines que favorecen la alienación del cuerpo:

a) Colocar uno bajo el cuello, y los hombros, para evitar la hiperextensión del cuello.
b) Bajo el tercio inferior del muslo, para elevar el hueco poplíteo.
c) Bajo la parte inferior de las piernas, para elevar los talones.

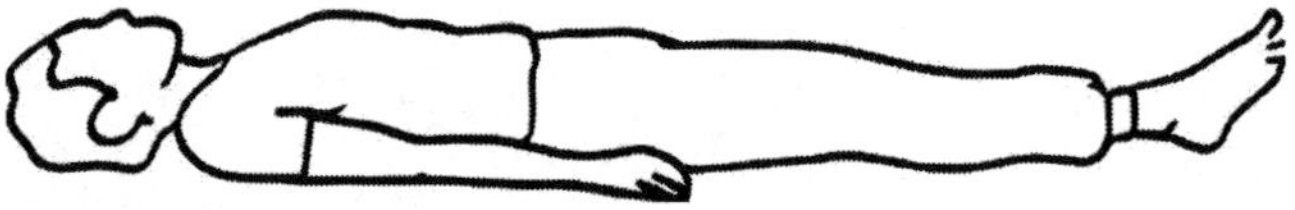

1.4.3. Decúbito prono

El paciente está tumbado boca abajo, paralelo al suelo, con las piernas extendidas y la cabeza girada hacia un lado. Los brazos pueden estar extendidos a lo largo del cuerpo o extendidos a lo largo del cuerpo y colocarlo a ambos lados de la cabeza.

Esta figura es frecuente en pacientes operados de la zona dorsal, en la estancia en cama, en exploraciones.

Los cojines en esta postura están colocados:

a) Bajo la cabeza.
b) Bajo el diafragma, para evitar hiperextensión de la curvatura lumbar y la presión excesiva en las manos, este cojín es opcional.
c) Bajo el tercio inferior de las piernas, para que los dedos del pie no rocen con la sábana.

1.4.4. Decúbito Lateral

El paciente está tumbado sobre el lateral del cuerpo, paralelo al suelo. La espalda deberá estar recta y los brazos flexionados y próximos a la cabeza. La pierna inferior está en extensión o ligeramente flexionada y la superior permanece flexionada por la cadera y la rodilla en ángulo recto.

Esta postura se aplica para la higiene, la estancia en la cama, dentro del plan de cambios de postura. Conviene colocar almohadas:

a) Bajo la cabeza, y bajo el brazo y el hombro para favorecer el alineamiento.

b) Bajo el muslo y la pierna superior, para elevar la pierna y la cadera.

c) Detrás de la espalda, para mantener una buena alineación.

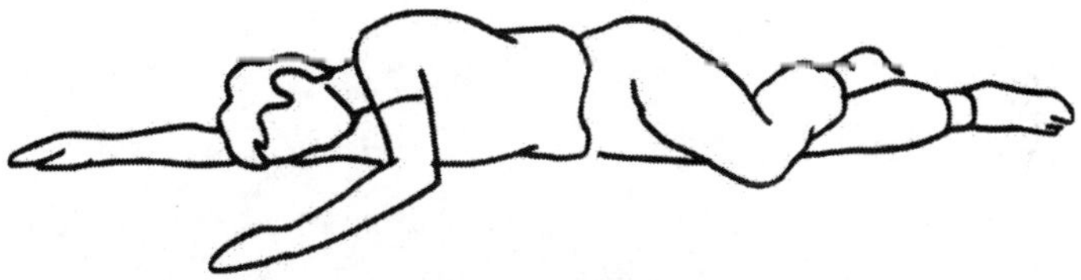

1.4.5. Sims o semiprona

Es la posición intermedia entre el decúbito prono y el decúbito lateral. La cabeza estará ladeada y el brazo inferior extendido hacia atrás y separado del cuerpo. El brazo superior estará flexionado próximo a la cabeza. La pierna inferior se mantiene semiflexionada y la superior flexionada por la cadera y la rodilla.

Se emplea en pacientes inconscientes y en posiciones alternativas. Los cojines en esta postura se colocan:

a) Bajo la cabeza, y el hombro, y la parte superior del brazo.

b) Bajo el muslo y la parte superior de la pierna.

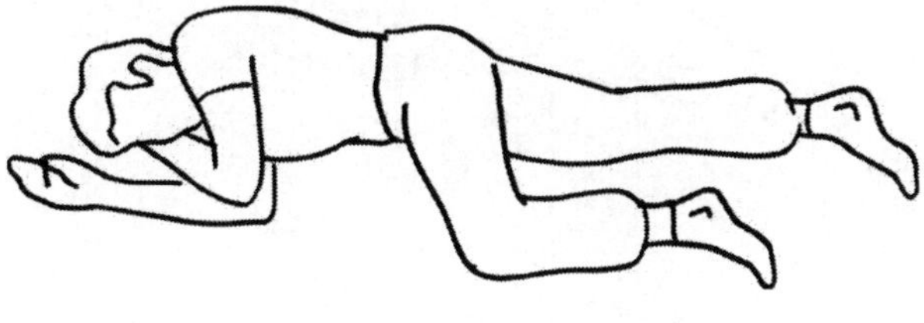

1.4.6. Fowler o semisentado

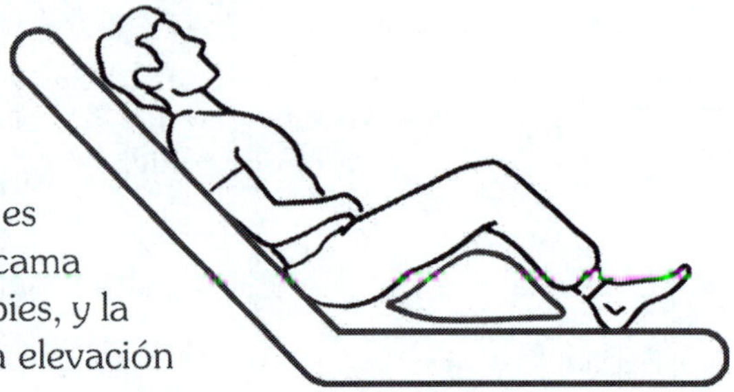

El paciente permanece semisentado, con las rodillas ligeramente flexionadas. El respaldo de la cama, forma un ángulo de 45°. La posición de Fowler alta es aquella en la que la cabecera de la cama estará elevada 90° respecto de los pies, y la de semi-Fowler aquella en la que la elevación es de 30°.

Se emplea en pacientes con problemas cardíacos o respiratorios (asma, enfisema, bronquitis crónica, etc), para facilitar actividades, como comer o leer.

Las almohadas deberán colocarse de la siguiente manera:

a) Detrás del cuello y los hombros.

b) Detrás de la zona lumbar.

c) Bajo antebrazos y las manos, para evitar la tensión en los hombros y sujetar los brazos y manos, si el paciente no los utiliza.

d) Debajo, y a los lados, de la parte superior de los muslos.

e) Bajo el tercio inferior de los muslos, bajo los tobillos, para elevar talones.

1.4.7. Trendelenburg

El paciente permanece tumbado, en decúbito supino, sobre la cama o camilla, en un plano oblicuo de 45° respecto al suelo, con la cabeza más baja que los pies.

Se emplea para el tratamiento quirúrgico de los órganos pelvianos, como paso previo para recolocar al paciente y ante lipotimias y otras situaciones que requieran un buen aporte sanguíneo cerebral.

1.4.8. Antitrendelenburg o Morestin

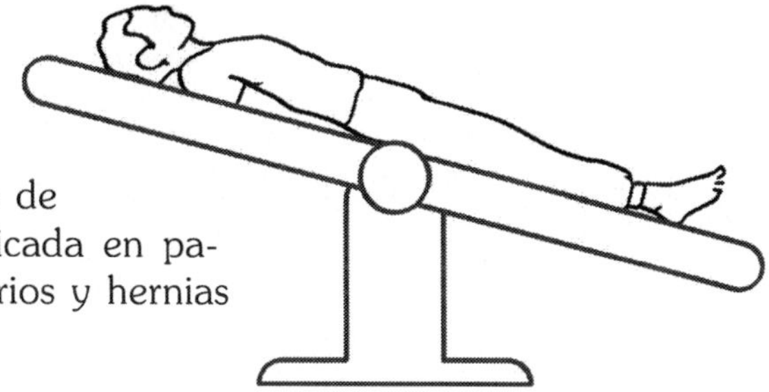

Es una posición similar a la anterior, pero, en ésta, la cabeza está más elevada que los pies, mientras el paciente descansa en un plano inclinado de 45° respecto al suelo. Está indicada en pacientes con problemas respiratorios y hernias de hiato.

1.4.9. Roser

El paciente está tumbado sobre el dorso de su cuerpo, con la cabeza colgando y sus hombros coinciden con el extremo superior de la superficie de apoyo. Los brazos se mantienen extendidos a lo largo del cuerpo.

Puede emplearse en exploraciones, en intervenciones quirúrgicas y en algunas actividades de enfermería, como el lavado de pelo del paciente encamado.

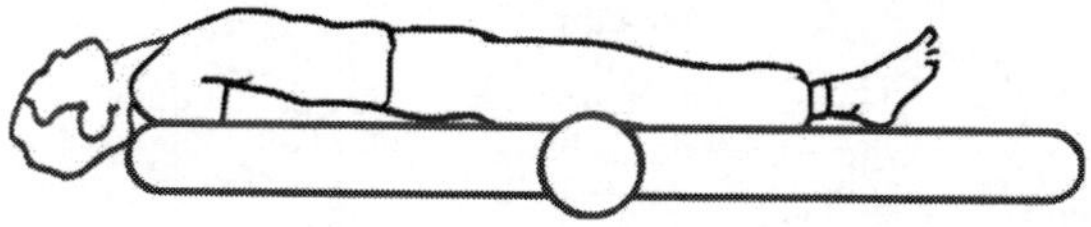

1.4.10. Ginecológica o de litotomía

El paciente estará tumbado sobre el dorso de su cuerpo, con la cabeza colgando y sus hombros coinciden con el extremo superior de apoyo. Los brazos se mantienen extendidos a lo largo del cuerpo. Las piernas estarán elevadas, flexionadas y separadas.

Puede emplearse en exploraciones e intervenciones ginecológicas, sondajes, lavados y en intervenciones quirúrgicas.

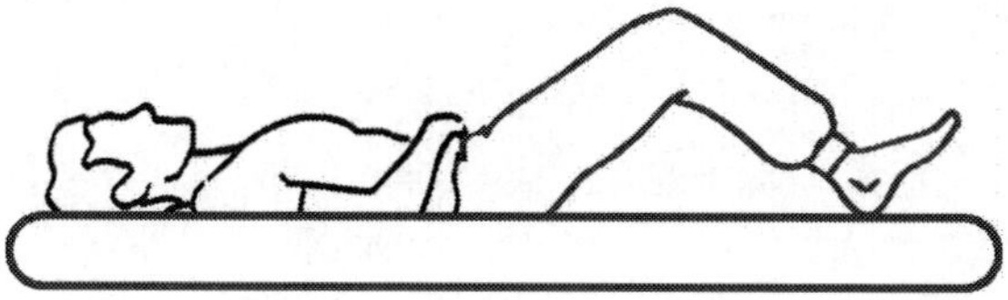

1.4.11. Genupectoral o mahometana

El paciente se apoya sobre sus rodillas, con el tronco inclinado hacia adelante, los brazos cruzados sobre la superficie de apoyo y la cabeza sobre ellos.

Se emplea en exploraciones rectales y en algunas intervenciones quirúrgicas. En esta postura hay que prestar atención por si el paciente siente malestar.

1.4.12. Posición de punción lumbar

El paciente estará tumbado de lado, en posición fetal o sentado con la espalda flexionada. Puede emplearse en punción lumbar y en aplicación de anestesia epidural.

1.4.13. Posición sentado

El paciente estará con el torso levantado.

Indicada en tratamiento de oxigenoterapia y en la administración de medicamentos.

Las almohadas deberán colocarse de la siguiente manera:

a) Detrás del cuello y los hombros.
b) Detrás de la zona lumbar.
c) Bajo antebrazos y las manos, para evitar la tensión en los hombros y sujetar los brazos y manos, si el paciente no los utiliza.

1.4.14. Bipedestación

Paciente en posición vertical sobre los pies. Postura indicada para pruebas radiológicas.

2. Actuación en la UCI

Los celadores destinados en el área de cuidados críticos requieren contrastada experiencia profesional y dominio de las técnicas de movilización de pacientes así como estar uniformados con batas asépticas, que se renovarán cada vez que se abandonen estas dependencias.

2.1. Funciones específicas del Celador en la UVI

1. Auxiliarán en todas las labores propias del celador.
2. Traslado de los enfermos.
3. Trabajos de fuerza que requiera la Unidad.
4. Lavado y aseo de pacientes.
5. Colocación y retirada de cuñas.
6. Amortajar a los enfermos fallecidos y traslado de los cadáveres al mortuorio.
7. Tramitarán o conducirán las comunicaciones que le sean confiadas.
8. Trasladarán el aparataje o mobiliario que la Unidad requiera.

2.2. Las actividades de los Celadores de la Sección de Urgencias serán las que siguen

- Tramitarán, sin demora, el traslado de los documentos, historias, material de pruebas diagnósticas o aparatajes que le sean encomendados, asegurándose de la adecuada recepción de los mismos por el personal competente.
- Trasladarán a los pacientes a las dependencias que les sean indicadas por el personal facultativo o de enfermería, asegurándose de las condiciones correctas para su traslado y devolviendo a la Sección de Urgencias los medios empleados para el traslado.

- Realizarán, sin demora, el traslado de muestras biológicas y peticiones de exploraciones, efectuando la recogida de resultados, cuando así sea requerido.
- Cuidarán, al igual que el resto del personal, que los pacientes y familiares no hagan uso indebido de los materiales, enseres e instalaciones de la Sección de Urgencias.
- Asumirán las indicaciones del Jefe de Sección y del Supervisor de Enfermería.
- Realizarán todas las funciones delegadas por sus superiores, siempre que no contravengan las normas establecidas en el ordenamiento vigente.
- Se asegurarán, al comienzo del turno de trabajo, de que los medios de transporte de pacientes estén en condiciones adecuadas de uso. Las anomalías que se detecten se comunicarán de inmediato al Encargado de Turno para su reparación.
- Mantendrán la entrada provista de carros y camillas.
- Avisarán a los familiares de los pacientes que van a ingresar para que los acompañen.
- Sujetarán a los niños cuando sea necesario.
- Prestarán apoyo a otras áreas de la Sección de Urgencias distintas a las que estén adscritos funcionalmente (Consultas u Observación), cuando las necesidades del Servicio lo requieran.
- Cuidarán de que no permanezcan en el área de Urgencias las personas que no estén autorizadas, y que los pacientes y familiares permanezcan en las zonas habilitadas para ellos.

Tema 5

Normas de actuación en los quirófanos. Normas de higiene. La esterilización

eRodio ediciones

Índice esquemático

1. Normas de actuación en los quirófanos

1.1. Distribución del bloque quirúrgico

Normalmente se distinguen 4 zonas en los departamentos quirúrgico:

1. **Zonas sin limitaciones**. Es una zona aislada de la zona de acceso al hospital, de ascensores y de otras zonas del propio departamento quirúrgico. En ella se puede permanecer con ropa de calle.
2. **Zonas de intercambio**. Son las zonas de vestuario y de descanso:
   a) *Vestuarios*: a ellos se tiene acceso desde la zona sin limitaciones. Se utilizan para cambiarse la ropa de calle por el atuendo quirúrgico que se le facilite para poder acceder a las zonas semilimitadas. Habrá un vestuario independiente para el personal. Existirán armarios unipersonales suficientes para poder guardar la ropa de calle y efectos personales.
   b) *Sala de estar o descanso*: es el espacio que se destina para el descanso del personal entre intervenciones.
3. **Zonas semilimitadas**. Son espacios por los que no se puede circular sin haber tomado anteriormente una serie de medidas de protección e higiene.
4. **Zonas limitadas o prohibidas**. Obligatoriamente se circulará por estas zonas con mascarilla complementando el atuendo quirúrgico. Estas zonas están divididas en espacios en los que se realizan procesos de esterilización:
   a) *Antequirófanos*: sala previa donde permanece el paciente antes de entrar a quirófano. Debe poseer:
      - Tomas de oxígeno y de vacío.
      - Cuadro de enchufes eléctricos.
      - Comunicación directa con el quirófano.

      Suele estar el calentador de sangre y de sueros además de una mesa auxiliar.
   b) *Quirófanos*: es donde se realiza la operación quirúrgica. Es obligatorio permanecer en ella con mascarilla y con atuendo quirúrgico.

1.2. Funciones del Celador

En los quirófanos el Celador cumple una función complementaria y auxiliar del trabajo del personal sanitario (cirujanos, anestesistas, enfermeros, etc.):

- El Celador dará soporte al equipo quirúrgico y será el nexo de unión con el exterior del área.

- Se encargará del traslado de los pacientes desde su lugar de ingreso o la unidad correspondiente (deberá llevar la documentación clínica del paciente), hasta el quirófano y viceversa.
- Pasará al paciente a la mesa quirúrgica junto con el enfermero, colocando al paciente en la posición adecuada, siempre bajo la supervisión del enfermero encargado. Una vez finalizada la intervención se le avisará para el traslado del enfermo a su cama.
- Realizará tareas de ayuda al resto de personal que se ocupa de la sujeción y movilización de los pacientes siempre que se requiera.
- Llevará las muestras biológicas y traerá sangre del banco cuando sea preciso, siempre con los elementos de transporte adecuados y destinados para ello (nevera, etc...).
- Vigilará la entrada a las zonas semilimitadas y limitadas de las personas que no lleven la correcta vestimenta.
- Durante las intervenciones quirúrgicas permanecerá en el antequirófano, por si precisaran sus servicios.
- Ajustará la iluminación del quirófano.
- Estabilizará y elevará la cama quirúrgica.

2. Normas de higiene

Recordemos que los microbios son productores de muchas y graves enfermedades. Los microbios malignos o patógenos por contagio, directo o indirecto, pueden instalarse en nuestro cuerpo en número suficiente para provocarnos una infección. Las toxinas que producen se extienden por nuestro organismo a través de la sangre y destruyen las células del organismo.

Los trabajadores sanitarios transportan documentos, materiales, objetos, camas... que, tal vez, son portadores de microbios que pueden transmitir a otros pacientes o familiares. Por lo que, la higiene y la desinfección debe presidir todos sus actos.

Al entrar al puesto de trabajo debe cambiarse la ropa de calle por el uniforme reglamentario, cuidando el lavado de manos con agua y jabón y el cepillado de las uñas antes de comenzar sus tareas.

Si se manchase el vestuario debe proceder a cambiárselo.

Tras el manejo de algún material que haya estado en contacto con un enfermo debe proceder al lavado de manos.

Al concluir su jornada es aconsejable darse una ducha antes a vestirse con su ropa de calle.

2.1. Higiene en el área quirúrgica

El área quirúrgica es una zona de especial riesgo para la adquisición de una infección hospitalaria, por cuanto supone de instrumentación, manipulación, y de ruptura de barreras naturales del enfermo, por lo que es muy importante cumplir las normas higiénicas en este Área.

2.1.1. Medidas referentes al espacio físico

Las medidas que se han de tomar son referentes a la circulación por este espacio del departamento quirúrgico. Se delimitan las siguientes zonas:

- Zona aséptica o limpia.
- Zona séptica o sucia.
- Esclusas.
  - De personal.
  - De pacientes.
  - De instrumental y material.

Existirá una correcta y visible señalización de las distintas zonas del bloque quirúrgico.

Se ha de limitar estrictamente la circulación y permanencia de personal innecesario, así como la conversación dentro de los quirófanos.

Todo el personal que entre en el área deberá utilizar la ropa exclusiva para la zona, debiendo cambiarse cada vez que salga de la misma.

Las puertas de los quirófanos deberán permanecer cerradas durante las intervenciones.

La circulación inadecuada del personal y material favorece la propagación de microorganismos patógenos.

2.1.2. Medidas referentes al personal

En la zona quirúrgica no se permitirá el paso a ninguna persona ajena a la misma.

Si por cualquier circunstancia tuviese alguna persona que entrar en ella, tendrá que regirse por las mismas normas que el personal del quirófano.

Se observarán estrictamente las medidas de higiene individual, vestimenta y lavado de manos quirúrgico.

La vestimenta que se utilice dentro de la zona quirúrgica no podrá usarse fuera de la misma.

Las precauciones a seguir por el personal sanitario en quirófano son importantes para prevenir infecciones tanto en los enfermos como en ellos mismos. Deben tomarse con todos los enfermos, independientemente de que se sepa que tienen una patología infecciosa o no.

2.2. Vestimenta de aislamiento o quirúrgico

2.2.1. *Uso del gorro*

Podemos usar gorros desechables (papel) o reutilizables (tela). Se usan en unidades con pacientes en situación crítica, quirófanos y en zonas de pacientes con aislamiento crítico.

El gorro cubrirá todo el cabello. Si se tiene el pelo largo se procederá a recogerlo y posteriormente cubrirlo con el gorro.

2.2.2. *Uso de calzas*

Su uso es para cubrir el calzado.

2.2.3. *Uso de mascarilla*

Como con los gorros, existen varios tipos.

La mascarilla correctamente colocada cubrirá la nariz, boca y mentón.

Si por el uso se humedece, se procederá a cambiarla, ya que pierde su eficacia.

2.2.4. *Uso de gafas de protección*

Las gafas y pantallas se utilizan cuando existe riesgo de salpicadura de sangre o de líquidos orgánicos.

2.2.5. Uso de batas

Las más utilizadas son las desechables (papel), aunque se puede usar las de tela.

La bata debe cubrir todo el uniforme y llegar, al menos, por debajo de las rodillas. Irá cerrada por detrás y, por delante, será totalmente lisa para evitar cualquier posible enganche. Los puños se ajustarán mediante elásticos.

Normas a tener en cuenta para el uso de la bata

Algunas normas deben ser:

- Usar una bata con cada enfermo.
- No salir con la bata del espacio donde se ha utilizado.
- Usarla siempre que haya riesgo de contaminación del uniforme.

2.2.6. Uso de guantes

Todos los guantes que usemos han de ser desechados. Hay guantes de látex y de plástico.

Se usarán tras lavarnos las manos siempre que pueda existir contacto con sangre, secreciones...

Los guantes son la última prenda que se coloca. Por tanto, es la primera que debemos quitarnos.

3. La esterilización

La esterilización es una técnica de saneamiento preventivo para conseguir la asepsia, o sea, la destrucción de todos los microorganismos y sus formas de resistencia que puedan existir en la superficie o en el espesor de un objeto cualquiera. Obtiene como resultado la ausencia de todo germen vivo consiguiendo material estéril.

Consiste en destrucción o en la eliminación de cualquier tipo de vida microbiana, de los objetos inanimados, incluyendo las formas esporuladas de hongos y bacterias. Significa el nivel más alto de seguridad y, por tanto, de letalidad (o eficacia biocida).

Tema 6

Actuación del Celador en relación con los pacientes fallecidos. Actuación en las salas de autopsias y mortuorios

Rodio ediciones

Índice esquemático

1. Actuación del celador en relación con los pacientes fallecidos

Aunque los celadores se rigen por el Estatuto Marco del personal estatutario de los Servicios de Salud (Ley 55/2003) las funciones de los mismos siguen siendo las dispuestas en el antiguo Estatuto de Personal no Sanitario. Concretamente, en su artículo 14.2 como decimonovena función dice textualmente: *Ayudarán a las enfermeras o personas encargadas a amortajar a los enfermos fallecidos, corriendo a su cargo el traslado de los cadáveres al mortuorio.*

Por consiguiente, la función propia de amortajamiento es propia de los enfermeros, quienes podrán delegar en auxiliares de enfermería.

Apoyándonos en la que figura como vigésima función: *Ayudarán a la práctica de autopsias en aquellas funciones auxiliares que no requieran por su parte hacer uso de instrumental alguno sobre el cadáver. Limpiarán la mesa de autopsias y la propia sala*, podemos entender que la colaboración del celador en la práctica del amortajamiento se limita, exclusivamente, a la movilización del cadáver para facilitar a los enfermeros la realización de su tarea.

Los cuidados *postmorten* se realizan una vez se haya certificado, por parte del médico, la muerte del paciente. El amortajamiento se hará en la estricta intimidad y en el menor tiempo posible para evitar que aparezca el *rigor mortis*.

Los cuidadores deben guardar la mayor asepsia e higiene. El uso de guantes evitará posibles contaminaciones.

Amortajamiento del cadáver

Consiste en realizar cuidados técnicos a la persona después del fallecimiento. Se retirarán drenajes y sondas del fallecido y se preparará el cuerpo para que pueda ser velado por los familiares antes de proceder a su entierro o incineración.

Material necesario

- Mortaja o sudario para envolver el cuerpo.
- Esparadrapo para unir los pliegues del sudario (entre otras cosas).
- Vendas para atar las muñecas y tobillos.
- Recipiente con agua y jabón para lavar todo el cuerpo.
- Guantes para realizar la técnica del lavado y toalla para secar después de lavar el cuerpo.

- Material para curas:
  - ▹ Algodón.
  - ▹ Jeringas de 10 c.c..
  - ▹ Pinzas.
  - ▹ Tijeras.
- Bolígrafo y etiqueta para identificar el cadáver.

Pasos a seguir

1. Verificar y confirmar el *Exitus Letalis* (salida mortal) en el parte médico. Durante todo el proceso se colaborará con la enfermera responsable.
2. Para realizar el amortajamiento se solicitará a la familia que abandone la habitación. Ayudarles en todo lo necesario en esos difíciles momentos.
3. Si hay otro paciente compartiendo habitación, trasladarlo a otra habitación o, en su defecto, aislarlo mediante un biombo o cortina.
4. El celador se lavará las manos y colocará guantes de un solo uso.
5. Preparará todo el material necesario y lo trasladará a la habitación del fallecido.
6. Colocará el cuerpo en decúbito supino, para ello situará la cama en posición horizontal si estaba levantada y se le deja una almohada.
7. Desconectará y retirará catéteres, drenajes... que pudiera llevar el fallecido.
8. Realizará la higiene completa del fallecido: lavarle la cara y afeitarle si hace falta, limpiarle las secreciones y peinarle.
9. Colocará en un carrito el material para curas y ayudará a la enfermera a taponar las salidas de sangre u otras secreciones, si las hay, y a colocar el apósito perineal tras un taponamiento rectal y vaginal si se precisaran.
10. Estirará las extremidades inferiores y colocará los brazos a lo largo del cuerpo. El cadáver debe quedar alineado.
11. Se le cerrarán los ojos bajando los párpados superiores tirando levemente de las pestañas. Se le colocará la dentadura si se le hubiese quitado al enfermo moribundo y se le cerrará la boca;
12. Se sujetará la mandíbula del cadáver con un vendaje alrededor de la cabeza.
13. Se entregará a la enfermera los objetos de valor retirados del fallecido (para su posterior entrega a los familiares) y ponerle una bata mortuoria o sudario. Si la familia lo desea, se facilitará que puedan vestir con sus ropas al cadáver.

14. Se cubrirá por completo con una sábana y pondrá la etiqueta de identificación: identificar al cadáver con nombre, fecha, hora y unidad de procedencia.
15. Antes del traslado por los Celadores, asegurarse de que las puertas de las demás habitaciones están cerradas y de que no circulan pacientes por los pasillos.
16. Se notificará el *Exitus Letalis* a los servicios que corresponda: Farmacia, Admisión, Cocina, etc.
17. Por último, se recogerá y limpiará la habitación, después se notificará para su desinfección.

Nota: Los fallecidos por causa de ciertas enfermedades contagiosas deben ser amortajados de forma especial.

Traslado del cadáver al mortuorio

El traslado al mortuorio se hará una vez recibido el parte de traslado correspondiente. Corre a cargo del celador que ha auxiliado en el amortajamiento, acompañado de otro celador, concretamente del celador del servicio donde se ha producido el deceso. El traslado del cadáver se hará en camilla cubierta o la camilla debe protegerse con una sábana y el cuerpo debe cubrirse con otra sábana, que lo cubrirá por completo desde el servicio en el que se produjo el fallecimiento hasta el depósito. Los familiares nunca podrán acompañar la camilla.

Como se indicaba, antes de salir de la habitación con la camilla el celador debe asegurarse que el pasillo se encuentre despejado de enfermos y visitantes. En caso contrario, les invitará a entrar en sus habitaciones y luego saldrá con la camilla.

El traslado se realizará por zonas poco frecuentadas y de forma discreta. Se despositará en la cámara frigorífica con la cabeza del enfermo a la puerta de la cámara, por si hubiese que reconocer el cadáver. En la puerta de la cámara se colocará una etiqueta con los datos del cadáver para su posterior identificación. Después de la colocación del cadáver en la cámara el mortuorio debe permanecer en las mejores condiciones de higiene y limpieza.

Si está prevista la práctica de autopsia o "necropsia", será conducido a la cámara frigorífica libre correspondiente.

El cuerpo del difunto pertenece a la familia, salvo que haya otra disposición por escrito y de manera clara (instrucciones previas) o bien que la familia lo done con fines científicos o humanitarios.

2. Actuación en las salas de autopsias y mortuorios

2.1. Conceptos generales

El trabajo a realizar en el área del tanatorio por parte del celador conlleva una serie de situaciones que precisan del conocimiento de algunos conceptos:

- **Éxitus**: palabra que proviene del latín y que significa muerte. Se utilizan también como sinónimo defunción, deceso u óbito.
- **Tanatorio**, **mortuorio**: es una institución situada en un edificio separado del hospital, que presta servicios funerarios.
- **Mortaja**: se emplea como vestimenta que envuelve al cadáver para enterrarlo.
- **Tanatopraxia**: es toda práctica mortuoria que permite la conservación y exposición del cadáver con las debidas garantías sanitarias.
- **Tanatopsia**, **autopsia** y **necropsias post mortem**: consiste en la disección y examen del cuerpo de una persona fallecida, para determina la causa de la defunción o la presencia de un proceso patológico. Se distinguen dos tipos de autopsias:
- **Tanatología**: se entiende por tal la suma de conocimientos relativos a la muerte, desde el punto de vista médico-legal especialmente.
- **Rigor Mortis** o **rigidez cadavérica**: es el endurecimiento del cuerpo que se produce de dos a cuatro horas después de la muerte.
- **Livideces cadavéricas** (*livor mortis*): como consecuencia del cese de la circulación sanguínea, los hematíes comienzan a romperse liberando hemoglobina y decolorando los tejidos. A esta decoloración se la conoce con el nombre de *livor mortis*.
- **Putrefacción**: es la descomposición de la materia orgánica muerta por la acción de las bacterias.
- **Autopsia clínica**: es el examen realizado sobre el cadáver de una persona fallecida a causa de enfermedad, y que tiene como objetivo final la confirmación de las causas de la muerte.
- **Autopsia médico-forense**: es el estudio de un cadáver o restos humanos con el fin de informar a la autoridad judicial de las causas y circunstancias de su muerte.

El trabajo del Celador en la sala de autopsias conlleva una serie de actuaciones y trabajos con diferente instrumentación cortante, lo que hace que sea necesario el conocimiento preciso de las medidas profilácticas a llevar a cabo.

En este servicio el celador se denomina Celador Auxiliar de autopsias y sus funciones son de auxilio y ayuda al personal facultativo (anatomatopatólogos o forenses).

El celador en este servicio se ocupará de lo siguiente:

- Transporte del cadáver desde el depósito a la mesa de autopsias: los cadáveres deben salir de la Unidad de origen perfectamente identificados, con el nombre y los apellidos en un lugar visible que no necesite de la manipulación de la mortaja para su lectura. El depósito deberá también estar identificado. La temperatura de las cámaras frigoríficas es de 4 °C.
- Preparar el cadáver para realizar la autopsia, así como efectuar los movimientos del mismo que fueran necesarios para su práctica.
- Colocar el cadáver en la mesa de autopsias en decúbito supino.
- Conservar un ambiente de respeto impidiendo entrar durante el proceso autópsico a individuos ociosos o morbosos.
- Deben tenerse las mismas consideraciones con el cuerpo vivo que con el muerto.
- Auxiliar al médico durante la autopsia, en aquellas prácticas instrumentales no específicas de profesionales titulados, que no impliquen hacer uso de instrumental alguno sobre el cadáver, así como efectuar los movimientos del fallecido que fueran necesarios para su práctica.

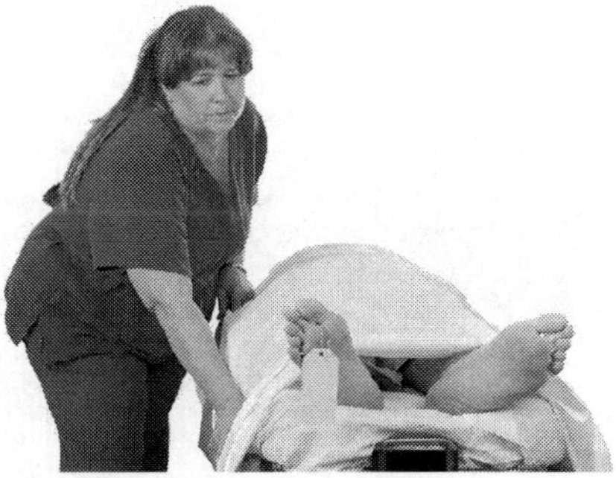

- Pesaje de órganos, anotaciones, introducir en cubos herméticos restos humanos para su traslado e incineración por la empresa autorizada, etc...
- Si hay que rellenar un cadáver, se hace con papel, antes de proceder a su cierre por el Anatomopatólogo.

- Recomponer y asear al cadáver una vez efectuada la autopsia.
- Lo hará independientemente del sexo del paciente.
- Limpiar la sala, mesa y material de autopsia.

- Limpiar el instrumental utilizado un detergente, una vez limpio, aplicar una desinfección por medio de lejía durante 10 minutos por inmersión. Cada cierto tiempo se enviará el instrumental a esterilizar. Si se tratase de una autopsia de riesgo se utilizará instrumental esterilizado.
- Cualquier otra cuestión de carácter auxiliar que le fuera encomendada por el personal médico en relación con la práctica de autopsias.
- Trasladar las muestras al servicio de anatomía patológica.
- Reparto de los resultados de las biopsias y citologías del centro.

2.2. Medidas de prevención

- Se recomienda el uso de guantes de látex y desechables.

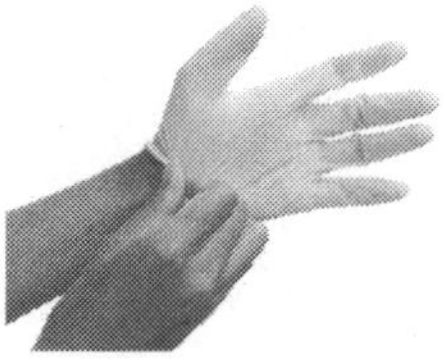

- Éstos son la protección de barrera más importante en este servicio. Si durante el trabajo los guantes se deterioran o se rompen, el celador se lavará inmediatamente las manos y se colocará un par nuevo.
- Se colocará bata, que suelen ser desechables, para impedir que las salpicaduras de sangre alcancen el tronco o las extremidades del celador.
- Mascarilla y gafas, para prevenir salpicaduras de los fluidos corporales.
- Lavado de manos ordinario, es uno de los pilares básicos para evitar la contaminación a través de microorganismo.

Consejos

En el uso de utensilios cortantes, sobre estructuras duras, son necesarias las batas, mascarillas y gafas, para evitar salpicaduras y el posterior contagio.

El procedimiento del lavado ordinario de manos es uno de los pilares básicos para evitar la contaminación a través de microorganismos.

Pasos a seguir ante una exposición accidental con fluidos corporales

Aunque se utilicen perfectamente los medios de protección pueden existir situaciones en las cuales exista una exposición accidental con sangre u otros líquidos corporales. En estos casos la manera de proceder es:

En caso de pinchazo o cortes:

- ▹ Retirar el objeto punzante.
- ▹ Limpiar la herida con abundante agua y dejar que la sangre fluya durante 2 o 3 minutos.
- ▹ Utilizar algún antiséptico y cubrir con un apósito.
- ▹ Comunicación del incidente.
- ▹ Si la piel no ha sufrido ninguna lesión o herida en la solución de continuidad, se procederá al lavado de manos con agua y jabón. Si la sangre entra en contacto con las mucosas se lavará inmediatamente con agua.

El instrumental, siempre que se pueda, será desechable y, en caso de que no lo sea, se procederá de la siguiente forma:

- Utilizar guantes para su limpieza.
- El material se lavará previamente antes de enviarlo al departamento de esterilización.
- Aclarar con abundante agua corriente.
- Envío al departamento de esterilización.

Tema 7

Unidades de Psiquiatría: la actuación del Celador en relación al enfermo mental

eRodio ediciones

Índice esquemático

1. Concepto de Psiquiatría

Se entiende por **Psiquiatría** aquella rama de la Medicina que tiene por objeto el estudio, diagnóstico, tratamiento y prevención de las enfermedades mentales, así como de ciertos trastornos de la personalidad y la conducta. También trata de evitar y poner remedio a ciertas variantes psíquicas anormales.

Lo que se desvía de la normalidad lo entendemos como anormal.

Lo que coincide con el término medio se considera normal. Por tanto, lo que se desvía de una forma considerable de este punto (hacia arriba o hacia abajo) se considera anormal.

La Sanidad moderna pone su énfasis en la promoción y prevención de la salud. La Organización Mundial de la Salud (OMS) define la salud como el estado completo de bienestar físico, psíquico y mental y no solamente la ausencia de enfermedades.

¿Es posible alcanzar un buen nivel de salud sin salud mental?

No, no lo es. Aún así, la sociedad marca unas líneas de comportamiento y de pensamiento que, sistemáticamente, excluyen esta parte del ser humano hasta relegarla a lo marginal.

La asistencia psiquiátrica ha estado separada del resto de la atención sanitaria hasta la llegada de la Ley General de Sanidad.

Gracias a ello, la asistencia psiquiátrica ha cambiado. Se han creado centros de salud mental, hospital de día, pisos protegidos...

La red psiquiátrica en nuestro país está conformada por:

1. Centros de salud mental.
2. Unidades de hospitalización psiquiátrica.
3. Estructuras intermedias.

1.1. Centro de salud mental

La Ley 14/1986, General de Sanidad sectoriza y divide en áreas sanitarias que dependen de las distintas Comunidades Autónomas la estructura asistencial. Igualmente se realizan conciertos entre el Servicio Sanitario Público y otras instituciones de carácter privado.

El objetivo de la red asistencial es la atención psiquiátrica especializada a pacientes remitidos desde la Atención Primaria o de otros niveles sanitarios, con seguimiento continuado. Para ello se realizarán consultas de acogida, consultas de revisión, psicoterapias individuales, de grupo, de pareja, administración de medicación y otros tratamientos, seguimiento de enfermería, asistencias domiciliarias, etc.

Se constituye con un equipo multidisciplinar en el que se incluyen psiquiatras, psicólogos, enfermeros, trabajadores sociales, auxiliares de psiquiatría y celadores, principalmente.

El Centro de Salud mental es la vía de acceso al resto de dispositivos socio sanitarios en este campo de la salud.

1.2. Unidad de hospitalización psiquiátrica (unidades de corta estancia)

Son unidades adecuadas a la hospitalización de pacientes con enfermedades mentales, localizadas la mayor parte en Hospitales Generales.

Están sectorizadas y se coordinan con el resto de los recursos de salud mental y asistencia psiquiátrica. Se encuentran atendidas por un equipo multidisciplinar.

Trabajan las 24 horas del día, y se dedican a la atención de los siguientes casos:

- Cuando la patología presentada pueda ser una amenaza para el propio paciente o para los demás.
- Fracaso de tratamientos ambulatorios en otras instituciones.
- Separación del entorno socio familiar, por ser negativo para el paciente o viceversa, cuando la enfermedad del paciente no puede ser atendida en condiciones por la familia.
- Evaluación y proceso diagnóstico.
- Desintoxicación.
- Enfermedad física que se agrava con patología psíquica.

1.3. Estructuras intermedias

1.3.1. Hospital de día

Se define como una hospitalización parcial y es una alternativa al ingreso total. Se debe realizar una programación individual que comprenda: tratamientos, psicoterapia, terapia ocupacional, socio terapia y reeducación. El horario generalmente es de mañana y media tarde (9 h a 17 h), y se permanece en el propio domicilio el resto del tiempo. El tratamiento tiene una duración de uno a seis meses.

1.3.2. Centro de día

Trabajan con pacientes crónicos en situación de dependencia o con medio socio laboral desestructurado. Su finalidad es la recuperación de habilidades o destrezas para integrarse en la sociedad. Se debe llegar a la autonomía e independencia. Se utilizan técnicas de psicoterapia individuales, grupales, terapias ocupacionales, etc.

1.3.3. Centro de media estancia

Pertenecen al nivel terciario y su objetivo es la rehabilitación del paciente después de haber pasado un ingreso de 6 a 12 meses. Utiliza terapias de grupo, individuales, terapia ocupacional y formación en actividades y oficio.

1.3.4. Centros de larga estancia

Son centros para pacientes sin autonomía, que carecen de recursos socio-familiares; son pacientes que no pueden seguir ningún tratamiento rehabilitador.

1.3.5. Talleres ocupacionales

Estos centros proporcionan a los pacientes derivados de otros recursos asistencia les, una formación, orientación y adiestramiento en el trabajo de manera considerada «protegida».

Posteriormente estos pacientes pasan a talleres protegidos, donde se les acercará al mundo laboral.

La terapia ocupacional consiste en la utilización terapéutica de las actividades de auto cuidado, trabajo y ocio, con el fin de incrementar la independencia funcional de la persona.

1.3.6. Pisos protegidos

Son considerados de carácter terciario y la gran mayoría de sus pacientes derivan de otros recursos rehabilitadores. La finalidad de estos pisos es que el paciente consiga llevar una vida completamente autónoma, en régimen de convivencia en grupo con la supervisión de un trabajador social.

Varían en número de ocupantes, grado de autonomía, sexo...

2. Unidades de Psiquiatría: la actuación del celador en relación al enfermo mental

El antiguo Estatuto de Personal no Sanitario no hacía referencia a las tareas relacionadas con los enfermos psiquiátricos. En 1971 la asistencia psiquiátrica no se prestaba en las Instituciones Sanitarias de la Seguridad Social, sino por las Diputaciones Provinciales.

Así las funciones a desarrollar en las Unidades de Psiquiatría se recogen en los distintos Protocolos de actuación y Normas de Régimen Interior, que han de tener en cuenta las previsiones de los Estatutos de Personal de las Instituciones Sanitarias de las Seguridad Social.

En una Unidad de Psiquiatría el celador realiza las siguientes funciones:

- Cuida del entorno ambiental de los pacientes, levantando persianas por la mañana y bajándolas por la noche.
- Ayuda al aseo personal de los pacientes que lo precisen.
- Vigila a los pacientes que no quieren asearse para que lo hagan.
- Controla el acceso y la circulación de las personas por la Unidad.
- Recoge medicación y otros productos de la Farmacia.
- Acompaña a los pacientes y resto de personal sanitario a pasear por las zonas ajardinadas contiguas del Centro sanitario.
- Vigila a los pacientes en sus paseos o cuando salen al exterior en recintos acotados.
- Vigila el orden y la armonía entre los pacientes.
- Presta ayuda al personal técnico especialista en la realización de placas realizadas con material portátil.
- Ayuda al personal sanitario en la administración de inyectables y tratamiento de pacientes incapaces que se niegan a colaborar.
- Colabora con otros profesionales de la Unidad en la reducción de pacientes agitados. Por ejemplo sujetando a los pacientes alterados a los que hay que aplicar sujeción mecánica.

- Vigila la puerta de acceso a la Unidad. Control de entradas y salidas.
- Controla el suministro de tabaco a los pacientes que lo tienen permitido en su tratamiento.
- Traslada pacientes a las Unidades y Consultas del Centro que sea preciso.

Tema 8

La actuación del Celador en unidades hospitalarias de urgencias y emergencias y puntos de atención continuada en Atención Primaria. El acompañamiento de enfermos en ambulancia

Rodio ediciones

Índice esquemático

1. La actuación del Celador en unidades hospitalarias de urgencias y emergencias y puntos de atención continuada en Atención Primaria

En cada hospital el servicio de Urgencias sigue una distribución basada en la funcionalidad y la operatividad. No se debe olvidar que es uno de los lugares por donde el paciente suele ingresar, debiendo tener una adecuada organización, con zonas definidas y delimitadas para una correcta atención y evitar retrasos en la atención al enfermo. Un servicio de urgencias está dividido en las siguientes áreas:

- **Admisión de Urgencias**. Su objetivo es registrar las entradas y salidas de los pacientes y dirigirlos a la unidad de Triage. En ocasiones actúa como centro de información de pacientes y como servicio general de Admisión en días festivos o fines de semana. Entre sus funciones destacamos:
  - Registro de entrada de pacientes.
  - Derivación del paciente al triage.
  - Custodia de pertenencias en casos excepcionales o a solicitud del enfermo.
  - Avisar a ambulancias.
  - Cumplimentar la documentación oportuna (partes al juzgado, etc).
- **Sala de Triage**. Es el lugar físico en el que el profesional de enfermería y el personal médico acogen, clasifican y ubican a los enfermos. En los hospitales este término está empezando a no usarse, sustituyéndolo por R.A.C. (Recepción, Acogida y Clasificación) dejando la palabra Triage, para catástofres.
- **Primer nivel de atención o críticos**. Corresponde al área del servicio de Urgencias en el que se tratan a aquellos pacientes cuyo estado es grave o muy grave, o bien que sin serlo precisan de una atención inmediata a fin de evitar una situación de mayor gravedad.
- **Segundo nivel o boxes**. Es donde los profesionales sanitarios llevan a cabo acciones para mejorar la salud de los pacientes que presentan un riesgo moderado o grave que no compromete su salud.
- **Salas de espera y observación**. Donde estarán los familiares de los enfermos o acompañantes, a la espera de que sean requeridos para información médica. Generalmente se encuentra ubicada al lado de la puerta de entrada de urgencias, junto al servicio de admisión.

La sala de observación, es un lugar habilitado con camas, donde el enfermo estará un máximo de 24 h., para "observar" la evolución de su enfermedad, para posteriormente o bien ingresarlo en la unidad de hospitalización correspondiente, o bien, irse de alta para su domicilio.

1.1. La actuación del Celador en el servicio de Urgencias

El celador en este servicio se ocupará de lo siguiente:

a) **Celador de Puerta**

- Nunca dejará la puerta sin atención.
- Recepcionará y ayudará a los pacientes que vengan en vehículos particulares y ambulancias.
- Recepcionará y ayudará a pacientes ambulantes.
- Transportará a los pacientes en sillas de ruedas, camillas, etc.
- Trasladará al enfermo al mostrador de Admisión de Urgencias para que el personal administrativo tome datos. En caso de que su estado de salud no le permita esperar, lo pasará directamente a la zona de triage.
- Avisará al personal sanitario cuando sea preciso.
- Mantendrá un número suficiente de sillas de ruedas y camillas en la entrada de urgencias.
- Vigilará las entradas al Área de urgencias, no permitiendo el acceso a sus dependencias más que a las personas autorizadas para ello.
- Facilitará información general no sanitaria, no administrativa (el celador nunca informa del estado de un enfermo).
- Cuidará por el mantenimiento de las normas de convivencia general (no fumar, buen uso de las instalaciones, etc.).
- Indicará a los familiares o al paciente que aguarden en la sala de espera de la zona de triage, donde será visto por un facultativo que valorará su situación.
- Instalará al paciente en el box.
- Controlará que solamente pase a la zona de boxes un acompañante por paciente.

b) **Celador de Boxes** (departamento dentro del servicio)

- Instalará al paciente en el box, movilizándolo y colocándolo en la posición que le sugiera.

- Acompañará o trasladará al paciente a realizar pruebas de diagnóstico en el interior del servicio (TAC, radiografías, ecografías etc.).
- Llevará muestras de orina, heces, sangre etc. hasta los laboratorios correspondientes.
- Ayudará en punciones lumbares, inyectables y otras pruebas que requieran inmovilización, colocando al enfermo en la posición que le solicite.
- Realizará el traslado del paciente hasta el medio de transporte en la entrada cuando es dado de alta.

c) **Celador de áreas específicas dentro del servicio**

Dentro del servicio, existen unos boxes específicos para una atención concreta, entre ellos: Quirofanillo, (lugar de cirugía menor, sutura y limpieza de heridas) sala de yesos (colocación de vendajes y yesos), Box vital o de R.C.P. (box acondicionado para reanimaciones, y atenciones vitales de urgencia extrema).

En estas zonas, tendrá las siguientes funciones:

- Custodiar la zona quirúrgica de toda persona ajena al área de urgencias.
- Pasar a los enfermos de uno en uno, salvo en casos excepcionales.
- Mantener la intimidad del paciente.
- Ayudar si lo requieren en la colocación de yesos, férulas, etc.
- Ayudar si lo requieren en la realización por parte del médico de suturas, curas quirúrgicas, etc.
- Transporte y control interno de pacientes y familiares.
- Ayuda al personal sanitario en general.
- Auxilio en aquellas labores propias del celador en las áreas de Yesos y Quirófano de cirugía menor, así como las que sean ordenadas por los médicos, supervisoras o enfermeras.
- Transporte y control de documentos, correspondencia u objetos.
- Control de personas en el área interna de urgencias.
- Ayuda en la higiene de los pacientes en las camas de observación, así como en su movilización.
- Atención a la sala de Reanimación Cardiopulmonar.
- Transporte de aparatos y mobiliario dentro de la unidad.
- Colaboración en la inmovilización y sujeción de enfermos mentales agitados.

- Traslado de pacientes a Radiología, y traerlos de vuelta una vez realizada la prueba.
- Traslado de documentos, correspondencia u objetos a los laboratorios y servicios o unidades del Hospital.
- Traslado de los pacientes a las unidades de Hospitalización y unidades especiales.
- Traslado de cadáveres al mortuorio.

1.2. Puntos de Atención Continuada (PAC) en Atención Primaria

Son un recurso de los servicios de salud orientado a garantizar una asistencia permanente e ininterrumpida, para atender en cualquier momento las demandas asistenciales que puedan producirse y que no puedan demorarse al horario habitual de consulta.

Todos los PAC están dotados de personal sanitario cualificado y su dotación dependerá de las características demográficas de la Zona Básica de Salud donde se ubican.

La actuación del Celador en este departamento es la misma que en los de Atención Primaria con alguna diferencia, ya que su jornada se desarrolla "principalmente" en horarios nocturnos, en días festivos y se enfrentan a jornadas laborales "más complicadas".

2. El acompañamiento de enfermos en ambulancia

Las ambulancias son los vehículos que han sido acondicionados para el transporte de personas que no pueden valerse por sí mismas. En estos vehículos encontramos dos zonas: la cabina de conducción y la cabina asistencial.

Como norma general, en las ambulancias deberá ir un celador que será el encargado de bajar o subir a la ambulancia a los enfermos.

Este celador se sentará durante el transporte del paciente junto a éste en el asiento destinado para él y será el que informe al personal sanitario titulado de cualquier anomalía que pueda sufrir el enfermo durante el transcurso del transporte.

Por tanto, el celador se considera como un miembro del equipo de transporte de los pacientes hacia el centro asistencial y, como miembro, deberá colaborar con el equipo.

Podemos destacar como sus funciones:

- Informará al paciente trasladado o en su caso a las personas responsables que lo acompañen, el motivo de su traslado y hacia el lugar al que se dirigen.
- Ayudará al equipo de la ambulancia a la movilización y la preparación que se necesite para el paciente.
- Se encargará de preparar el informe y documentación clínica necesaria para entregársela al hospital receptor del enfermo.
- Tratará al paciente con el debido respeto.

Siempre se respetará en cualquier caso la intimidad del paciente, incluso en los casos en los que el paciente se encuentre en estado de inconsciencia. Además deberá abstenerse de realizar algunos comentarios acerca de la situación, sobre todo si se encuentran acompañantes con el enfermo.

Hemos comentado anteriormente, que el celador estará atento a cualquier circunstancia que se pueda producir en el paciente durante el traslado avisando al personal sanitario que los acompañe. En cuanto a estas situaciones que se puedan producir, las funciones del celador serán:

- Reconocer la naturaleza de las lesiones que posea el enfermo o la enfermedad que padezca.
- Evaluar la gravedad de la situación.
- Movilizar al paciente con seguridad y rapidez.
- Ante un caso de emergencia vital, realizará las maniobras de soporte vital básico, evitando siempre cualquier lesión sobreañadida.
- Cuando exista una emergencia respiratoria, podrá abrir y mantener permeable la vía aérea procurando siempre la ventilación y oxigenación. Podrá realizar la respiración boca a boca si fuese necesario ayudando al personal cualificado para ello.

Los celadores tendrán unos conocimientos no sanitarios en relación con las ambulancias:

- Deberán conocer cuáles son las normas de circulación.
- Conocerán cuales son las características del vehículo así como conocer los materiales y aparatos que se llevan, cuáles son sus funciones y en qué lugar de la ambulancia se ubican.

- Se encargarán de que todo funcione correctamente, para en caso que no sea así, avisar al supervisor. Para ello, supervisarán las luces, pilotos, sirenas... También observarán que el material que se lleva en la ambulancia funcione correctamente.
- Se encargarán de comprobar la existencia del material y de reponer el necesario, como pueden ser sábanas y mantas, papel secante, jabón, bolsas de basura...

Mantendrán la limpieza y desinfección tanto interior como exterior del vehículo.

Tema 9

El traslado de documentos y objetos. Manejo y traslado de documentación sanitaria. Funciones del Celador en Atención Primaria

Rodio ediciones

Índice esquemático

1. El traslado de documentos y objetos. Manejo y traslado de documentación sanitaria

Las funciones de los celadores relacionadas con la documentación clínica son: Tramitarán o conducirán sin tardanza las comunicaciones verbales, documentos, correspondencia u objetos que les sean confiados por sus superiores, así como habrán de trasladar, en su caso, de unos servicios a otros los aparatos o mobiliario que se les indique.

El desarrollo de estas funciones es el siguiente:

a) **Tramitación de comunicaciones verbales**.

Los celadores han de transmitir a sus compañeros, superiores, subordinados o público las comunicaciones verbales (instrucciones, mensajes, información...) que les indiquen sus superiores o profesionales autorizados, por delegación de éstos.

b) **Traslado de documentos**.

Tradicionalmente el documento ha sido el «escrito con que se prueba, acredita o se hace constar una cosa». Modernamente es «todo soporte de información que trata de enseñar algo a alguien» o «todo elemento de información fijado sobre un soporte material o toda expresión de pensamiento fijada materialmente y susceptible de ser utilizada para consulta, estudio o prueba».

El concepto de documento abarca, pues, mucho más que el documento escrito. Así, distinguimos los siguientes tipos de documentos:

1. *Según su forma*, hay documentos:
   - Gráficos: manuscritos, Historias Clínicas.
   - Tipográficos: libros, impresos, fotocopias.
   - Iconográficos: retratos, grabados, fotografías, microfichas, planos, ilustraciones, radiografías.
   - Plásticos: sellos, monedas, medallas.
   - Fónicos: discos, compactos de música.
   - Audiovisuales: diapositivas, películas, vídeos.
   - Informáticos: cintas magnéticas, CD ROM, disquetes, memorias USB portátiles.
2. *Según su origen*, hay documentos:
   - Primarios: libros, folletos, informes catálogos, historias clínicas.
   - Secundarios: revistas de sumarios, de resúmenes o citas.
   - Terciarios: perfiles bibliográficos.

Son documentos de traslado ordinario por los celadores:

- ▷ Hojas de interconsulta.
- ▷ Pedidos a Almacén General, Almacén de Fungibles, Farmacia, Lencería.
- ▷ Partes de Mantenimiento.
- ▷ Historias Clínicas.
- ▷ Peticiones y resultados de analíticas y pruebas diagnósticas (radiografías, ecografías, urografías, arteriografías, etc.).
- ▷ Peticiones de ambulancia.
- ▷ Partes de quirófano.
- ▷ Petición de exploración en otros Centros e Instituciones.
- ▷ Peticiones de citas.
- ▷ Órdenes de hospitalización.

c) **Traslado de correspondencia**.

Cartas, impresos, revistas y correo externo o interno, en general.

d) **Traslado de objetos**.

Todos los de uso común en las Instituciones sanitarias: cajas, carros, envases, medicamentos, tubos y muestras y enseres en general.

e) **Traslado de aparatos y mobiliario**.

Aparatos electromédicos, muebles, proyectores, fotocopiadoras.

En caso de haber peones en la plantilla del Hospital (categoría creada por el Real Decreto Ley 3/1987, de 11 de septiembre) habrá que delimitar las funciones entre éstos y los celadores en este función de traslado de aparatos y mobiliario.

El modo en que los superiores «confían» a los celadores el traslado de documentos, correspondencia, objetos, aparatos y mobiliario no ha de ser siempre mediante una orden verbal directa. Lo habitual es asignar por escrito los deberes que corresponden a los celadores de cada Unidad y su ejecución puede realizarse por iniciativa del propio celador o a petición de otros profesionales, aunque no sean sus superiores, y, por supuesto, por orden de aquéllos.

f) **Otras tareas**.

Aparte de lo ya indicado, se recogen a continuación algunas de las tareas más frecuentes de los celadores de las Instituciones Sanitarias relativas a esta función de traslado de documentos y objetos:

- ▷ Reparto de correspondencia dentro del Centro.

- ▷ Entrega de avisos verbales y escritos a los compañeros, superiores o público.
- ▷ Tramitar los pedidos al almacén, recogiendo el material cuando esté dispuesto, y traslado del mismo a la Unidad correspondiente.
- ▷ Traslado de historias clínicas entre el Archivo y las Unidades del Hospital: consultas, servicios diagnósticos, plantas de hospitalización.
- ▷ Traslado de porta firmas desde las Unidades administrativas a asistenciales hasta las Direcciones o Jefaturas correspondientes, para que los escritos sean firmados y/o registrados, en su caso, y posterior devolución a las Unidades.
- ▷ Reposición de colchones, trasladando los viejos al Almacén y recogiendo de allí mismo los nuevos.
- ▷ Reposición de determinado material de Lencería, haciendo lo mismo que con los colchones (almohadas, fundas de colchón).
- ▷ Los celadores adscritos a Servicios de Almacén se encargarán del traslado del material dentro del mismo.
- ▷ El celador de quirófano transportará los aparatos del área quirúrgica que le requiera el personal sanitario.

2. Funciones del Celador en Atención Primaria

Sus funciones son (suele ser uno por turno):

- Información.
- Reponer materiales.
- Repartir las historias clínicas.

La satisfacción del cliente

En la Sanidad no es algo aleatorio sino que depende de dos variables que son: las expectativas y la realidad del servicio.

El cliente puede percibir: que recibe lo mismo que esperaba, con lo que es un cliente satisfecho; que perciban más de lo que esperaban, por lo que es un cliente muy satisfecho o que reciban menos de lo que esperaba, por lo que es un cliente insatisfecho.

El usuario de la Sanidad tiene una serie de necesidades que demanda que sean cubiertas entre ellas están:

- Respuesta atención rápida.
- Atención individualizada.
- Fiabilidad, formación y conocimiento del profesional.
- Ser tratado con respecto y dignidad.
- Confort físico.
- Orientación.
- Afecto.
- Aspecto adecuado del personal.

La comunicación

En la atención al cliente son de dos tipos: técnico sanitaria y humana.

Presenta varias barreras entre ellas: lugares inapropiados, barreras físicas; momentos inadecuados; emociones alteradas; interrupciones; generalizaciones y juicios prematuros; mensajes vagos e inconsistentes; diferentes versiones de hechos pasados; diferentes códigos; estereotipos; etiquetas; ignorar mensajes importantes; da órdenes; no ser sinceros o adular en exceso; no da importancia a su problema; comparar con otras personas.

El tener al paciente informado quiere decir, darle las debidas explicación a un paciente mentalmente capacitado, del diagnóstico y naturaleza de su enfermedad, tratamientos posibles y ventajas e inconvenientes de cada uno, así como la comparación entre ventajas e inconvenientes de intervenir y de no intervenir, presentándole la información de forma suficiente, comprensible e imparcial y presentándole la alternativa por él elegida para que de o no su consentimiento, todo ello sin sacar ventaja de su ascendiente psicológico sobre el paciente.

Gran parte de estos derechos y deberes estaban recogidos también en la Orden Ministerial de 1972 por la que se aprueba el Reglamento General para el Régimen, Gobierno y Servicio de las Instituciones Sanitarias de la Seguridad Social.

La Carta de Derechos y Deberes de los usuarios también se refiere a la información y la confidencialidad: el paciente tiene derecho al respeto de su intimidad (y su personalidad, dignidad...), sin que pueda ser discriminado por razones de tipo moral, social, económico o ideológico, derecho a la confidencialidad de toda la información relativa a su proceso en la institución, incluido el secreto de estancia en la misma, salvo por exigencias legales, derecho a la libre elección entre las alternativas que le presente el responsable médico, precisándose el consentimiento expreso excepto: cuando la urgencia sea extrema, cuando pueda afectar a la salud pública, cuando exista imperativo legal, cuando el sujeto esté incapacitado, en cuyo caso tomarán la decisión los responsables legales del mismo, a que se le asigne un médico, cuyo nombre se le indicará y que será el responsable de suministrarle la información, a recibir información previa y a dar o no su consentimiento para la realización con él de pruebas experimentales o ensayos clínicos, o para ser utilizado en tareas docentes. Esta información deberá incluir objetivos, riesgos para el paciente y procedimientos a seguir.

Tema 10

El Celador almacenero. Recepción y almacenamiento de mercancías. Organización del almacén Distribución de pedidos. Actuación del Celador en la farmacia

eRodio ediciones

Índice esquemático

1. El Celador almacenero. Recepción y almacenamiento de mercancías. Organización del almacén. Distribución de pedidos
   1.1. Tareas del Celador en el almacén
   1.2. Tipos de Celadores almaceneros según su función

2. El Celador en la unidad de Farmacia
   2.1. Unidades de Farmacia
   2.2. Actuación del Celador en la Farmacia

1. El Celador almacenero. Recepción y almacenamiento de mercancías. Organización del almacén. Distribución de pedidos

El lugar destinado a guardar todo el material que no se va a usar inmediatamente es el almacén, siendo, además, el destino provisional de las compras realizadas hasta que vayan a ser utilizadas.

El almacenaje de este material conlleva una serie de normas a seguir para guardar un orden y unas medidas de seguridad.

Este almacenamiento implica, por lo tanto, la colocación, conservación y control de las existencias del material que alberga.

Para controlar el material que se encuentra en el interior del almacén se realizan los inventarios a través del stock, que nos informa en todo momento de las entradas, las salidas y las existencias.

Gestión de stock

La gestión de stock es, quizás, la labor más importante de todo el sistema, ya que el buen o mal funcionamiento del mismo significará o no la disponibilidad de un stock físico fiable y de los controles que lo garanticen.

Deberá garantizar la plena integridad referencial, es decir, la posibilidad de comunicación de cualquier actualización del stock en tiempo real. Al mismo tiempo, deberá disponer de la posibilidad de efectuar un cierre de inventario a voluntad del usuario y de obtener históricos de movimiento del stock.

Es básico este control de las existencias de cada artículo para evitar situaciones de desabastecimiento que darían lugar al incumplimiento de la labor asistencial encomendada a la Institución. Para evitar esto, se debe tener siempre un determinado stock de cada artículo que variará en función del uso de estos. Así, las existencias de jeringuillas desechables, por ejemplo, será siempre mayor que la de sondas nasogástricas. También se debe llevar un control de los artículos que consume cada Servicio o Unidad para evitar consumos indebidos.

El control del almacén debe de incluir, lógicamente, no solamente el control de los movimientos de entrada y/o salida, «movimientos externos», sino también el de los movimientos de reaprovisionamiento y/o colocación/descolocación «movimientos internos».

1.1. Tareas del Celador en el almacén

La principal tarea a desarrollar por el celador encargado del almacén es la de controlar los pedidos realizados por el centro.

Repartirá y abastecerá al hospital en general de los materiales consumibles que les requieran.

Entre las funciones más importantes que realizará el celador almacenero nos encontramos con las siguientes:

- Una vez que se ha formalizado el pedido, el celador se encargará de la recepción de la mercancía. Para ello, será el encargado de aceptar o no la misma, controlando así los pedidos.
- El control de los pedidos se realiza de forma cuantitativa, es decir, se comprobará cual es la cantidad que se ha pedido y se contarán los materiales o paquetes que se han recibido de ese pedido para ver que no falte nada.
- El celador cargará y descargará los productos, así como también los colocará ordenadamente en el almacén. El orden en el almacén puede ser de dos tipos:
  - ▹ Destinando cada artículo a un lugar determinado: este tipo de orden es muy bueno para localizar rápidamente un determinado material, ya que siempre se va a encontrar colocado en el mismo sitio.
  - ▹ Sin espacio predeterminado para ningún artículo: esta forma de ordenar el almacén se realiza colocando los artículos y materias en un lugar sin predeterminar basándonos en el tamaño de los mismos. El inconveniente de este tipo de almacenamiento se encuentra en que los materiales están más desordenados y es más difícil encontrar su ubicación pero, sin embargo, se aprovecha al máximo el espacio disponible ya que se colocará el material según los volúmenes.

  Existe otro tipo de almacenamiento mixto, en el cual los productos ya tienen asignado un lugar, pero no siempre es el mismo.
- Los celadores almaceneros entregarán el material y los productos que les sean solicitados mediante un vale que deberá encontrarse firmado por el superior responsable.
- Cuando se necesite repartir un pedido serán los celadores los encargados de realizarlo. Para ello prepararán estos pedidos y los transportarán al servicio que los requieran.
- Llevarán un inventario diario dando cuenta tanto de las entradas como de las salidas del material que se produzcan.

1.2. Tipos de Celadores almaceneros según su función

Los celadores del almacén pueden ser responsables de dos zonas distintas y, por tanto, serán responsables de sus funciones:

1.2.1. Responsable del muelle de carga

Son los celadores que se encargan de recibir el material.

Comprobarán que todo viene correctamente por medio del albarán, comprobando que los bultos que llegan son los que se han pedido y vienen en el número correcto.

Además son los responsables de trasladar estos bultos al almacén.

1.2.2. Responsables del almacén

Se encargan del resto de funciones como son:

- Organizar los productos en el almacén en las distintas estanterías.
- Comprobar que los vales de pedido interno de cada servicio se han cumplimentado correctamente.
- Preparar los pedidos que solicitan los servicios internos y encargarse de repartirlos.

2. El Celador en la unidad de Farmacia

2.1. Unidades de Farmacia

Los hospitales deberán disponer de servicios o unidades de farmacia hospitalaria con arreglo a los mínimos establecidos por la ley.

Estos Servicios están integrados por Farmacéuticos, FIR, DUE, Auxiliares de Enfermería, Auxiliares Administrativos, y Celadores. El servicio estará bajo la dirección de un farmacéutico.

Los hospitales con 100 o más camas contarán con servicio de farmacia hospitalaria bajo la titularidad y responsabilidad de un farmacéutico especialista en farmacia hospitalaria. Dependiendo del volumen, actividades y tipo de hospital se establecerá reglamentariamente la necesidad de farmacéuticos adicionales en la farmacia del hospital.

Los hospitales con menos de 100 camas que no deseen establecer servicios farmacéuticos podrán solicitar de las Comunidades Autónomas autorización para mantener un depósito de medicamentos bajo la supervisión y control de un farmacéutico. Las condiciones, requisitos y normas de funcionamiento de tales depósitos serán determinados por la autoridad sanitaria competente.

Para lograr el uso racional de los medicamentos, las unidades o servicios de farmacia hospitalaria realizarán las siguientes funciones:

a) Garantizar y asumir la responsabilidad técnica de la adquisición, calidad, correcta conservación, cobertura de las necesidades, custodia, preparación de fórmulas magistrales o preparados oficiales y dispensación de los medicamentos precisos para las actividades intrahospitalarias y de aquellos otros, para tratamientos extra hospitalarios, que requieran una particular vigilancia, supervisión y control.

b) Establecer un sistema eficaz y seguro de distribución de medicamentos, tomar las medidas para garantizar su correcta administración, custodiar y dispensar los productos en fase de investigación clínica y velar por el cumplimiento de la legislación sobre estupefacientes y psicótropos o de cualquier otro medicamento que requiera un control especial.

c) Formar parte de las comisiones hospitalarias para la selección y evaluación científica de los medicamentos y de su empleo.

d) Establecer un servicio de información de medicamentos para todo el personal del hospital, un sistema de fármaco-vigilancia intrahospitalario, estudios sistemáticos de utilización de medicamentos y actividades de farmacocinética clínica.

e) Llevar a cabo actividades educativas sobre cuestiones de su competencia dirigidas al personal sanitario del hospital y a los pacientes.

f) Efectuar trabajos de investigación propios, o en colaboración con otras unidades o servicios y participar en los ensayos clínicos con medicamentos.

La distribución de medicamentos se realiza por dosis/día que utilizan cada uno de los pacientes ingresados. La dispensación individualizada de medicamentos desde la farmacia del hospital se denomina "unidosis". Se incluyen generalmente en los siguientes servicios: Cirugía, Medicina Interna, Traumatología, Geriatría, Neumología, Ginecología, etc. Normalmente los dos sistemas (Dosis/día y Unidosis) acaban coexistiendo, formando un sistema mixto.

2.2. Actuación del Celador en la Farmacia

Las actuaciones del Celador en la Unidad de Farmacia son las siguientes:

- Recepción de material.
- Transporte de material dentro de la Farmacia.
- Distribución de medicación y demás productos galénicos a las Unidades del Hospital (farmacia ligera).
- Transporte de productos desde otras unidades del hospital hasta la Farmacia.
- Preparación de alcohol.
- Controles e inventarios.
- Custodia de la Farmacia.

Tema 11

Ley de Igualdad entre Mujeres y Hombres y contra la Violencia de Género en Extremadura: Disposiciones Generales. Ley de Prevención de Riesgos Laborales: objeto, ámbito de aplicación y definiciones. Derechos y obligaciones. Ley de régimen jurídico del sector público: el funcionamiento electrónico del sector público

eRodio ediciones

Índice esquemático

1. Ley de Igualdad entre Mujeres y Hombres y contra la Violencia de Género en Extremadura: Disposiciones Generales

1.1. Introducción

El principio de igualdad entre mujeres y hombres, así como la expresa prohibición de cualquier tipo de discriminación por razón de sexo y el derecho a la atención integral de las víctimas de violencia de género, están recogidos en diferentes normas jurídicas:

- La Organización de las Naciones Unidas realizó en 1967 la Declaración sobre la Eliminación de la Discriminación contra la Mujer.
- La Convención para la Eliminación de todas las Formas de Discriminación contra la Mujer de 1979. Junto a la citada Convención, destaca la instauración del Comité para la Eliminación de la Discriminación contra la Mujer que tiene como función vigilar su aplicación por los Estados que la han suscrito, entre ellos, España.
- Las dos estrategias fundamentales para el desarrollo eficaz de las políticas de igualdad entre mujeres y hombres, **la transversalidad de género** y **la representación equilibrada**, establecidas en cuatro Conferencias Mundiales sobre las Mujeres celebradas en el marco de la Organización de las Naciones Unidas.
- La modificación reciente del Tratado de la Unión Europea por el Tratado de Lisboa, de 13 de diciembre de 2007, dotando de mayor relieve a la promoción de la igualdad entre hombres y mujeres, en especial a través de la regulación de la igualdad en la Carta de derechos fundamentales de la Unión Europea, jurídicamente vinculante desde la entrada en vigor del Tratado.
- La Directiva 2002/73/CE del Parlamento Europeo y del Consejo, de 23 de septiembre de 2002, relativa a la aplicación del principio de igualdad de trato entre hombres y mujeres en lo que se refiere al acceso al empleo, a la formación y a la promoción profesionales y a las condiciones de trabajo.
- La Directiva 2004/113/CE del Consejo, de 13 de diciembre de 2004, por la que se aplica el principio de igualdad de trato entre hombres y mujeres en el acceso a bienes y servicios y su suministro.
- La Directiva 2006/54/CE del Parlamento Europeo y del Consejo, de 5 de julio de 2006, relativa a la aplicación del principio de igualdad de oportunidades e igualdad de trato entre hombres y mujeres.

- La Constitución Española: en el artículo 1.1. que proclama la igualdad como uno de los valores superiores de nuestro ordenamiento jurídico que se traduce no sólo en la de carácter formal contemplada en el artículo 14, sino también en la igualdad de índole sustancial. En el artículo 9.2 que expresa la voluntad de alcanzar no sólo la igualdad formal sino también la igualdad sustantiva.
- La Ley Orgánica 3/2007, de 22 de marzo, para la igualdad efectiva de mujeres y hombres, constituye el marco de desarrollo del principio de igualdad de trato, incorpora sustanciales modificaciones legislativas para avanzar en la igualdad real de mujeres y hombres y en el ejercicio pleno de los derechos e implementa medidas transversales que inciden en todos los órdenes de la vida política, jurídica y social, a fin de erradicar las discriminaciones contra las mujeres.
- El Estatuto de Autonomía de la Comunidad Autónoma de Extremadura asume un fuerte compromiso, cuando en su artículo 7, recoge la plena y efectiva igualdad de las mujeres en todos los ámbitos de la vida pública, familiar, social, laboral, económica y cultural entre los principios rectores de los poderes públicos extremeños.

En Extremadura, la incorporación a todas las políticas públicas de la perspectiva de igualdad de género cuenta también con un largo recorrido:

- La Ley 5/1987, de 23 de abril, de Servicios Sociales de Extremadura instaura los Servicios Sociales Especializados que, entre otras áreas atienden a las distintas problemáticas de las mujeres.
- La Ley 2/1995, de 6 de abril, del Deporte de Extremadura acoge entre sus principios básicos la promoción de la actividad física y deportiva de las mujeres, en todos sus niveles, a fin de conseguir la efectiva e igual integración de la misma en la práctica deportiva.
- La Ley 6/2001, de 24 de mayo, del Estatuto de Consumidores de Extremadura, entre los Colectivos de especial protección objeto de actuaciones específicas, reconoce a las mujeres gestantes.
- La Ley 11/2001, de 10 de octubre, de Creación del Instituto de la Mujer de Extremadura.
- La Ley 1/2002, de 28 de febrero, del Gobierno y de la Administración de la Comunidad Autónoma de Extremadura, en la regulación del procedimiento de elaboración de disposiciones de carácter general, introduce la necesidad de incluir un informe de impacto de género del contenido de estas disposiciones.
- La Ley 1/2003, de 27 de febrero, de Cooperación para el Desarrollo de Extremadura contempla entre las áreas preferentes de actuación de la

Comunidad Autónoma de Extremadura en los países receptores de la cooperación para el desarrollo, la promoción de los derechos humanos, la igualdad de oportunidades, la participación e integración social de las mujeres y la atención a la familia y a la infancia.

- La Ley 3/2005, de 8 de julio, de Información Sanitaria y Autonomía del Paciente de Extremadura, establece que se vigilará especialmente que, durante el proceso de parto, sea efectivo el derecho de todas las mujeres a que se facilite el acceso al padre o de otra persona designada por ella, salvo cuando las circunstancias clínicas no lo aconsejen.
- La Ley 3/2008, de 16 de junio, reguladora de la Empresa Pública «Corporación Extremeña de Medios Audiovisuales» determina que la actividad de los medios de comunicación social gestionados por la Administración de la Comunidad Autónoma de Extremadura se inspirará en los principios de promoción de la igualdad de oportunidades entre hombres y mujeres, así como en el fomento de la protección y salvaguarda de la igualdad entre hombres y mujeres.
- La Ley 2/2009, de 2 de marzo, para la puesta en marcha de un Plan Extraordinario de Apoyo al Empleo Local, fija la condición de mujer como criterio de preferencia a los efectos de establecer las personas destinatarias del Plan.

Además, el Gobierno extremeño ha aprobado y desarrollado tres planes para la Igualdad de Oportunidades de las Mujeres en Extremadura que extienden el objetivo de la igualdad sustantiva entre hombres y mujeres a todos los ámbitos de la vida pública.

También, con fecha 22 de abril de 2010, la Asamblea de Extremadura aprobó el Pacto Social y Político de Reformas de Extremadura, firmado por la Junta de Extremadura y los agentes sociales y económicos de la región, que propone la incorporación al sistema normativo de una ley de Igualdad que permita plantear nuevas políticas, diseñar nuevas estrategias y habilitar nuevos servicios.

Todos estos pasos ya dados justifican que la Comunidad Autónoma de Extremadura quiera dotarse, a través de una ley, de instrumentos de variada naturaleza y desarrollos eficaces que sirvan al propósito común de una sociedad igualitaria, justa, solidaria y democrática en la que las mujeres y los hombres tengan, realmente, los mismos derechos y oportunidades.

En este sentido, se crea la **Ley 8/2011, de 23 de marzo, de Igualdad entre Mujeres y Hombres y contra la Violencia de Género en Extremadura**. El objetivo principal de la Igualdad entre Mujeres y Hombres y Contra la Violencia de Género en Extremadura garantizando la vinculación de los poderes públicos y el cumplimiento de la transversalidad, como instrumento imprescindible para el ejercicio de las competencias autonómicas en clave de género, reconociendo y combatiendo los diferentes tipos de discriminación y desventajas fruto de la combinación de desigualdades.

1.2. Ley 8/2011, de 23 de marzo, de Igualdad entre Mujeres y Hombres y contra la Violencia de Género en Extremadura

La presente ley tiene una triple orientación:

- La **prevención** de las conductas discriminatorias.
- La **tutela** de la igualdad mediante la sanción de las conductas discriminatorias.
- La **promoción** de la igualdad mediante la previsión de políticas activas que la hagan real y efectiva en cualquier ámbito.

Pretende abordar las formas en las que el sexo, la raza, la condición sexual, la educación, la posición económica, etc. crean inequidades que estructuran las posiciones relativas de las mujeres, estableciendo acciones, desarrollando programas y mejorando los servicios que deben conducir a la igualdad sustantiva de las mujeres con independencia de su edad, recursos económicos y entorno en el que viven.

La violencia contra las mujeres es la máxima expresión de la desigualdad entre hombres y mujeres. La misma ha sido objeto de interés de la agenda política y la normativa internacional y europea.

Si bien es cierto que las manifestaciones de la violencia contra las mujeres son diversas, la violencia de género que se produce en el contexto de las relaciones de pareja constituye un motivo de especial preocupación para la Junta de Extremadura, por diversos motivos:

- En primer lugar, por la especial incidencia que la misma tiene sobre el bienestar y salud de las mujeres, llegando en los casos más extremos al resultado de muerte;
- En segundo lugar, por la creciente sensibilización ciudadana respecto a la gravedad de la misma;
- Y, en tercer lugar, por producirse en el contexto que a priori debe caracterizarse por el máximo respeto, una afectividad saludable y el apoyo entre las partes.

En este sentido, la normativa estatal también ha prestado una especial atención a este tipo de violencia contra las mujeres. Así, en el ámbito estatal, entre los avances a señalar cabe destacar la aprobación de la **Ley Orgánica 1/2004, de 28 de diciembre, de Medidas de Protección Integral contra la Violencia de Género**. Esta ley abarca tanto los aspectos preventivos, educativos, sociales y asistenciales, como la normativa civil que incide en el ámbito familiar o la convivencia donde principalmente se producen las agresiones, el principio de subsidiariedad en las Administraciones Públicas, así como la respuesta punitiva que deben recibir todas las manifestaciones de violencia de género.

En esta ley se contemplan los instrumentos necesarios para prevenir y erradicar la violencia de género, dotados de eficacia y exigibilidad, asegurando la gratuidad en el acceso a los servicios públicos que al efecto se establezcan.

Igualmente, se crea la red de atención y recuperación integral para las mujeres y menores que sufren violencia de género, formada por un conjunto de recursos y servicios públicos para la atención, asistencia, protección y recuperación. Al tiempo, se asegura la especialización de todos los colectivos profesionales que intervienen en la atención, asistencia, protección, recuperación y reparación destinadas a las mujeres y demás víctimas de violencia de género.

La Ley contiene 106 artículos y se estructura en un Título Preliminar, seis Títulos, dos Disposiciones adicionales, una Disposición transitoria, una Disposición derogatoria y dos Disposiciones finales.

El Título Preliminar establece los conceptos esenciales en materia de igualdad de género y los principios generales que han de presidir la actuación de los poderes públicos en relación con la igualdad entre mujeres y hombres.

El Título I regula las competencias, funciones, la organización institucional, la coordinación entre las Administraciones Públicas de Extremadura y la financiación. Consta de tres capítulos, en su regulación se instauran también los órganos para asegurar los objetivos de la ley, entre los que están:

- La Comisión Interinstitucional para la Igualdad.
- La Comisión Interdepartamental para la Igualdad.
- El Observatorio de la Igualdad.
- El Consejo Extremeño de Participación de las Mujeres.
- La Comisión de Impacto de Género en los presupuestos.
- La Comisión Permanente para la Prevención y Erradicación de la Violencia de Género.

El Título II regula la integración de la perspectiva de género en las políticas públicas, consta de dos Capítulos.

El Título III está dedicado a la acción positiva en diferentes ámbitos, se estructura en siete Capítulos.

El Título IV se centra en las medidas de prevención de la violencia de género y en la atención y protección a las víctimas de la misma. Dividido en cinco Capítulos.

El Título V contempla las garantías específicas para la igualdad de género.

El Título VI regula el régimen de infracciones y sanciones.

1.3. Título Preliminar. Disposiciones Generales

Artículo 1. Objeto de la ley

La presente ley tiene por objeto hacer efectivo el derecho de igualdad de trato y oportunidades entre mujeres y hombres en la Comunidad Autónoma de Extremadura, y combatir de modo integral la violencia de género, para avanzar hacia una sociedad extremeña más libre, justa, democrática y solidaria. A tal efecto:

a) Establece los principios generales a los que se somete la actuación de los poderes públicos de Extremadura en materia de igualdad entre mujeres y hombres y en la erradicación de la violencia de género.

b) Regula las medidas y recursos dirigidos a promover y garantizar la efectiva igualdad de oportunidades y de trato en todos los ámbitos de la vida. En particular, establece las acciones orientadas a favorecer la autonomía personal y a fortalecer la posición social, laboral económica y política de las mujeres.

c) Establece medidas integrales para la sensibilización, prevención y detección de la violencia de género, con la finalidad de erradicarla de la sociedad. También se reconocen a las mujeres que la sufren y a su núcleo familiar los derechos de atención, asistencia, protección y recuperación integral.

Artículo 2. Ámbitos de aplicación

1. La presente ley será de aplicación en el ámbito territorial de la Comunidad Autónoma de Extremadura.

2. En particular, será de aplicación a las personas físicas y jurídicas, en los términos establecidos en la presente ley.

3. Igualmente, en los términos establecidos en la propia ley, será de aplicación:

a) A la Administración de la Comunidad Autónoma de Extremadura y sus organismos autónomos, a las empresas de la Junta de Extremadura, a los consorcios, fundaciones y demás entidades con personalidad jurídica propia en los que sea mayoritaria la representación directa de la Junta de Extremadura.

b) A las entidades que integran la Administración Local, sus organismos autónomos, consorcios, fundaciones y demás entidades con personalidad jurídica propia en los que sea mayoritaria la representación directa de dichas entidades.

c) A la Universidad de Extremadura.

d) A todas las entidades que realicen actividades educativas y de formación cualquiera que sea su tipo, nivel y grado.

e) A las entidades privadas que suscriban contratos o convenios de colaboración con las Administraciones Públicas de Extremadura o sean beneficiarias de ayudas o subvenciones concedidas por ellas.

Artículo 3. Principios generales

Para lograr los objetivos de esta ley, los principios generales de actuación de los poderes públicos de Extremadura, en el marco de sus competencias, serán:

1. La igualdad de trato entre mujeres y hombres. Que proscribe cualquier discriminación, directa o indirecta, por razón de sexo, en todos los ámbitos de la vida, y singularmente en las esferas económica, social, laboral, cultural y educativa.
2. La igualdad de oportunidades. Que impone a los poderes públicos de Extremadura la obligación de adoptar las medidas oportunas para garantizar el acceso y el ejercicio efectivo de los derechos políticos, civiles, económicos, sociales, laborales y culturales y para eliminar la discriminación.
3. La ruptura de la brecha de género en la Sociedad de la Información, el Conocimiento y la Imaginación. Que supone que los poderes públicos de Extremadura prioricen la consideración de las implicaciones que el género tiene respecto al avance en la construcción y consolidación de la Sociedad de la Información, el Conocimiento y la Imaginación como paradigma de desarrollo estratégico, para la supresión de cualquier tipo de discriminación y el fomento de la igualdad entre las mujeres y los hombres.
4. El respeto a la diversidad y a la diferencia. Que implica para los poderes públicos facilitar los medios necesarios para que la igualdad entre mujeres y hombres se materialice, con respeto tanto a la diversidad y a las diferencias existentes entre mujeres y hombres en cuanto a su biología, condiciones de vida, aspiraciones y necesidades, como a la diversidad y diferencias existentes dentro de los colectivos de mujeres y de hombres.

5. La eliminación de roles y estereotipos en función del sexo. Los poderes públicos de Extremadura promoverán la eliminación de los roles sociales y estereotipos en función del sexo sobre los que se asienta la desigualdad entre mujeres y hombres.
6. El reconocimiento de la maternidad como un valor social, evitando los efectos negativos en los derechos de las mujeres, y la consideración de la paternidad en un contexto familiar y social de corresponsabilidad, de acuerdo con los nuevos modelos de familia.
7. El fomento de la corresponsabilidad, entendida como reparto equilibrado entre mujeres y hombres de las responsabilidades familiares, las tareas domésticas y el cuidado de las personas en situación de dependencia. Los poderes públicos de Extremadura adoptarán las medidas necesarias para permitir la compatibilidad efectiva entre responsabilidades laborales, familiares y personales de las mujeres y los hombres en Extremadura.
8. Acción positiva. Con el fin de hacer efectivo el derecho constitucional a la igualdad, los Poderes Públicos adoptarán medidas específicas a favor de las mujeres para corregir situaciones patentes de desigualdad de hecho respecto de los hombres. Tales medidas, que serán aplicables en tanto subsistan dichas situaciones, habrán de ser razonables y proporcionadas en relación con el objetivo perseguido en cada caso.
9. La adopción de medidas necesarias para la supresión del uso sexista del lenguaje y la promoción y garantía de la utilización de una imagen de las mujeres y los hombres, fundamentada en la igualdad de sexos, en todos los ámbitos de la vida pública y privada.
10. La integración de la perspectiva de género. Que supone la consideración sistemática de las diferentes situaciones, condiciones, aspiraciones y necesidades de mujeres y hombres, incorporando objetivos y actuaciones específicos dirigidos a eliminar las desigualdades y promover la igualdad en todas las políticas y acciones, a todos los niveles y en todas sus fases de diagnóstico, planificación, ejecución y evaluación.
11. La interseccionalidad. Que comprende las técnicas de análisis y planificación que tienen en cuenta la interacción que se produce entre el género y otros factores de discriminación, con el objetivo de atender a la diversidad de las mujeres, mediante la puesta en marcha de mecanismos antidiscriminación de acción integral.
12. La representación equilibrada. Los poderes públicos extremeños adoptarán las medidas necesarias para lograr una presencia equilibrada de mujeres y hombres en los distintos ámbitos de toma de decisiones y para el fomento de la participación o composición equilibrada de mujeres y hombres en los distintos órganos de representación y de toma de deci-

siones, así como en las candidaturas a las elecciones a la Asamblea de Extremadura.

13. La especial atención y garantía de los derechos de las mujeres que viven en el medio rural, a fin de favorecer y promover, en particular, su incorporación a la vida laboral, garantizar su acceso a la formación y su participación en el desarrollo sostenible de su entorno.
14. La coordinación y colaboración. Los poderes públicos extremeños tienen la obligación de colaborar y coordinar sus actuaciones en materia de igualdad entre mujeres y hombres y contra la violencia de género, para que sus intervenciones sean más eficaces y acordes con una utilización racional de los recursos.
15. El impulso de la efectividad del principio de igualdad en las relaciones entre particulares.
16. La adopción de medidas que aseguren la igualdad entre hombres y mujeres en lo que se refiere al acceso al empleo, a la formación, promoción profesional, igualdad salarial y a las condiciones de trabajo.
17. La previsión de dotar a los poderes públicos de Extremadura de los instrumentos necesarios para erradicar la violencia de género en los ámbitos preventivo, educativo, formativo, de los medios de comunicación, laboral, social y atención como servicio público, todo ello bajo el principio de transversalidad.
18. La garantía de la proximidad y el equilibrio de las intervenciones en casos de violencia de género en el territorio y la necesaria celeridad de esa intervención para posibilitar una adecuada atención y evitar el incremento de la victimización.

Artículo 4. Definiciones

1. Se entiende por discriminación directa la situación en que se encuentra una persona que, en atención a su sexo, sea, haya sido o pudiera ser tratada de manera menos favorable que otra en situación homóloga.

2. Se entiende por discriminación indirecta la situación en que la aplicación de una disposición, criterio o práctica aparentemente neutros pone a las personas de un sexo en desventaja particular con respecto a las personas del otro, salvo que la aplicación de dicha disposición, criterio o práctica pueda justificarse objetivamente en atención a una finalidad legítima, y que los medios para alcanzar dicha finalidad sean necesarios y adecuados.

3. Se entiende que cualquier tipo de trato desfavorable relacionado con el embarazo, la maternidad o la paternidad constituye discriminación directa por razón de sexo.

4. Se entiende por representación equilibrada aquella situación que garantice la presencia de mujeres y hombres de forma que, en el conjunto de personas a que se refiera, cada sexo ni supere el sesenta por ciento ni sea menos del cuarenta por ciento.

5. De conformidad con la Ley Orgánica 1/2004, de 28 de diciembre, de Medidas de Protección Integral contra la Violencia de género, se entiende por violencia de género la que como manifestación de la discriminación, la situación de desigualdad y las relaciones de poder de los hombres sobre las mujeres, se ejerce sobre éstas por parte de quienes sean o hayan sido sus cónyuges o de quienes estén o hayan estado ligados a ellas por relaciones similares de afectividad, aún sin convivencia.

6. Se entiende por acoso sexual la situación en que se produce cualquier comportamiento verbal, no verbal o físico de índole sexual, con el propósito o el efecto de atentar contra la dignidad de una persona, en particular cuando se crea un entorno intimidatorio, hostil, degradante, humillante u ofensivo.

7. Se entiende por acoso por razón de sexo la situación en que se produce un comportamiento relacionado con el sexo de una persona, con el propósito o el efecto de atentar contra la dignidad de la persona y crear un entorno intimidatorio, hostil, degradante, humillante u ofensivo.

8. El condicionamiento de un derecho o de una expectativa de derecho a la aceptación de una situación constitutiva de acoso sexual o de acoso por razón de sexo se considerará acto de discriminación por razón de sexo. Tendrá la misma consideración cualquier tipo de acoso.

9. El uso no sexista del lenguaje consiste en la utilización de expresiones lingüísticamente correctas sustitutivas de otras, correctas o no, que invisibilizan el femenino o lo sitúan en un plano secundario respecto al masculino.

1.4. Normativa Sanitaria de Extremadura sobre la Violencia de Género

La normativa vigente referente a la violencia de género es la siguiente:

1. **Ley 8/2011, de 23 de marzo**, de Igualdad entre Mujeres y Hombres y contra la Violencia de Género en Extremadura, desarrollada en el punto anterior del tema.
2. **Decreto 34/2013, de 12 de marzo**, por el que se regula la Comisión Permanente para la Prevención y Erradicación de la Violencia de Género en Extremadura.

La Comisión Permanente para la Prevención y Erradicación de la Violencia de Género en Extremadura es el organismo de coordinación institucional para impulsar, supervisar y evaluar las actuaciones en el abordaje de la violencia de género, sin perjuicio de las competencias de impulso, seguimiento y control de la Junta de Extremadura. Está adscrita al Instituto de la Mujer de Extremadura de la Consejería competente en materia de igualdad.

3. **Decreto 220/2014, de 30 de septiembre**, por el que se establecen las bases reguladoras de las ayudas para facilitar la independencia de las mujeres víctimas de violencia de género y se aprueba la primera convocatoria para 2014.

   El objeto del presente decreto es establecer las bases reguladoras para la concesión de subvenciones a otorgar por la Consejería competente en materia de política social a mujeres que sufran cualquier forma de violencia de género y se encuentren en situación de vulnerabilidad económica en la Comunidad Autónoma de Extremadura, con la finalidad de facilitar su independencia.

4. **Decreto 161/2016, de 4 de octubre**, por el que se autoriza el Reglamento de Organización y Funcionamiento de las viviendas de estancia temporal para mujeres víctimas de violencia de género de la Junta de Extremadura.

   El proceso de recuperación integral de la mujer e hijos/as, observa una línea de autogestión e independencia que exige unas condiciones estructurales y de diseño de su proyecto individual de recuperación que será facilitado y reforzado desde un servicio de alojamiento acorde con estos principios de atención, que, según cada caso, darán continuidad y consolidarán el proceso de recuperación.

   Con la puesta en funcionamiento de las viviendas de estancia temporal objeto de regulación en el presente decreto, se amplían y complementan los servicios de carácter residencial y se darán respuestas más individualizadas a cada mujer, con la especificidad que requiera cada fase en la que se encuentre, tanto de su proceso de recuperación como de su etapa de ciclo vital. El proceso de recuperación integral de la mujer e hijos/as, observa una línea de autogestión e independencia que exige unas condiciones estructurales y de diseño de su proyecto individual de recuperación que será facilitado y reforzado desde un servicio de alojamiento acorde con estos principios de atención, que, según cada caso, darán continuidad y consolidarán el proceso de recuperación.

2. Ley de Prevención de Riesgos Laborales: objeto, ámbito de aplicación y definiciones. Derechos y obligaciones

La Ley 31/1995, de 8 de noviembre, de Prevención de Riesgos Laborales (LPRL) establece el marco general en el que desarrollar las acciones preventivas. En ella, se especifica la obligación de las empresas de garantizar la protección de la Seguridad y Salud de los/as trabajadores/as, desarrollando aquellas actuaciones necesarias para evitar o disminuir los riesgos derivados del trabajo.

A tales efectos esta ley expone los principios generales para la Prevención de riesgos, para la protección de la seguridad, la salud, eliminación o disminución de riesgos derivados del trabajo y de la formación de los trabajadores en materia preventiva.

La Ley de PRL regula las actuaciones de las Administraciones Públicas, la de los empresarios, trabajadores y organizaciones representativas.

2.1. Estructura y aplicación

Tiene 54 artículos, 15 disposiciones adicionales, 2 disposiciones transitorias, 1 disposición derogatoria y 2 disposiciones finales.

- **Capítulo I**: Ámbito de aplicación, definiciones (art. del 1 al 4).
- **Capítulo II**: Política en materia de prevención de riesgos, protección de la seguridad y salud en el trabajo (art. del 5 al 13).
- **Capítulo III**: Derechos y obligaciones (art. del 14 al 29).
- **Capítulo IV**: Servicios de prevención (art. del 30 al 32).
- **Capítulo V**: Consulta y participación de los trabajadores (art. del 33 al 40).
- **Capítulo VI**: Obligaciones de los fabricantes, importadores y suministradores (art. 41).
- **Capítulo VII**: Responsabilidades y sanciones (art. del 42 al 54).

Aplicación de la LPRL y sus normas de desarrollo:

- En las relaciones, laborales reguladas en el texto de la ley del Estatuto de los Trabajadores.
- En las relaciones de carácter administrativo o estatutario del personal al servicio de las Administraciones Públicas, teniendo en cuenta las peculiaridades que se contemplan en la ley o en sus normas de desarrollo.

Cuando la ley hace referencia a trabajadores y empresarios se entenderá que también se trata de la Administración Pública y el personal con carácter administrativo o estatutario que prestan servicios en ella.

Esta ley no se aplica, refiriéndose al ámbito de las Administraciones Públicas, a:

- Policía, seguridad, resguardo aduanero.
- Servicios operativos de protección civil, peritaje forense y en los casos de grave riesgo, catástrofe y calamidad pública.
- Fuerzas Armadas y actividades militares de la Guardia Civil.

El Gobierno consulta a las organizaciones sindicales y empresariales más representativas y, a través de las normas reglamentarias, regula lo siguiente:

- Requisitos mínimos de las condiciones de trabajo en cuanto a la protección de la seguridad y salud del trabajador.
- Limitaciones y prohibiciones ante agentes que supongan riesgo para la seguridad y salud.
- Evaluación de riesgos por metodologías y guías de actuación.
- Condiciones de trabajo y medidas ante trabajos especialmente peligrosos.
- Calificación de enfermedades profesionales y requisitos y procedimientos para comunicar a la autoridad los daños derivados del trabajo.

La política en materia de prevención para la protección de la seguridad y salud en el trabajo tiene por objeto la promoción de la mejora de las condiciones de trabajo, procurando que sea máximo nivel de protección.

Esta política se desarrolla por las normas reglamentarias y las actuaciones administrativas de las Administraciones Públicas se coordinan en materia preventiva conforme a la ley.

Administración General, Administraciones de Comunidades Autónomas, y Administración Local cooperarán para que sus competencias sean eficaces en esta materia.

La política preventiva será producto de la participación de empresarios y trabajadores con el objetivo de mejorar las condiciones de seguridad y salud en el trabajo, reduciendo los riesgos laborales.

La Administración Pública velará por que sea efectivo el principio de igualdad entre mujeres y hombres, detectando posibles situaciones en las que se den daños derivados del trabajo vinculados al sexo de los trabajadores.

2.2. Conceptos fundamentales en la LPRL

- **Prevención**: Conjunto de actividades, medidas que se adoptan, en todas las fases de la actividad de la empresa, para evitar o disminuir los riesgos derivados del trabajo.
- **Riesgo laboral**: Posibilidad de que un trabajador sufra un daño derivado del trabajo. Este riesgo se clarifica por la probabilidad de que se produzca y la severidad del mismo.
- **Daños derivados del trabajo**: Enfermedades, patologías, lesiones motivadas u ocasionadas por el trabajo.
- **Riesgo laboral grave e inminente**: Aquel que resulta probable, que se materializa en un futuro inmediato, y puede suponer un daño grave para la salud de los trabajadores.
- **Procesos, actividades, operaciones, equipos o productos potencialmente peligrosos**: Son los que, cuando no hay medidas preventivas específicas, producen riesgos para la salud y seguridad de los trabajadores.
- **Equipos de trabajo**: Máquina, aparato, instrumento, e incluso instalación que se utilice en el trabajo.
- **Condición de trabajo**: Características del mismo que pueden generar riesgos para la seguridad y salud del trabajador. Por ejemplo: características de locales, equipos, productos del centro de trabajo, agentes físicos, químicos y biológicos (según concentración, intensidad y nivel).
- **Equipos de protección individual (E.P.I.s)**: Equipo que lleva sujeto el trabajador y que le protege de riesgos contra su salud y seguridad. Cualquier complemento o accesorio usado con este fin. Está compuesto de:
  - ▹ Ropa de trabajo.
  - ▹ Guantes.
  - ▹ Mascarillas.
  - ▹ Calzado antideslizante.

2.3. Derechos y obligaciones en materia de seguridad y salud en el trabajo

Los servicios de salud están obligados por ley a garantizar la seguridad y salud de sus trabajadores desarrollando las actuaciones necesarias que eviten o disminuyan los riesgos derivados del trabajo.

El marco legal también establece los derechos y obligaciones de los trabajadores.

Derechos de los trabajadores:

- Recibir información sobre los riesgos de su puesto, medidas de protección y prevención.
- Recibir formación en materia preventiva.
- Participar a través de los Delegados de prevención.
- Vigilar periódicamente su salud.
- En caso de tener especial sensibilidad, estar protegidos.
- A que se tomen medidas de emergencia en su centro.

Obligaciones de los trabajadores:

- Uso adecuado de los equipos de trabajo.
- No poner fuera de funcionamiento los dispositivos de seguridad que existen y utilizarlos correctamente.
- Velar por su seguridad y la de sus compañeros.
- Uso correcto de los equipos de protección.
- Informar de las situaciones de riesgo.
- Cooperar en garantizar la seguridad.
- Contribuir al cumplimiento de las obligaciones en prevención de riesgos.
- No omitir las señales, respetar las normas generales de seguridad y los procedimientos escritos de trabajo que le señale su inmediato superior, y éste lo comunicará a la Unidad de Prevención de Riesgos Laborales.

Los **riesgos** que se pueden encontrar en el entorno de su trabajo son:

- *Riesgos de seguridad*: caídas, electrocución, incendios, etc.
- *Riesgos higiénicos*: biológicos, químicos, radiaciones ionizantes, etc.
- *Riesgos ergonómicos y psicosociales*: derivados de la movilización de enfermos, adopción de posturas forzadas, el ritmo de trabajo, etc.

2.4. Órganos de prevención

Son los siguientes:

- Instituto Nacional de Seguridad e Higiene en el Trabajo.
- Inspección de Trabajo y Seguridad Social.
- Comisión Nacional de Seguridad y Salud en el Trabajo.

El Instituto Nacional de Seguridad e Higiene en el Trabajo es un Órgano técnico de la Administración especializado. Se ocupa de analizar las condiciones de seguridad y salud en el trabajo.

Tiene como funciones:

- Promociona y apoya las condiciones de salud en las mismas.
- Coordina a las distintas Administraciones Públicas.
- Fomenta actividades de promoción de la seguridad y salud por las Comunidades Autónomas.
- Ejerce la Secretaría General de la Comisión Nacional de Seguridad y Salud en el Trabajo.

La Inspección de Trabajo y Seguridad Social:

- Vigila y controla la normativa sobre Prevención de Riesgos Laborales.
- Administraciones del Estado y Comunidades Autónomas, en el ámbito de sus competencias, colaborarán y asesorarán a la Inspección de Trabajo y Seguridad Social.

La Comisión Nacional de Seguridad y Salud en el Trabajo:

- Es un órgano colegiado que asesora a las Administraciones Públicas para la creación de políticas de prevención.
- Es un órgano de participación institucional en materia de seguridad y salud en el trabajo.
- Lo integran un representante de cada CC AA, siendo de igual número de miembros que los de la Administración General del Estado.

2.5. Comité de Seguridad y Salud

Es el Órgano paritario de participación en la empresa, formado por los Delegados de Prevención, de una parte, y por el empresario y/o sus representantes, de otra.

Se constituirán en todas las empresas o centros de trabajo que cuenten con 50 o más trabajadores y se reunirán trimestralmente.

Las competencias del Comité de Seguridad y Salud son:

- Participar en la elaboración, puesta en práctica y evaluación de los planes y programas de prevención de riesgos en la empresa.
- Promover iniciativas sobre métodos y procedimientos para la efectiva prevención de riesgos.
- El Comité está facultado para conocer y analizar directamente la situación relativa a la prevención de riesgos laborales y proporcionar, en su caso, las medidas preventivas oportunas.

2.6. Norma Básica de Autoprotección de los centros

Con el Real Decreto **393/2007**, se aprueba la Norma Básica de Autoprotección de los centros, establecimientos y dependencias dedicados a actividades que puedan dar origen a situaciones de emergencia.

El contenido mínimo del Plan de Autoprotección de un centro (en adelante, PA) será el siguiente:

1. Datos referentes a la empresa, tales como: denominación y ubicación de la actividad, identificación y localización de los titulares de la actividad y directores del PA y de actuación en emergencias.
2. Descripción de cada actividad y del medio en que se desarrollan mediante un resumen de las actividades, centros, usuarios, entorno, accesos, etc.
3. En referencia a los posibles riesgos que puedan provocar situaciones de emergencia, se detallarán todos aquellos peligros susceptibles de producirlas o contribuir a que se originen, se analizarán y evaluarán teniendo en consideración las posibles personas afectadas, ya sea de la actividad o ajenas a ésta.
4. En referencia a las medidas y medios de autoprotección, se recogerán tanto los humanos (equipos humanos de emergencias) como los materiales (inventario de medios técnicos para la autoprotección) que sean necesarios para afrontar las posibles situaciones de emergencia, incluyendo aquellos que se dispongan por imperativo de disposiciones específicas en materia de seguridad, que les sean de aplicación a la empresa objeto del PA.
5. Programa de mantenimiento preventivo, tanto de las instalaciones de riesgo, como de las de protección, que estarán debidamente documentados y reflejarán todas las operaciones de mantenimiento realizadas, así como las inspecciones de seguridad que se requieran.

6. Plan de actuación en caso de emergencias, en el que se prevé la organización de la respuesta ante situaciones de emergencias clasificadas, las medidas de protección e intervención a adoptar, y los procedimientos y secuencia de actuación para dar respuesta a las posibles emergencias de forma que se garantice la alarma, evacuación y socorro en cada situación (El cumplimiento de este punto viene recogido explícitamente en los Art.14 y 20 de la LPRL).
7. Formas de notificación de la emergencia, coordinación y colaboración para la integración del PA en otros de ámbito superior.
8. Programas y actuaciones informativos y formativos y de adecuación de medios y recursos necesarios para proceder a la implantación del PA (De acuerdo con los Art.18 y 19 de la LPRL).
9. Programas de reciclaje de formación e información, de sustitución de medios y recursos de auditorias y de revisión de la documentación del PA, así como de simulacros para mantener la eficacia del PA y garantizar su actualización.

El informe se completará con los directorios de comunicación, formularios para la gestión de emergencias y planos.

La Norma Básica de Autoprotección de los centros establece que deben elaborarse los Planes de Autoprotección, mantenerse estos operativos y determinar su contenido mínimo.

Y el personal, al servicio de las actividades objeto de dicha norma, tendrá la obligación de participar, en la medida de sus capacidades, en el PA y asumir las funciones que les sean asignadas en dicho Plan. Para ello, es necesario:

- Llevar a cabo revisiones de los medios técnicos relacionados con el PA.
- Posibilitar el reciclaje de la formación de los medios humanos.
- Realizar la comprobación de la operatividad del PA mediante simulacros periódicos.

2.7. Seguridad y organización preventiva en los centros sanitarios

Las medidas contra los accidentes y emergencias son: la prevención, la protección y la reparación.

- La prevención es el conjunto de medidas tendentes a que no se produzcan situaciones no deseadas.

- La protección es el conjunto de medidas que intentan neutralizar la emergencia producida.
- La reparación es el conjunto de medidas tendentes a reparar los daños ocasionados por un accidente.

En instalaciones sanitarias las emergencias pueden ser muy variadas:

- Catástrofes externas, ocasionándose la llegada de numerosos enfermos o heridos.
- Situaciones de emergencia interna, como una alarma de bomba.
- Posibles accidentes que pueden originarse por las instalaciones o actividades que se desarrollan en el propio establecimiento.
- Posibles daños que pueden originarse por las instalaciones o actividades que se desarrollan en establecimientos vecinos al centro sanitario.

Los planes de emergencia pretenden con su implantación optimizar la utilidad de los recursos técnicos y humanos disponibles, con el objetivo de controlar con rapidez la evolución de la emergencia y minimizar sus consecuencias.

En un plan de autoprotección se pretenden los mismos objetivos, pero además se incluye el de implantación de medidas de prevención que reduzcan la probabilidad de inicio de emergencias.

La Ley 31/1995, de 8 de diciembre de PRL establece como instrumentos fundamentales, de acción preventiva a los trabajadores que sean designados y, si estos son insuficientes, a los servicios de prevención, como queda reflejado en el capítulo IV de la LPRL.

Teniendo en cuenta los riesgos laborales existentes en los centros sanitarios, se prevé un desarrollo acorde con sus singularidades, contando con los recursos humanos y materiales que puedan ser aprovechados para el desarrollo de las actividades preventivas.

2.8. Unidades de prevención

Se clasifican en tres niveles:

- **Nivel 1**. Actúan en Atención Primaria con uno o varios Distritos Sanitarios. La forman: un técnico superior en PRL especialista en seguridad en el trabajo, un facultativo especialista en medicina del trabajo y un enfermero de empresa.

- **Nivel 2.** Su ámbito es el hospital y uno o varios Distritos de Atención Primaria. Tiene un técnico superior en PRL especialista en seguridad en el trabajo y un técnico superior en PRL especialista en higiene industrial. Son asistidos en ergonomía y psicosociología aplicada por la Unidad de Prevención de nivel 3 de referencia.
- **Nivel 3.** Su ámbito es hospitalario.

La integran tres técnicos superiores en PRL especialistas en seguridad en el trabajo, higiene industrial y ergonomía psicología aplicada. También tienen apoyo de un técnico de nivel medio.

El Servicio de Medicina Preventiva del hospital asume la vigilancia de la salud, coordina sus actividades a través de la Dirección Médica con la Unidad de Prevención.

Funciones de las Unidades de Prevención:

- Evaluar factores de riesgo.
- Determinar prioridades en la adopción de medidas preventivas, información y formación de trabajadores
- Información, asesoramiento a los órganos de participación y representación.
- Vigilancia y control de la salud de los trabajadores relacionados con los riesgos derivados del trabajo.

La Unidad de Coordinación de la Prevención es un órgano de gestión que crea el SAS que depende de la Dirección General de Personal y Desarrollo Profesional.

Lo forman personal con nivel superior en PRL o personal sanitario con competencia técnica que puedan vigilar y controlar la salud de los trabajadores de los centros asistenciales.

Sus funciones son:

- Conocer-informar sobre el mapa de riesgos de la Comunidad autónoma.
- Elaboración de planes y programas de prevención.
- Proponer planes de formación en materia de salud laboral.
- Elaborar y aprobar memoria anual del SAS en esta materia.
- Coordinar, informar, dar apoyo técnico a Unidades de Prevención.

El art. 35 de la LPRL dice que los Delegados de Prevención son representantes en materia preventiva para así, en colaboración con la dirección de la empresa, llegar a una mejora continuada de la acción preventiva. Estos Delegados de Prevención y los representantes de la Dirección forman el Comité de Seguridad y Salud.

Los trabajadores del SAS pueden recurrir a los Delegados de Prevención.

El Comité de Seguridad y Salud según, el art. 38 de la LPRL, es un órgano paritario y colegiado de participación, destinado a la consulta regular y periódica de las actuaciones, en materia de prevención de riesgos.

Las responsabilidades de los trabajadores en general son:

1. Velar según sus posibilidades y cumplir las medidas de prevención que en cada caso sean adoptadas por su seguridad, salud en el trabajo y por las personas a las que pueda afectar su actividad profesional, por sus actos u omisiones.
2. Conocer y cumplir la normativa, instrucciones y procedimientos que afecten a su trabajo (medidas de prevención y protección).
3. Usar adecuadamente, de acuerdo con los riesgos previsibles, las máquinas, aparatos, sustancias peligrosas y, en general, cualquier medio con el que desarrollan su actividad.
4. Usar correctamente medios y equipos facilitados.
5. No poner fuera de funcionamiento y usar correctamente los dispositivos de seguridad.
6. Comunicar situaciones que considere puede ser un riesgo para la seguridad y la salud.
7. Contribuir al cumplimiento de las obligaciones establecidas por la autoridad con el fin de proteger la seguridad y salud de los trabajadores.
8. Cooperar con los mandos directivos para garantizar unas condiciones de trabajo que sean seguras y no entrañen riesgos para la seguridad y la salud de los trabajadores.
9. Mantener limpio y ordenado su entorno de trabajo, localizando los equipos y materiales en los lugares asignados.
10. Sugerir medidas que considere oportunas para mejorar la calidad, seguridad y eficacia en el trabajo.
11. Otras funciones que la dirección crea conveniente de acuerdo con el sistema preventivo aprobado y con la consulta a los representantes de los trabajadores.

2.9. Riesgos en seguridad, higiénicos, ergonómicos, psicosociales y organizativos

2.9.1. Consideraciones generales

El celador está expuesto sobre todo a:

- Carga física por manipulación de cargas, movilización de pacientes, etc.
- Exposición a agentes químicos.
- Exposición a agentes biológicos por manipulación de muestras.
- Contactos eléctricos por manipulación de diferentes aparatos.

Medidas preventivas:

- Utilización de medios mecánicos y/o auxiliares para la manipulación y/o transporte de cargas.
- Solicitar ayuda de otro compañero siempre que sea necesario.
- Evitar doblar la espalda y adoptar posturas forzadas, efectuando cambios periódicos y paradas breves.
- Transporte de muestras biológicas en soportes adecuados destinados para tal fin.
- Acogerse a campañas de inmunización establecidas para el personal sometido a riesgo.
- Evitar las prisas durante el manejo de las sillas de ruedas, camillas, etc., con el fin de evitar los golpes y atrapamientos.
- Utilizar técnica correcta para movilización de enfermos y manipulación manual de cargas.

2.9.2. Los Riesgos Profesionales

Se entienden como riesgos profesionales aquellas situaciones derivadas del trabajo que pueden romper el equilibrio físico, mental y social de la persona.

Para evaluar la importancia del riesgo se valoran conjuntamente la probabilidad de que éste se produzca y la gravedad que el mismo pudiera llegar a tener.

2.9.2.1. Factores de Riesgo

Se trata de aquellos elementos o condicionantes que pueden provocar un riesgo. El conjunto formado por el hombre y su puesto de trabajo, llamado sistema hombre-máquina es una unidad en la que se establece una relación mutua. Es en esta relación donde tendremos que estudiar cada uno de los factores que entran en juego.

Los principales factores de riesgo son los siguientes:

- Las condiciones de seguridad: son las condiciones materiales que influyen sobre la accidentabilidad, tal como los elementos móviles, cortantes, electrificados, combustibles, etc. Para controlar estos elementos se deben analizar las máquinas y las herramientas, los equipos de transporte, las instalaciones eléctricas, los sistemas contraincendios.
- El medio ambiente físico de trabajo: son las condiciones físicas, tales como ruido, vibraciones, iluminación, radiaciones, condiciones de temperatura y humedad. En estas condiciones físicas se deben establecer los valores y niveles para un trabajo más confortable y con mayor seguridad. Así, por ejemplo, el calor se soporta peor con temperatura elevada y grado de humedad alto.
- Los contaminantes químicos y biológicos: son las sustancias o agentes que puedan estar presentes en el medio ambiente de trabajo, causando efectos negativos para la salud
- La carga de trabajo: son las exigencias que la tarea impone al individuo que la realiza: esfuerzos, manipulación de cargas, posturas de trabajo, niveles de atención, etc., asociadas a cada tipo de actividad. Se debe determinar la carga de trabajo tanto física como mental de cada tipo de tarea.
- La organización del trabajo: aspectos relacionados con la organización: forma en que se divide el trabajo en tareas elementales, reparto entre diferentes individuos, división horaria, velocidad de ejecución, relaciones dentro del centro de trabajo, etc. Estos elementos tienen consecuencias sobre la salud de los trabajadores a nivel físico, y sobre todo, a nivel mental y social.
- El tiempo de exposición: periodo en el que el trabajador se encuentra bajo la influencia del posible riesgo. El control de tiempo de exposición, implica en muchos casos modificar la organización de trabajo.
- La combinación de varios factores a la vez: pueden coincidir varios factores que actúan sobre una misma situación, multiplicando sus efectos negativos. Por ejemplo, si se suma la utilización de una máquina insegura con una mala organización del trabajo o poca iluminación, se multiplican las posibilidades de riesgo sobre el trabajador.

2.9.2.2. Daños derivados del Trabajo

Son aquellas enfermedades, patologías o lesiones sufridas con motivo u ocasión del trabajo. Los daños derivados del trabajo se agrupan dentro de dos grandes categorías: los accidentes de trabajo y las enfermedades profesionales, que se diferencian en la forma de producirse y en el tipo de lesión que pueden ocasionar. Podemos hablar de una tercera categoría formada por otras patologías derivadas del trabajo.

Accidentes de Trabajo

Legalmente se define como toda lesión corporal que el trabajador sufre con ocasión o a consecuencia del trabajo que ejecuta por cuenta ajena. Esta definición legal incluye tanto las lesiones producidas en el puesto de trabajo como las "in itinere", es decir, las que se producen en el trayecto habitual entre el puesto de trabajo y el domicilio del trabajador. Técnicamente hablando se define como toda alteración del normal desarrollo del proceso productivo que rompe la continuidad de un trabajo, no querida ni deseada y capaz de producir lesiones a los trabajadores o daños a las cosas. Los accidentes se caracterizan porque se presentan de forma inesperada y suelen causar una lesión de tipo traumático y de carácter instantáneo. No ocurren por casualidad o mala suerte, sino que son consecuencia y efecto de situaciones anteriores.

Los accidentes de Trabajo se pueden clasificar según distintos criterios:

- Por el lugar del accidente: se acostumbra a diferenciar los producidos en el centro de trabajo, de los producidos fuera de éste (denominados in itinere). Para que este tenga consideración legal, es necesario que exista una relación entre el desplazamiento y la prestación del trabajo.
- Por la gravedad de la lesión: según este criterio se clasifican en leves, graves y mortales. Los dos primeros son determinados por el médico que ha atendido al trabajador, ya que no existen criterios objetivos establecidos. Por accidente mortal se entiende aquel en el que muere el trabajador, bien de forma inmediata o en un periodo más o menos dilatado.
- Por la situación laboral del trabajador accidentado: se diferencian los:
  - Accidentes con baja: donde el trabajador se ausenta el día siguiente de haberse producido, como consecuencia de las lesiones sufridas. La empresa debe rellenar el parte de accidente y remitirlo a los órganos competentes.
  - Accidentes sin baja: por lo general de poca gravedad, donde sólo hace falta una cura sencilla y no tiene consecuencias relevantes ni para la empresa ni para el trabajador.

Enfermedad Profesional

El concepto de enfermedad profesional es un concepto médico legal nacido y propiciado casi en exclusiva para reparar mediante indemnizaciones, los daños causados por determinados agentes del trabajo que para una gran mayoría de países, aún en la actualidad, son solamente aquellos reconocidos y especificados en sus correspondientes listados.

Las enfermedades profesionales son aquellas cuya causa es directamente identificable con un factor del ambiente de trabajo y, de este modo, son reconocidas como tales por la legislación laboral. A ellas puede ser aplicada la relación causa-efecto. Por ejemplo, hablamos de la sordera profesional causada por el ruido.

Una de las características principales de la enfermedad profesional es que aparece paulatinamente, sin que el trabajador note en un principio que va apareciendo, y que va perdiendo salud. De ahí la importancia de una adecuada prevención.

Además de las enfermedades laborales, existen otras comunes desencadenadas o agravadas por el trabajo. Estas son una serie de padecimientos físicos o psíquicos que pueden producirse también fuera del trabajo pero que el ambiente laboral puede actuar como desencadenante o agravante. A esta categoría pertenecen, por ejemplo, las enfermedades psíquicas, las digestivas, etc. Al no existir la referida relación de causa-efecto entre la labor desarrollada y la enfermedad sufrida, no son consideradas como enfermedades laborales.

Para recoger esta amplia gama de patologías y diferenciarlas de las Enfermedades Profesionales reconocidas, la Organización Mundial de la Salud (OMS) y la Organización Internacional del Trabajo (OIT), acuñaron hace algunos años el término de "Enfermedades Relacionadas con el Trabajo" (ERT).

Son otros trastornos o daños a la salud de las personas las que están directamente relacionadas con el trabajo en general o con las condiciones en que éste se desarrolla (entorno, instalaciones, materias primas, procedimientos, organización, etc.).

Desde un punto de vista preventivo es necesario distinguir varias etapas en la evolución de la enfermedad profesional:

- Uso de sustancias: producción, manipulación o uso de sustancias químicas, con potenciales efectos negativos para la salud.
- Exposición: presencia en el ambiente de trabajo como consecuencia de su utilización de sustancias tóxicas, formas de energía o microorganismos.
- Alteración de la salud: cambio orgánico o funcional objetivo, que no produce normalmente ningún síntoma clínico y que es siempre reversible.
- Afectación de la salud: cambio orgánico o funcional objetivable, con o sin síntomas clínicos específicos y que es parcialmente reversible.
- Enfermedad profesional: alteración de la salud con síntomas clínicos específicos, total o parcialmente irreversibles aunque cese la exposición.

Desde la prevención se debe actuar sobre la segunda etapa, a fin de reducir la exposición que pueda dar lugar a la alteración de la salud a largo o medio plazo. La tercera etapa, alteración de la salud, es el último nivel aceptable de prevención. No se puede esperar a que aparezcan los síntomas de la enfermedad para empezar a actuar, ya que generalmente sus efectos son irreversibles.

Factores que pueden producir una enfermedad profesional:

- La concentración del agente contaminante. Existen los "valores máximos tolerados" o TLVs, por debajo de los cuales en condiciones normales no se van a producir daños sobre el trabajador expuesto.
- El tiempo de exposición, suele referirse al periodo medio de exposición, en una jornada laboral normal y durante toda la vida laboral del trabajador.
- Las características personales de cada individuo.
- La presencia de varios agentes contaminantes al mismo tiempo.

Se pueden distinguir tres grandes grupos de enfermedades profesionales causados por:

- Sustancias o agentes químicos, tales como polvo, humos, gases o vapores.
- Agentes físicos, como ruido, calor o radiaciones ionizantes y no ionizantes.
- Agentes biológicos, tales como bacterias, virus u otros microorganismos.

Otras patologías derivadas del Trabajo

La enfermedad profesional y el accidente de trabajo no son las únicas patologías derivadas del trabajo, sino que nos podemos encontrar también:

- Carga de trabajo: conjunto de requerimientos psicofísicos a los que se ve sometida la persona a lo largo de su jornada laboral. Se deberá observar y realizar un estudio de la carga de trabajo por puestos, para tratar de definir los niveles o grados de exigencia de las tareas, por encima de los cuales las consecuencias que se derivan para el trabajador son negativas.
  - ▹ Carga física, cuando la tarea a realizar exige sobre todo una actividad muscular.
  - ▹ Carga mental, cuando el componente principal es de tipo intelectual.
- Fatiga: disminución de la capacidad física del individuo, después de haber realizado tareas durante un tiempo determinado. Se asocia una sensación dolorosa y una dificultad para seguir actuando, de manera que funciona como un mecanismo de defensa del organismo frente a la carga de trabajo cuando ésta se acerca a un límite no tolerable por el individuo.

- Patología de los movimientos repetitivos: lesiones derivadas de pequeños traumatismos continuados. Es un problema muy frecuente en los sectores industriales.
- Estrés laboral: se produce cuando el individuo percibe que las demandas que se le exigen superan sus capacidades para afrontarlas. Para valorar el nivel de estrés habría que analizar:
  - ▷ Las demandas de trabajo: sobrecargas de trabajo, ritmos impuestos, etc.
  - ▷ Las características individuales: aspiraciones y expectativas, formación, condición física y hábitos de salud, necesidades del individuo, etc.
  - ▷ El proceso de apreciación: el trabajador debe llegar a realizar una valoración de sus capacidades y evaluación de la situación, de la manera más exacta posible, pudiendo decidir entonces la respuesta más adecuada.
  - ▷ El proceso de respuesta: cómo actúa cada persona para enfrentarse a la situación de estrés dependerá del tipo de conducta de cada uno.
  - ▷ Insatisfacción laboral: sensación percibida por el trabajador de falta de desarrollo profesional.

Todas las patologías derivadas del trabajo pueden llevar a la insatisfacción laboral, pero los que más influyen serán los factores psicosociales tales como:

- Trabajo a turnos: el cambio de ritmo modifica el equilibrio biológico y social, dando lugar a insomnio, fatiga, cambios de conducta, irritabilidad.
- Inestabilidad en el puesto de trabajo: la incertidumbre agrava las tensiones.
- Comunicación del grupo: como manifestación básica de la relación humana.
- Participación: el trabajador debe participar en el control de la tarea que desempeña, tanto con compañeros, como con superiores y subordinados.
- Aptitud: preparación profesional y especialización de cada persona.
- Mando directivo.
- Organización empresarial.
- Exceso de trabajo.
- Falta de trabajo.
- Falta de claridad en las tareas a desarrollar.

2.9.3. Prevención de lesiones dorsolumbares en el manejo de cargas

2.9.3.1. La carga física en el trabajo

Hace referencia al conjunto de exigencias físicas a los que está sometido el trabajador a lo largo de su jornada laboral. Para el estudio de la carga física en el trabajo se tienen en cuenta factores como el esfuerzo físico, la postura en el trabajo y la manipulación de cargas.

Al desarrollar cualquier esfuerzo físico se está desarrollando una actividad muscular que supone un consumo de energía obtenida a través de la combustión de las grasas y el oxígeno del cuerpo. Esta energía llega a los músculos a través del sistema sanguíneo, por lo que tanto el ritmo cardíaco como la respiración, dependerán de la cantidad de sangre aportada y del nivel de oxigenación durante el desarrollo de la actividad laboral. Para valorar y evaluar el trabajo muscular realizado, se utilizan criterios tales como el consumo energético, establecido mediante tablas de todas las operaciones elementales que se realizan en el puesto de trabajo, la medida del consumo de oxígeno necesario, y el análisis de la frecuencia cardíaca al desarrollar las tareas.

2.9.3.2. La postura en el puesto de trabajo

Algunos trabajos requieren realizarse en posturas más o menos estáticas, por ejemplo, la manipulación de cierto tipo de máquinas y equipos en donde la tarea a realizar se hace de pie, con desplazamientos muy cortos y ocasionalmente moviendo cargas. Para evitar las lesiones en este tipo de trabajo de pie, algunas de las recomendaciones de seguridad son:

- Evitar en lo posible los movimientos bruscos y forzados del cuerpo.
- Mantener un pie apoyado sobre un objeto o reposapiés alternándolos, a fin de reducir la tensión muscular necesaria para mantener el equilibrio del cuerpo.
- El plano de trabajo debe estar situado a la altura aproximada de los codos. Si el trabajo exige precisión la altura del plano debe elevarse, y si se requieren esfuerzos físicos de cierta importancia, el plano debe bajarse.
- Se debe mantener el cuerpo erguido con el tronco recto en todo momento, para facilitar el que los discos vertebrales puedan repartir correctamente el peso del cuerpo.
- No se debe permanecer demasiado tiempo en la misma posición para evitar la fatiga. Es necesario cambiar de postura y efectuar movimientos suaves de estiramiento de los músculos cada cierto tiempo.

2.9.3.3. Manipulación manual de cargas

Este aspecto preventivo está regulado normativamente por el Real Decreto 487/1997, de 14 de abril, por el que se establecen las disposiciones mínimas de seguridad y salud relativas a la manipulación manual de cargas que entrañe riesgos para los trabajadores.

La manipulación manual de una carga puede presentar un riesgo, en particular dorsolumbar, en los casos siguientes:

- En relación con la carga:
  - ▹ Cuando la carga es demasiado pesada o demasiado grande.
  - ▹ Cuando es voluminosa o difícil de sujetar.
  - ▹ Cuando está en equilibrio inestable o su contenido corre el riesgo de desplazarse.
  - ▹ Cuando está colocada de tal modo que debe sostenerse o manipularse a distancia del tronco o con torsión o inclinación del mismo.
  - ▹ Cuando la carga, debido a su aspecto exterior o a su consistencia, puede ocasionar lesiones al trabajador, en particular en caso de golpe.
- En relación con el esfuerzo físico:
  - ▹ Cuando es demasiado importante.
  - ▹ Cuando no puede realizarse más que por un movimiento de torsión o de flexión del tronco.
  - ▹ Cuando puede acarrear un movimiento brusco de la carga.
  - ▹ Cuando se realiza mientras el cuerpo está en posición inestable.
  - ▹ Cuando se trate de alzar o descender la carga con necesidad de modificar el agarre.
- En relación con el medio de trabajo:
  - ▹ Cuando el espacio libre, especialmente vertical, resulta insuficiente para el ejercicio de la actividad de que se trate.
  - ▹ Cuando el suelo es irregular y, por tanto, puede dar lugar a tropiezos o bien es resbaladizo para el calzado que lleve el trabajador.
  - ▹ Cuando la situación o el medio de trabajo no permite al trabajador la manipulación manual de cargas a una altura segura y en una postura correcta.
  - ▹ Cuando el suelo o el plano de trabajo presentan desniveles que implican la manipulación de la carga en niveles diferentes.
  - ▹ Cuando el suelo o el punto de apoyo son inestables.
  - ▹ Cuando la temperatura, humedad o circulación del aire son inadecuadas.

- ▹ Cuando la iluminación no sea adecuada.
- ▹ Cuando exista exposición a vibraciones.

Cuando se cargan o transportan manualmente ciertos materiales se suelen producir lesiones debido al mal uso de las técnicas adecuadas para ello. Las medidas preventivas que se deben tener en cuenta para reducir o prevenir el riesgo de accidentes son:

- Emplear una técnica segura de levantamiento de cargas.
- Emplear siempre que sea posible, medios mecánicos en lugar de medios manuales.
- Seleccionar y adiestrar adecuadamente al personal para este tipo de actividad.
- Emplear prendas de protección adecuadas: guantes, botas, cascos, etc.
- Utilizar medios auxiliares tales como palancas, correas, planos inclinados, etc.

2.9.3.4. El peso de la carga

En éste y los siguientes apartados, seguiremos la Guía Técnica publicada por el Instituto Nacional de Seguridad e Higiene en el trabajo, según el Real Decreto 487/1997, de 14 de abril, BOE nº 97, de 23 de abril.

El peso de la carga es uno de los principales factores a la hora de evaluar el riesgo en la manipulación manual.

A efectos prácticos podrían considerarse como cargas los objetos que pesen más de 3 kg (en condiciones apropiadas).

A modo de indicación general, el peso máximo que se recomienda no sobrepasar (en condiciones ideales de manipulación manual) es de 25 kg.

Se entiende como "condiciones ideales de manipulación manual" a las que incluyen una postura ideal para el manejo (carga cerca del cuerpo, espalda derecha, sin giros ni inclinaciones), una sujeción firme del objeto con una posición neutral de la muñeca, levantamientos suaves y espaciados y condiciones ambientales favorables.

No obstante, si la población expuesta son mujeres, trabajadores jóvenes o mayores, o si se quiere proteger a la mayoría de la población, no se deberían manejar cargas superiores a 15 kg.

En circunstancias especiales, trabajadores sanos y entrenados físicamente podrían manipular cargas de hasta 40 kg, siempre que la tarea se realice de forma esporádica y en condiciones seguras.

Sin embargo, debido a que los puestos de trabajo deberían ser accesibles para toda la población trabajadora, exceder el límite de 25 kg debe ser considerado como una excepción.

Cuando se sobrepasen estos valores de peso, se deberán tomar medidas preventivas de forma que el trabajador no manipule las cargas, o que consigan que el peso manipulado sea menor. Entre otras medidas, y dependiendo de la situación concreta, se podrían tomar alguna de las siguientes:

- Uso de ayudas mecánicas.
- Levantamiento de la carga entre dos personas.
- Reducción de los pesos de las cargas manipuladas, en posible combinación con la reducción de la frecuencia, etc.

2.9.3.5. La posición de la carga con respecto al cuerpo

La combinación del peso con otros factores, como la postura, la posición de la carga, etc., va a determinar que estos pesos recomendados estén dentro de un rango admisible o, por el contrario, supongan todavía un riesgo importante para la salud del trabajador.

Un factor fundamental, en la aparición de riesgo por manipulación manual de cargas, es el alejamiento de las mismas respecto al centro de gravedad del cuerpo. En este alejamiento intervienen dos factores: la distancia horizontal (H) y la distancia vertical (V), que nos darán las "coordenadas" de la situación de la carga.

H: Distancia entre el punto medio de las manos al punto medio de los tobillos mientras se está en la posición de levantamiento.

V: Distancia desde el suelo al punto en que las manos sujetan el objeto.

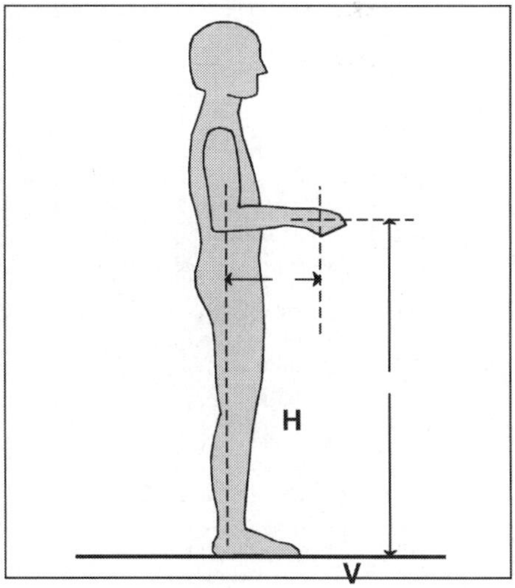

Distancia horizontal (H) y distancia vertical (V)

Cuanto más alejada esté la carga del cuerpo, mayores serán las fuerzas compresivas que se generan en la columna vertebral y, por tanto, el riesgo de lesión será mayor.

El peso teórico recomendado que se podría manejar en función de la posición de la carga con respecto al cuerpo se indica en la figura.

Cuando se manipulen cargas, en más de una zona, se tendrá en cuenta la más desfavorable, para mayor seguridad. Los saltos de una zona a otra no son bruscos, por lo que quedará a criterio del evaluador tener en cuenta incluso valores medios cuando la carga se encuentre cercana a la transición de una zona a otra.

El mayor peso teórico recomendado es de 25 kg, que corresponde a la posición de la carga más favorable, es decir, pegada al cuerpo, a una altura comprendida entre los codos y los nudillos.

Cuando se trate de ofrecer mayor protección, el peso teórico recomendado, en condiciones ideales de levantamiento, debería ser de 15 kg. Si se trata de una manipulación esporádica por parte de trabajadores sanos y entrenados, el peso teórico recomendado en esta situación podría llegar a ser de hasta 40 kg.

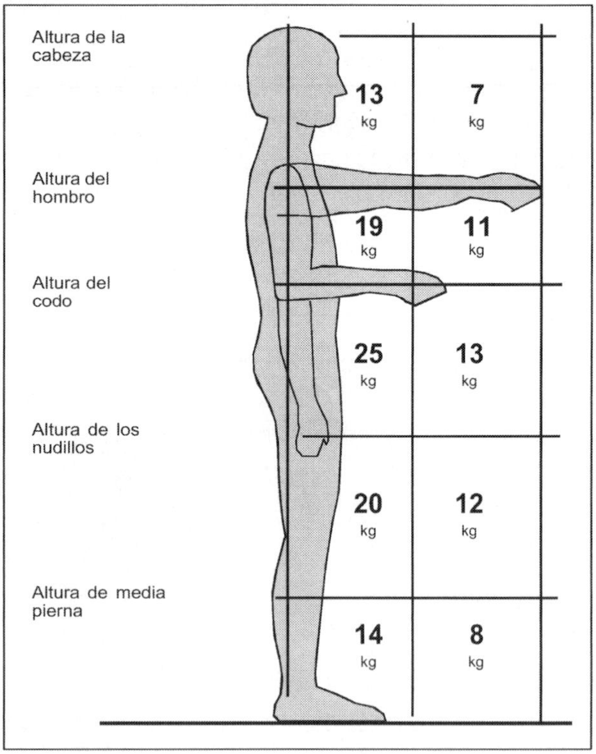

Peso teórico recomendado en función de la zona de manipulación

Si el peso real de la carga es mayor que este peso teórico recomendado, se deberían llevar a cabo acciones correctoras para reducir el riesgo, tales como:

- Uso de ayudas mecánicas.
- Reducción del peso de la carga.
- Levantamiento en equipo.
- Rediseño de las tareas, de forma que sea posible manejar la carga pegada al cuerpo, entre la altura de los codos y la altura de los nudillos.
- Utilización de mesas elevadoras, que permitan manejar la carga a la altura ya recomendada, etc.

A) Situaciones especiales de manipulación de cargas

1. *Manipulación de cargas en postura sentado*

A modo de indicación, podemos decir que no se deberían manipular cargas de más de 5 kg en postura sentada, siempre que sea en una zona próxima al tronco, evitando manipular cargas a nivel del suelo o por encima del nivel de los hombros y giros e inclinaciones del tronco, ya que la capacidad de levantamiento mientras se está sentado es menor que cuando se manejan cargas en posición de pie, debido a que no se puede utilizar la fuerza de las piernas en el levantamiento, el cuerpo no puede servir de contrapeso y, por tanto, la mayor parte del esfuerzo debe hacerse con los músculos más débiles de los brazos y el tronco.

También aumenta el riesgo debido a que la curvatura lumbar está modificada en esta postura.

2. *Manipulación en equipo*

Asimismo, cuando se maneja una carga entre dos o más personas, las capacidades individuales disminuyen, debido a la dificultad de sincronizar los movimientos o por dificultarse la visión unos a otros.

En general, en un equipo de dos personas, la capacidad de levantamiento es dos tercios de la suma de las capacidades individuales. Cuando el equipo es de tres personas, la capacidad de levantamiento del equipo se reduciría a la mitad de la suma de las capacidades individuales teóricas.

B) El desplazamiento vertical de la carga

El desplazamiento vertical de una carga es la distancia que recorre la misma desde que se inicia el levantamiento hasta que finaliza la manipulación.

Se producirán grandes desplazamientos de las cargas, por ejemplo, en situaciones de almacenamiento, donde el diseño de las estanterías puede obligar a su manejo a muy diferentes alturas, dando lugar a grandes desplazamientos verticales de las mismas. Además, puede ser necesaria una modificación del agarre, que haga aún más difícil la manipulación.

El desplazamiento vertical ideal de una carga es de hasta 25 cm; siendo aceptables los desplazamientos comprendidos entre la "altura de los hombros y la altura de media pierna".

Se procurará evitar los desplazamientos que se realicen fuera de estos rangos. No se deberían manejar cargas por encima de 175 cm, que es el límite de alcance para muchas personas.

Si los desplazamientos verticales de las cargas son muy desfavorables, se deberán tomar medidas preventivas que modifiquen favorablemente este factor, como:

- Utilización de mesas elevadoras.
- Organizar las tareas de almacenamiento, de forma que los elementos más pesados se almacenen a la altura más favorable, dejando las zonas superiores e inferiores para los objetos menos pesados, etc.

2.9.3.6. Los giros del tronco

Se puede estimar el giro del tronco determinando el ángulo que forman las líneas que unen los talones con la línea de los hombros.

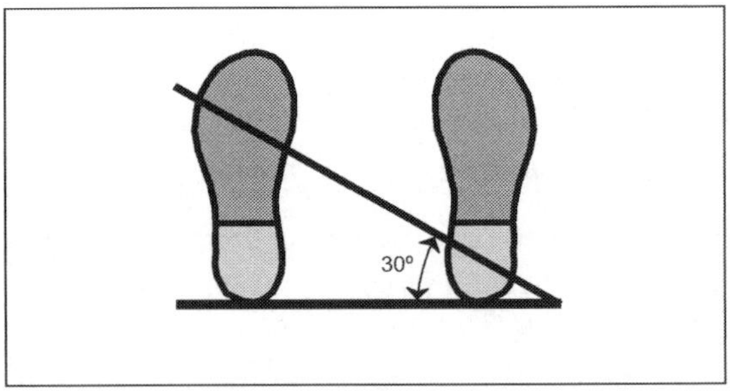

Giro del tronco de 30º

Siempre que sea posible, se diseñarán las tareas de forma que las cargas se manipulen sin efectuar giros. Los giros del tronco aumentan las fuerzas compresivas en la zona lumbar.

2.9.3.7. Los agarres de la carga

Si la carga es redonda, lisa, resbaladiza o no tiene agarres adecuados, aumentará el riesgo al no poder sujetarse correctamente.

Al manipular una carga, se pueden dar los siguientes tipos de agarres:

Agarre bueno: Si la carga tiene asas u otro tipo de agarres con una forma y tamaño que permita un agarre confortable con toda la mano, permaneciendo la muñeca en una posición neutral, sin desviaciones ni posturas desfavorables.

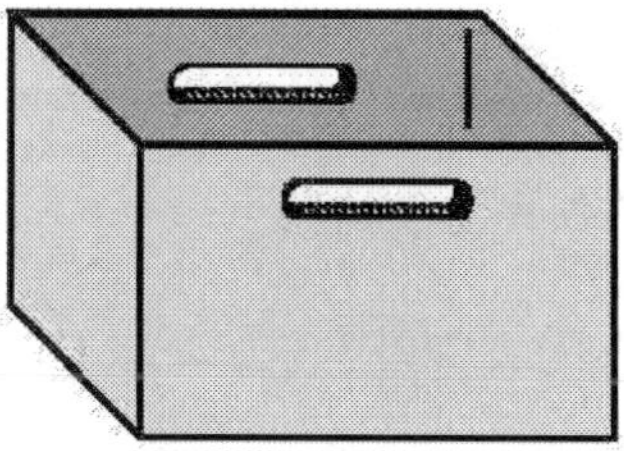

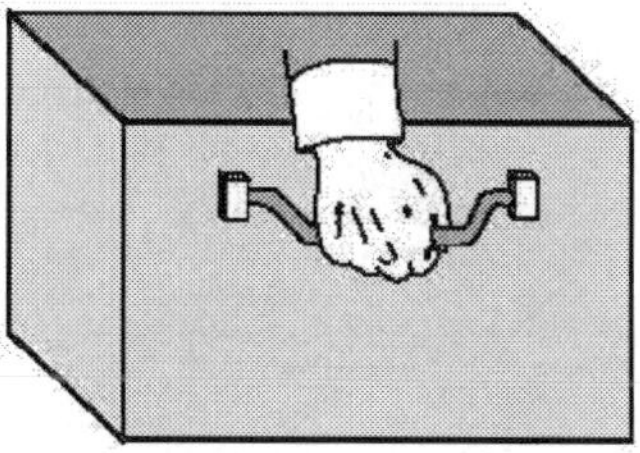

Agarre regular: Si la carga tiene asas o hendiduras no tan óptimas, de forma que no permitan un agarre tan confortable como en el apartado anterior. También se incluyen aquellas cargas sin asas que pueden sujetarse flexionando la mano 90° alrededor de la carga.

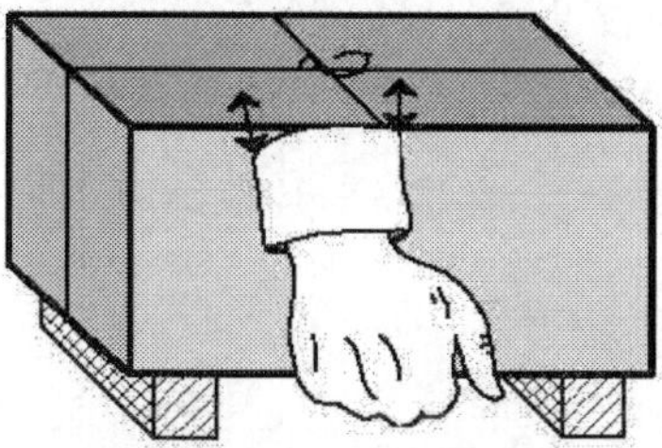

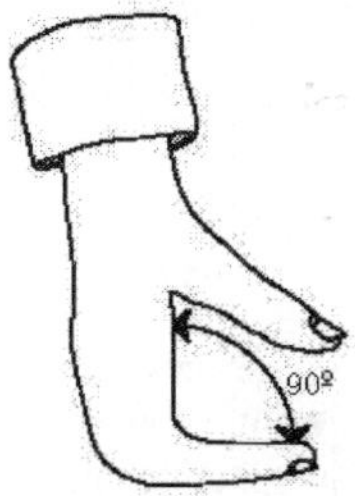

Agarre malo: Si no se cumplen los requisitos del agarre medio.

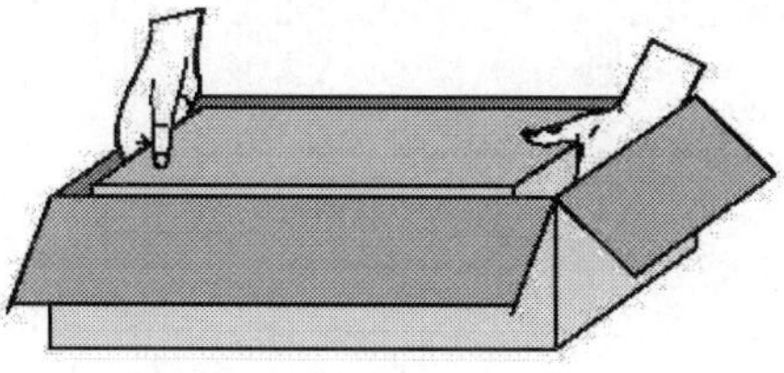

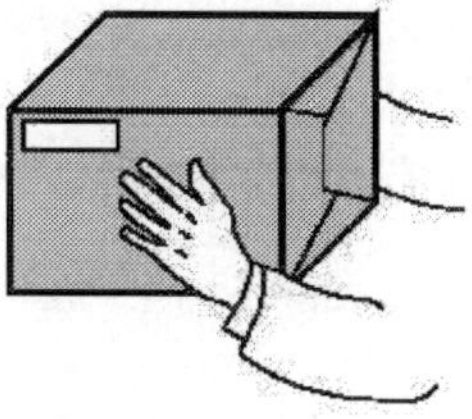

2.9.3.8. La inclinación del tronco

Si el tronco está inclinado mientras se manipula una carga, se generarán unas fuerzas compresivas en la zona lumbar mucho mayores que si el tronco se mantuviera derecho, lo cual aumenta el riesgo de lesión en esa zona. La inclinación puede deberse tanto a una mala técnica de levantamiento como a una falta de espacio, fundamentalmente el vertical.

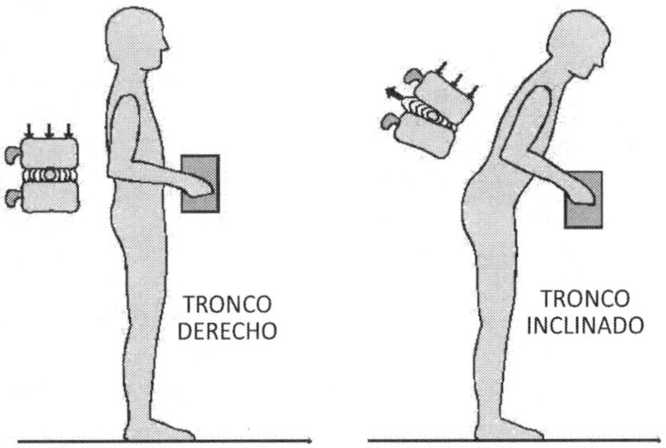

La postura correcta al manejar una carga es con la espalda derecha, ya que al estar inclinada aumentan mucho las fuerzas compresivas en la zona lumbar. Se evitará manipular cargas en lugares donde el espacio vertical sea insuficiente.

2.9.3.9. Método para levantar una carga

Como norma general, es preferible manipular las cargas cerca del cuerpo, a una altura comprendida entre la altura de los codos y los nudillos, ya que de esta forma disminuye la tensión en la zona lumbar. Si las cargas que se van a manipular se encuentran en el suelo o cerca del mismo, se utilizarán las técnicas de manejo de cargas que permitan utilizar los músculos de las piernas más que los de la espalda.

Para proteger los ligamentos y articulaciones al realizar un esfuerzo, los músculos abdominales y glúteos se deben contraer.

Para levantar una carga se pueden seguir los siguientes pasos:

(No todas las cargas se pueden manipular siguiendo estas instrucciones. Hay situaciones como, por ejemplo, manipulación de barriles, manipulación de enfermos, etc., que tienen sus técnicas específicas).

1. Planificar el levantamiento

- Utilizar las ayudas mecánicas precisas. Siempre que sea posible se deberán utilizar ayudas mecánicas.
- Seguir la indicaciones que aparezcan en el embalaje acerca de los posibles riesgos de la carga, como pueden ser un centro de gravedad inestable, materiales corrosivos, etc.

- Si no aparecen indicaciones en el embalaje, observar bien la carga, prestando especial atención a su forma y tamaño, posible peso, zonas de agarre, posibles puntos peligrosos, etc. Probar a alzar primero un lado, ya que no siempre el tamaño de la carga ofrece una idea exacta de su peso real.
- Solicitar ayuda de otras personas si el peso de la carga es excesivo o se deben adoptar posturas incómodas durante el levantamiento y no se puede resolver por medio de la utilización de ayudas mecánicas.

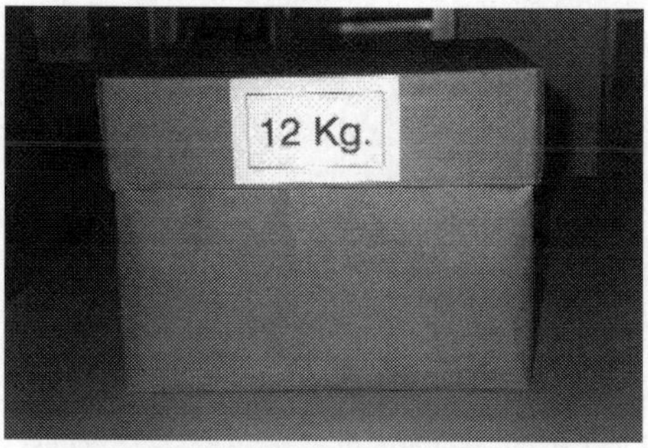

- Tener prevista la ruta de transporte y el punto de destino final del levantamiento, retirando los materiales que entorpezcan el paso.
- Usar la vestimenta, el calzado y los equipos adecuados.

2. Colocar los pies

- Separar los pies para proporcionar una postura estable y equilibrada para el levantamiento, colocando un pie más adelantado que el otro en la dirección del movimiento.

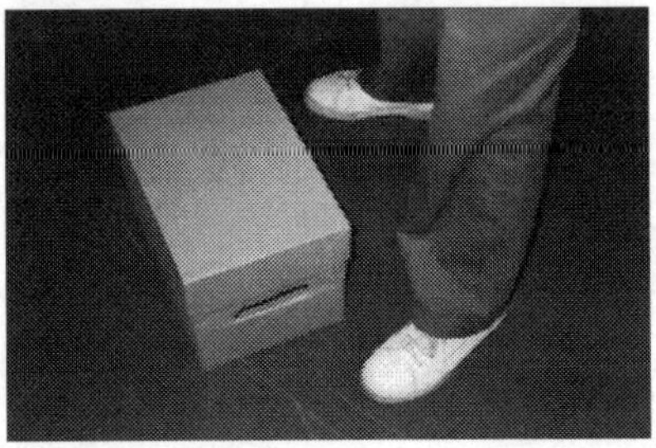

3. Adoptar la postura de levantamiento

- Doblar las piernas manteniendo en todo momento la espalda derecha, y mantener el mentón metido. No flexionar demasiado las rodillas.
- No girar el tronco ni adoptar posturas forzadas.

4. Agarre firme

- Sujetar firmemente la carga empleando ambas manos y pegarla al cuerpo. El mejor tipo de agarre sería un agarre en gancho, pero también puede depender de las preferencias individuales, lo importante es que sea seguro. Cuando sea necesario cambiar el agarre, hacerlo suavemente o apoyando la carga, ya que incrementa los riesgos.

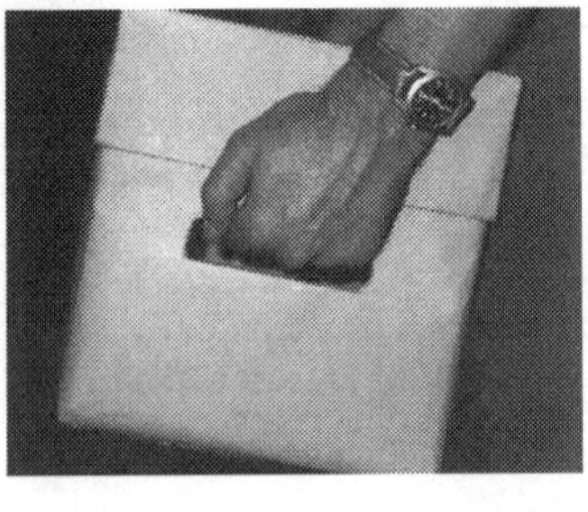

5. Levantamiento suave

- Levantarse suavemente, por extensión de las piernas, manteniendo la espalda derecha. No dar tirones a la carga ni moverla de forma rápida o brusca.

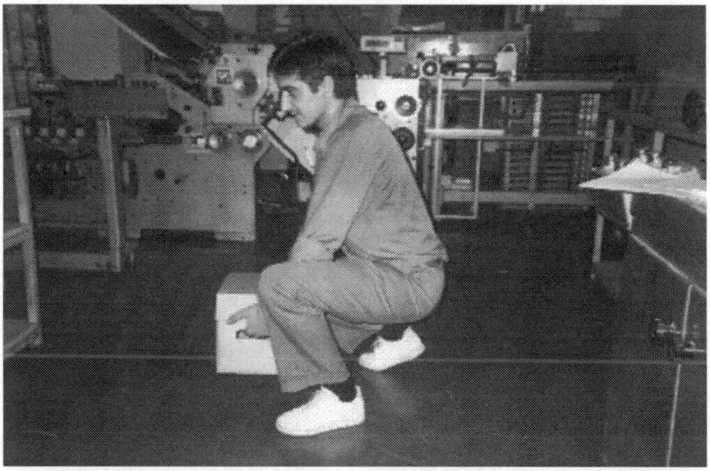

6. Evitar giros

- Procurar no efectuar nunca giros, es preferible mover los pies para colocarse en la posición adecuada.

7. Carga pegada al cuerpo

- Mantener la carga pegada al cuerpo durante todo el levantamiento.

8. Depositar la carga

- Si el levantamiento es desde el suelo hasta una altura importante, por ejemplo la altura de los hombros o más, apoyar la carga a medio camino para poder cambiar el agarre.

- Depositar la carga y después ajustarla si es necesario.
- Realizar levantamientos espaciados.

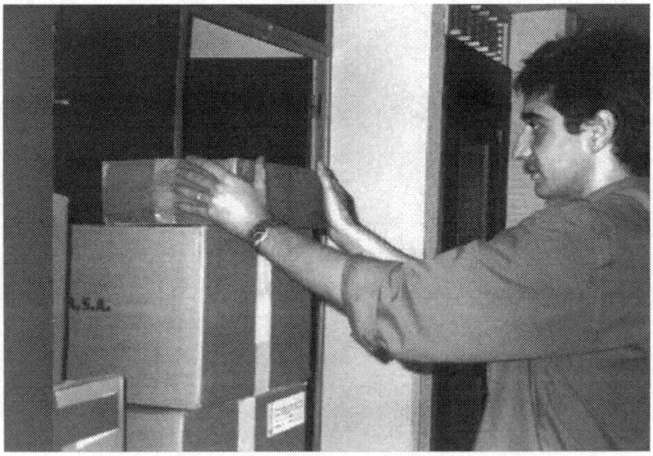

2.9.3.10. Resumen

Las lesiones de espalda pueden producirse en tareas de manipulación manual de cargas cuando:

- Se realizan de forma incorrecta.
- Se supera la capacidad física del trabajador.
- Se realizan de forma repetitiva durante un tiempo prolongado.

Los huesos, articulaciones y músculos pueden dañarse al someterlos a un esfuerzo mayor del que pueden soportar. Este esfuerzo es debido no sólo al peso a levantar o transportar, sino también a la forma en que se realiza la tarea.

Para evitar estos sobreesfuerzos debemos:

1. **Evaluar el trabajo**:
   - ▷ Compruebe el peso.
   - ▷ Determine el agarre óptimo.
   - ▷ Analice que el recorrido esté libre de obstáculos.
   - ▷ Verifique si se pueden utilizar medios mecánicos de elevación y transporte.
   - ▷ Valore la necesidad de utilizar equipos de protección individual: guantes, calzado de seguridad, etc.
2. **Utilizar la técnica correcta de elevación y transporte**:
   - ▷ Aproximarse a la carga.
   - ▷ Apoye los pies firmemente separándolos a una distancia igual a la de sus hombros.
   - ▷ Agáchese doblando las rodillas para recoger la carga.
   - ▷ Coja la carga por la parte más segura y sujétela de forma equilibrada.
   - ▷ Mantenga la espalda recta durante toda la maniobra.
   - ▷ Levante suavemente la carga enderezando las piernas. No realice tirones bruscos.
   - ▷ Mantenga la carga lo más próxima posible a su cuerpo con los brazos extendidos.
   - ▷ Si el peso o las dimensiones de la carga son excesivos, pida ayuda a un compañero.
   - ▷ A la hora de transportar, es mejor empujar que tirar de la carga.
   - ▷ Deslizar un objeto requiere menos esfuerzo que levantarlo.

- ▹ Revise que la superficie sobre la que va a realizar el desplazamiento de la carga sea lo más lisa posible.
- ▹ Utilice medios mecánicos siempre que pueda (traspaletas, carretillas, mesas móviles, carritos, etc.).
- ▹ Nunca eleve una carga de forma manual por encima de los hombros. No realice giros de cintura mientras levanta y/o transporta una carga.

2.9.4. Riesgo biológico

2.9.4.1. Definición de riesgo biológico

El riesgo biológico consiste en la exposición a agentes con vida tales como microorganismos, incluidos los genéticamente modificados, cultivos celulares y endoparásitos humanos, susceptibles de originar cualquier tipo de infección, alergia o toxicidad.

La norma que regula este tipo de exposición es el Real Decreto 664/1997 de 12 de mayo, y hace referencia a la protección de la salud y seguridad de los trabajadores contra los riesgos relacionados con agentes biológicos en el trabajo.

Los agentes biológicos son microorganismos tales como bacterias, protozoos, virus, hongos, etc., y agentes parásitos internos del cuerpo humano, que pueden ocasionar algún tipo de infección, alergia o intoxicación.

La exposición a estos agentes se puede dar en dos situaciones diferentes:

- En aquellas actividades en las que se manipulan agentes biológicos: laboratorios de diagnóstico microbiológico e industrias en cuyos procesos los utilizan.
- En aquellas actividades en las que no existe intencionalidad de usarlos, pero existe el riesgo de exposición a los mismos, por la propia naturaleza del trabajo que se desarrolla. Este es el caso de los centros de producción de alimentos, los trabajos agrarios en los que existe el contacto con animales y sus productos, los trabajos en lugares de eliminación de residuos, etc.

2.9.4.2. Clasificación de los agentes biológicos

El Real Decreto 664/1997 clasifica a los agentes biológicos en función del riesgo de infección, en cuatro grupos de riesgo:

- **Grupo 1**: agente biológico que difícilmente puede causar enfermedad.
- **Grupo 2**: agente causante de enfermedad, pero de difícil propagación. Existe tratamiento eficaz.

- **Grupo 3**: agente que puede causar enfermedad grave a la persona y con riesgo de propagación. Existe tratamiento eficaz.
- **Grupo 4**: agente que puede causar enfermedad grave a la persona y con riesgo de propagación. Sin tratamiento eficaz.

Agentes biológicos del grupo de riesgo	Riesgo infeccioso	Riesgo de propagación a la colectividad	Profilaxis o tratamiento eficaz
1	Agente biológico que resulta poco probable que cause una enfermedad en el hombre (ejemplo: levadura).	No	Innecesario
2	Puede causar una enfermedad en el hombre y puede suponer un peligro para los trabajadores, siendo poco probable que se propague a la colectividad y existiendo generalmente profilaxis o tratamiento eficaz (ejemplo: virus de la gripe común).	Poco Probable	Posible generalmente
3	Puede causar una enfermedad grave en el hombre y presenta un serio peligro para los trabajadores, con riesgo de que se propague a la colectividad y existiendo generalmente una profilaxis o tratamiento eficaz (ejemplo: microbacterias que producen la tuberculosis).	Probable	Posible generalmente
4	Aquel que, causando una enfermedad grave en el hombre, supone un serio peligro para la colectividad, con muchas probabilidades de propagación a la colectividad sin existir generalmente una profilaxis o un tratamiento eficaz (ejemplo: virus Ébola).	Elevado	No conocido en la actualidad

La finalidad de esta clasificación está sólo en la de servir de ayuda a la hora de establecer las medidas de protección más adecuadas a cada caso y microorganismo y, por tanto, para cada actividad laboral relacionada.

Con carácter general, se deben adoptar las siguientes medidas:

- Actuar sobre el foco emisor sustituyéndolo por otro menos peligroso (encerramiento del proceso).
- Actuar sobre el medio limpiando y ventilando la zona.
- Formar e informar al personal sobre los riesgos biológicos a los que puede estar expuesto y la forma de protegerse contra ellos.
- Establecer un riguroso control y vigilancia médica sobre cualquier manifestación morbosa que se presente a los trabajadores.

- Mantener un elevado grado de aseo personal, llevando ropa limpia y de uso exclusivo para la actividad.
- Emplear la protección respiratoria adecuada cuando sea necesario.
- Utilizar guantes adecuados a la tarea.
- Lavarse las manos con agua caliente y jabón adecuado tantas veces como sea necesario según las condiciones de trabajo.
- No fumar, masticar chicle ni comer en el puesto de trabajo.
- Proteger la piel y las mucosas erosionadas en el contacto con materias susceptibles de contener agentes biológicos. Se han de cubrir los cortes y heridas con vendajes impermeables.

2.9.4.3. Enfermedades infecciosas

Son enfermedades infecciosas las transmitidas por los siguientes gérmenes (según Calero et al, 2002):

- **Citomegalovirus (CMV)**. Enfermedad transmitida de varias formas por gotículas respiratorias en suspensión en el aire, por contacto con la orina, saliva o sangre. Es altamente contagiosa y puede provocar riesgos de defectos de nacimiento.
- **Eritema infeccioso (Parvovirus B-19)**. La transmisión se produce por contacto directo de persona a persona o gotículas respiratorias en suspensión en el aire. Es levemente contagioso y puede provocar riesgos para el feto durante el embarazo.
- **Gastroenteritis bacteriana (Salmonella, Shigella; Campilobacter)**. Se transmite de persona a persona por los alimentos o el agua. Se elimina con una higiene adecuada tanto de los alimentos como del agua. Es importante mantener unos procedimientos de lavado de manos estrictos.
- **Gastroenteritis vírica (Rotavirus)**. La transmisión ocurre entre personas a través de los alimentos o agua, a través de la vía fecal u oral; también puede transmitirse por inhalación de polvo que contiene el virus. La prevención podría llevarse a cabo manteniendo una higiene adecuada de alimentos y agua.
- **Giardiasis (parásito intestinal)**. La transmisión se produce mediante agua y alimentos contaminados; incluso es posible la transmisión de persona a persona. Se elimina mediante una adecuada higiene de alimentos y agua.
- **Gripe**. La transmisión ocurre por gotículas respiratorias en suspensión en el aire. Es altamente contagiosa y para el personal de alto riesgo debe ad-

ministrárseles dosis de inmunización. Es una enfermedad de declaración obligatoria en la que no es necesario el aislamiento pero si la separación de aquellos especialmente sensibles de las fuentes de infección o cuando siendo ellos la fuente puedan transmitir la infección a personas especialmente sensibles o puedan genera un brote. A pesar de la repercusión económica por el elevado absentismo laboral que ocasiona la enfermedad de la gripe en el medio laboral, no se recomienda la vacunación sistemática, sólo está indicada para la población general, en grupos con alto riesgo de padecer complicaciones o que pueda transmitirla a personas con alto riesgo de complicaciones. El Pleno del Consejo Interterritorial del Sistema Nacional de Salud considera la recomendación de vacunación a los trabajadores que prestan servicios comunitarios esenciales.

- **Hepatitis A, virus**. Transmisión por vía fecal - oral, sobre todo a través de agua y alimentos contaminados; también es posible mediante contacto directo de persona a persona. Esta enfermedad tiene repercusiones sobre la salud. Sólo se recomienda para aquellos grupos específicos de riesgo, que en el medio laboral integran a cuidadores que tengan contacto directo con pacientes con hepatitis A; trabajadores en contacto con aguas residuales no depuradas; personal de laboratorio que manipulan el virus o personal que trabaja con animales infectados. Es una enfermedad de declaración obligatoria y su protocolo de vigilancia sanitaria específica establece las siguientes medidas de prevención:
  - ▹ Los infectados no deben preparar alimentos para otras personas, sobre todo aquellos que no necesitan cocción.
  - ▹ El lavado de manos será frecuente. Deben usarse guantes para manipular sangre, heces, equipos u objetos potencialmente contaminados y realizar una cuidadosa desinfección.
  - ▹ Son necesarias las precauciones estrictas en niños de guarderías, casos con diarrea o incontinencia fecal, deficientes mentales, etc.
  - ▹ Las personas infectadas deben estar informadas, extremar su higiene y no compartir objetos personales (cubiertos, cepillos dentales, etc.)
- **Hepatitis B, virus**. Se transmiten por contacto sexual, con heridas en piel o membranas mucosas, con sangre y otros fluidos corporales. La mayor incidencia corresponde a niños ingresados. La vacunación es recomendada en situaciones de alto riesgo así como la utilización de precauciones universales en todas las exposiciones a sangre y otros fluidos corporales. Es una enfermedad de declaración obligatoria y considerada en España como enfermedad profesional. En lo que se refiere a las recomendaciones de vacunación éstas estarán dirigidas al personal sanitario y parasitario, incluido el personal en formación, que tenga contacto frecuente con sangre o riesgos a herirse con instrumentos contaminados con sangre.

- **Herpes simple Tipo I y II**. Se transmite por contacto con membranas mucosas. Es extremadamente contagioso; común en adultos y en el grupo de edades comprendidas entre 10 y 20 años.
- **Infección por el virus de la inmunodeficiencia humana (VIH)**. Transmitido por contacto sexual, contacto de heridas en piel o membranas mucosas con sangre u otros fluidos. Da lugar al síndrome de inmudodeficiencia adquirida (SIDA). Deben utilizarse las precauciones universales en todas las exposiciones a sangre y otros fluidos corporales (por ejemplo sangrado por la nariz) para evitar en lo posible las exposiciones accidentales. Debe considerarse que, salvo que exista una analítica previa, no se puede saber, en caso de contagio, si éste ha sido previo o debido al contacto accidental. Los Protocolos de vigilancia sanitaria específica establecen las siguientes recomendaciones:
  - ▷ Lavarse rápidamente la zona expuesta con agua y jabón en el caso de la piel, o con solución salina en caso de implicación de mucosas. Posteriormente se aplicará un antiséptico (povidona yodadada, clorhexidina).
  - ▷ Ponerse en contacto rápidamente con el Servicio de Prevención de su provincia o con el médico de guardia del servicio de medicina interna que le corresponda (si el primero no está disponible), para que la administración de los antiretrovirales se lleve a cabo lo más precoz posible.
  - ▷ Consejo, apoyo psicológico e información sobre las maneras de evitar la transmisión del VIH a otras personas tanto ocupacionalmente como familiarmente. En caso de ser mujer debe evitarse el embarazo.
  - ▷ El Servicio de Prevención notificará la exposición ocupacional como accidente laboral.
- **Infecciones estreptocócicas**. Contacto directo de persona a persona. La infección de la garganta, la escarlatina y la neumonía son ejemplo de este tipo de infecciones
- **Infecciones por micoplasma**. Transmisión a través del aire tras un contacto cercano. Causa fundamental de la neumonía atípica primaria; afecta principalmente niños entre 5 y 15 años de edad.
- **Meningitis por meningococos**. Gotículas respiratorias en suspensión en el aire, especialmente mediante contacto cercano.
- **Parotiditis (Virus de las Paperas)**. Gotículas respiratorias en suspensión en el aire; contacto directo con saliva. Especialmente común en el grupo de población de edades comprendidas entre 10 y 20 años. La medida más efectiva es la vacunación. Por la potencial susceptibilidad de algunas personas con contacto en el Centro educativo, cuando cuenten con infección activa deben ser separados de su puesto (baja) hasta que no sean contagiosos (unas 2 semanas desde el inicio del cuadro).

- **Pediculosis (piojos)**. Transmitida generalmente por contacto directo de persona a persona especialmente mediante contacto cercano. En caso de que esto ocurra el personal afectado así como el alumnado deberán informar al Centro educativo ya que es altamente contagioso. Para eliminarlos debe usarse una liendrera o peine muy fino, humedeciendo el cabello con agua. Al encontrar un piojo se aplicará algún producto contra estos parásitos.
- **Pertusis (tos ferina)**. Gotículas respiratorias en suspensión en el aire. No muy grave en adultos; todos los niños menores de 7 años deben ser inmunizados. Es una enfermedad de declaración obligatoria.
- **Rubeola**. Gotículas respiratorias en suspensión en el aire; contacto directo con personas infectadas. Riesgo de defectos de nacimiento; debe vacunarse a todos los niños y los miembros del personal. Por este motivo es una enfermedad que debe declararse obligatoriamente. Los trabajadores y trabajadoras con infección activa deben ser separados de su puesto (baja) hasta su curación. En el caso de los alumnos y alumnas se procederá de igual modo
- **Sarampión**. Gotículas respiratorias en suspensión en el aire. Altamente contagioso, por lo que debe declararse obligatoriamente, riesgo para los adultos no inmunizados que trabajan con niños no vacunados. Tiene máximas incidencia entre los 5 y los 10 años.
- **Sarna**. Se trasmite pro contacto directo de piel a piel. Es una enfermedad infecciosa de la piel causada por acáridos.
- **Tuberculosis (respiratoria)**. Gotículas respiratorias en suspensión en el aire. Es altamente infecciosa y es una enfermedad declarable en la mayoría de los países de la que existe tratamiento efectivo.
- **Varicela**. Transmitida generalmente por contacto directo de persona a persona pero también es posible por gotículas respiratorias en suspensión en el aire. Es más grave en adultos que en niños; riesgo de defectos de nacimiento. Es una enfermedad que presenta máxima incidencia en niños y niñas de 5 a 10 años. Esta enfermedad es declarable en la mayoría de los países. Aquellos que posean infección activa deben ser separados de su puesto de trabajo (baja) hasta que no hayan formado costras sobre su última lesión (unos 10 días después de la aparición de la última).

2.9.4.4. Principales riesgos biológicos

En el medio sanitario pueden ser por contacto, mediante vehículo o por vía aérea.

- Por contacto es lo más frecuente en actividades como la movilización, baño de pacientes, cambio de ropa de camas, manejo de instrumentos contaminados, o bien cuando se contacta con gotículas (estornudar, toser, hablar…).

- Transición mediante un vehículo: salmonelosis mediante comida, legionelosis por el agua, hepatitis B por la sangre.
- La transmisión aérea ocurre sobre todo en operaciones capaces de generar aerosoles, agitado de fluidos biológicos, cultivos, uso de sierras mecánicas en traumatología, autopsias.

Las principales causas de accidente biológico son pinchazos, cortes, salpicaduras, arañazos, ingestiones. En cuanto al material implicado en los accidentes la sangre y los derivados son los más frecuentes, seguidos a distancia por líquidos corporales y excreciones. Las enfermedades infecciosas más importantes a las que se ven expuestos son las de etiología vírica como hepatitis B, C, D y sida.

Las medidas a adoptar para prevenir riesgos biológicos son las siguientes:

- Adoptar precauciones universales en el trato con pacientes, materiales, muestras.
- Lavarse las manos con jabón las veces necesarias, antes y después.
- No comer, beber en zonas de trabajo de riesgo.
- No llevar la ropa de trabajo a casa para su lavado.
- Usar uniforme reglamentario y los EPIs (Equipo de Protección Individual)
- Usar guantes, mascarillas, gafas en caso necesario. Cambiar guantes tras cada contacto con el paciente.
- Seguir procedimientos de trabajo para manipulación y desecho de muestras.
- Si tiene lesiones o dermatitis evite el contacto directo con pacientes o con el equipo hasta resolver dicha situación.
- Si presenta grietas o heridas cubrirlas con apósitos.
- Extreme precauciones en el embarazo.
- Recordar la importancia de la vacunación como medida de prevención en el riesgo biológico.
- Esterilización y desinfección correcta de instrumentales y superficies.

En caso de pinchazo, corte, contacto con sangre u otros líquidos corporales con heridas o arañazos, hay que proceder del modo siguiente:

- Lavar la zona con agua y jabón durante 20 segundos.
- Desinfectar la herida con alcohol o desinfectantes.
- Si las mucosas entran en contacto con sangre, fluidos, lavar con abundante agua.
- Acudir al servicio de Medicina Preventiva lo antes posible.

2.9.4.5. Manipulación de sustancias biológicas

La práctica clínica diaria y las tareas directas con los pacientes ofrecen múltiples posibilidades de entrar en contacto con sustancias biológicas.

Vamos a revisar algunos procedimientos básicos en el manejo de sustancias biológicas, como son el lavado de manos y uso de guantes y precauciones en el uso de antisépticos.

A. Procedimiento de lavado de manos

1. Arremangarse los brazos y quitarse reloj, anillos y pulseras, porque son focos de gérmenes.
2. Mojarse bien las manos, situándolas debajo del grifo.
3. Tomar un buen jabón, que debe encontrarse en un dispensador, debe evitarse la pastilla para jabonarse pues, al manipularlas, se acumulan gérmenes.
4. Jabonarse, y frotarse con fuerza, ambas manos, por ambas caras, prestando especial atención a los espacios interdigitales como, muñecas y antebrazos.
5. Para las uñas, y solo para ellas, debe usarse un cepillo de cerdas suaves.
6. Enjuagar con abundante agua.
7. Secarlas con toallas desechables de papel o paño estéril
8. Al terminar, cerrar el grifo con el pedal o con el brazo para cortar el agua.
9. En caso de no disponer de estos dispositivos, se utiliza la misma toalla para cerrar el grifo y luego se desecha.

El uso de guantes desechables no elimina la obligatoriedad del lavado de manos antes y después de colocárselos.

Por sus características y duración, los artículos desechables tras su uso reciben la denominación de material fungible.

Especialmente, las manos deben lavarse:

- Después de las operaciones de limpieza, al terminar cada tarea y después de quitarse los guantes.
- Antes y después de tocar a cada paciente.
- Al manipular sustancias de dudosa higiene o restos de basura.
- Depues de utilizar los aseos.
- Antes de comer o beber.
- Al comenzar y terminar la jornada de trabajo.

B. Limpieza de enseres e instrumental

1. Primero por vía seca, mediante barrido con escobillas, pero mejor aún usando máquinas aspiradoras con el fin de extraer la tierra, polvo y material sólido.
2. A continuación, se efectúa un lavado húmedo, mediante fregado con soluciones jabonosas o detergentes en medio acuosos, para expulsar la suciedad y la mayoría de la flora microbiana.
3. La destrucción real de los microorganismos patógenos se consigue con la aplicación de soluciones desinfectantes posterior a la limpieza.

La secuencia lógica de las tareas es siempre: limpieza, desinfección, secado y acabado.

C. Procedimientos de esterilización

- Esterilización por calor húmedo y calor seco. Adecuado para todos los materiales excepto vidrios, plásticos e instrumentos de cortes.
- Esterilización en frío, a través de medios químicos, como el gas óxido de etileno y el peróxido de hidrógeno, adecuado para esterilizar instrumentos de cortes, plásticos o vidrios.

3. Ley de Régimen Jurídico del Sector Público: el funcionamiento electrónico del Sector Público

3.1. La Ley de Régimen Jurídico del Sector público: Disposiciones Generales

Como sabemos la normativa relativa al procedimiento administrativo y al funcionamiento del sector público en general que antes se contenía en la ley 30/1992 LRJPAC, se regula ahora en sendas leyes, **la Ley del Procedimiento Administrativo Común Ley 39/2015, y la Ley de Régimen Jurídico del Sector Público Ley 40/2015,** a la que nos vamos a referir en el presente tema.

Dicha ley regula las Disposiciones Generales de la misma en sus artículos 1 a 4 que establecen:

Artículo 1. Objeto

La presente Ley establece y regula las bases del régimen jurídico de las Administraciones Públicas, los principios del sistema de responsabilidad de las Administraciones Públicas y de la potestad sancionadora, así como la organización y funcionamiento de la Administración General del Estado y de su sector público institucional para el desarrollo de sus actividades.

Artículo 2. Ámbito Subjetivo

1. La presente Ley se aplica al sector público que comprende:

a) La Administración General del Estado.

b) Las Administraciones de las Comunidades Autónomas.

c) Las Entidades que integran la Administración Local.

d) El sector público institucional.

2. El sector público institucional se integra por:

a) Cualesquiera organismos públicos y entidades de derecho público vinculados o dependientes de las Administraciones Públicas.

b) Las entidades de derecho privado vinculadas o dependientes de las Administraciones Públicas que quedarán sujetas a lo dispuesto en las normas de esta Ley que específicamente se refieran a las mismas, en particular a los principios previstos en el artículo 3, y en todo caso, cuando ejerzan potestades administrativas.

c) Las Universidades públicas que se regirán por su normativa específica y supletoriamente por las previsiones de la presente Ley.

3. Tienen la consideración de Administraciones Públicas la Administración General del Estado, las Administraciones de las Comunidades Autónomas, las Entidades que integran la Administración Local, así como los organismos públicos y entidades de derecho público previstos en la letra a) del apartado 2.

Artículo 3. Principios generales

1. Las Administraciones Públicas sirven con objetividad los intereses generales y actúan de acuerdo con los principios de **eficacia, jerarquía, descentralización, desconcentración y coordinación, con sometimiento pleno a la Constitución, a la Ley y al Derecho.** (como ves este precepto transcribe literalmente el art. 103 de la CE), pero añade:

Deberán respetar en su actuación y relaciones los siguientes principios:

a) Servicio efectivo a los ciudadanos.

b) Simplicidad, claridad y proximidad a los ciudadanos.

c) Participación, objetividad y transparencia de la actuación administrativa.

d) Racionalización y agilidad de los procedimientos administrativos y de las actividades materiales de gestión.

e) Buena fe, confianza legítima y lealtad institucional.

f) Responsabilidad por la gestión pública.

g) Planificación y dirección por objetivos y control de la gestión y evaluación de los resultados de las políticas públicas.

h) Eficacia en el cumplimiento de los objetivos fijados.

i) Economía, suficiencia y adecuación estricta de los medios a los fines institucionales.

j) Eficiencia en la asignación y utilización de los recursos públicos.

k) Cooperación, colaboración y coordinación entre las Administraciones Públicas.

Las Administraciones Públicas se relacionarán entre sí y con sus órganos, organismos públicos y entidades vinculados o dependientes *a través de medios electrónicos*, que aseguren la interoperabilidad y seguridad de los sistemas y soluciones adoptadas por cada una de ellas, garantizarán la protección de los datos de carácter personal, y facilitarán preferentemente la prestación conjunta de servicios a los interesados.

3. Bajo la dirección del Gobierno de la Nación, de los órganos de gobierno de las Comunidades Autónomas y de los correspondientes de las Entidades Locales, la actuación de la Administración Pública respectiva se desarrolla para alcanzar los objetivos que establecen las leyes y el resto del ordenamiento jurídico.

4. Cada una de las Administraciones Públicas del artículo 2 actúa para el cumplimiento de sus fines con personalidad jurídica única.

Artículo 4. Principios de intervención de las Administraciones Públicas para el desarrollo de una actividad

1. Las Administraciones Públicas que, en el ejercicio de sus respectivas competencias, establezcan medidas que limiten el ejercicio de derechos individuales o colectivos o exijan el cumplimiento de requisitos para el desarrollo de una actividad, deberán aplicar el principio de proporcionalidad y elegir la medida menos restrictiva, motivar su necesidad para la protección del interés público así como justificar su adecuación para lograr los fines que se persiguen, sin que en ningún caso se produzcan diferencias de trato discriminatorias. Asimismo deberán evaluar periódicamente los efectos y resultados obtenidos.

2. Las Administraciones Públicas velarán por el cumplimiento de los requisitos previstos en la legislación que resulte aplicable, para lo cual podrán, en

el ámbito de sus respectivas competencias y con los límites establecidos en la legislación de protección de datos de carácter personal, comprobar, verificar, investigar e inspeccionar los hechos, actos, elementos, actividades, estimaciones y demás circunstancias que fueran necesarias.

3.2. Funcionamiento electrónico del Sector Público

El funcionamiento electrónico del Sector Público se regula en los artículos 155 a 158 de la Ley 40/2015, Ley de Régimen Jurídico del Sector Público, que establecen.

3.2.1. Transmisiones de datos entre Administraciones Públicas

De conformidad con lo dispuesto en la Ley Orgánica 15/1999, de 13 de diciembre, de Protección de Datos de Carácter Personal y su normativa de desarrollo, cada Administración deberá facilitar el acceso de las restantes Administraciones Públicas a los datos relativos a los interesados que obren en su poder, especificando las condiciones, protocolos y criterios funcionales o técnicos necesarios para acceder a dichos datos con las máximas garantías de seguridad, integridad y disponibilidad.

La disponibilidad de tales datos estará limitada estrictamente a aquellos que son requeridos a los interesados por las restantes Administraciones para la tramitación y resolución de los procedimientos y actuaciones de su competencia, de acuerdo con la normativa reguladora de los mismos.

La Administración General del Estado, las Administraciones Autonómicas y las Entidades Locales, adoptarán las medidas necesarias e incorporarán en sus respectivos ámbitos las tecnologías precisas para posibilitar la interconexión de sus redes con el fin de crear una red de comunicaciones que interconecte los sistemas de información de las Administraciones Públicas y permita el intercambio de información y servicios entre las mismas, así como la interconexión con las redes de las instituciones de la Unión Europea y de otros Estados Miembros.

3.2.2. Esquema Nacional de Interoperabilidad y Esquema Nacional de Seguridad

El Esquema Nacional de Interoperabilidad comprende el conjunto de criterios y recomendaciones en materia de seguridad, conservación y normalización de la información, de los formatos y de las aplicaciones que deberán ser tenidos en cuenta por las Administraciones Públicas para la toma de decisiones tecnológicas que garanticen la interoperabilidad.

El Esquema Nacional de Seguridad tiene por objeto establecer la política de seguridad en la utilización de medios electrónicos en el ámbito de la presente Ley, y está constituido por los principios básicos y requisitos mínimos que garanticen adecuadamente la seguridad de la información tratada.

Los niveles de seguridad son bajo, alto y muy alto.

3.2.3. Reutilización de sistemas y aplicaciones de propiedad de la Administración

Las Administraciones pondrán a disposición de cualquiera de ellas que lo solicite las aplicaciones, desarrolladas por sus servicios o que hayan sido objeto de contratación y de cuyos derechos de propiedad intelectual sean titulares, salvo que la información a la que estén asociadas sea objeto de especial protección por una norma. Las Administraciones cedentes y cesionarias podrán acordar la repercusión del coste de adquisición o fabricación de las aplicaciones cedidas.

Las aplicaciones a las que se refiere el apartado anterior podrán ser declaradas como de fuentes abiertas, cuando de ello se derive una mayor transparencia en el funcionamiento de la Administración Pública o se fomente con ello la incorporación de los ciudadanos a la Sociedad de la información.

Las Administraciones Públicas, con carácter previo a la adquisición, desarrollo o al mantenimiento a lo largo de todo el ciclo de vida de una aplicación, tanto si se realiza con medios propios o por la contratación de los servicios correspondientes, deberán consultar en el directorio general de aplicaciones, dependiente de la Administración General del Estado, si existen soluciones disponibles para su reutilización, que puedan satisfacer total o parcialmente las necesidades, mejoras o actualizaciones que se pretenden cubrir, y siempre que los requisitos tecnológicos de interoperabilidad y seguridad así lo permitan.

En este directorio constarán tanto las aplicaciones disponibles de la Administración General del Estado como las disponibles en los directorios integrados de aplicaciones del resto de Administraciones.

En el caso de existir una solución disponible para su reutilización total o parcial, las Administraciones Públicas estarán obligadas a su uso, salvo que la decisión de no reutilizarla se justifique en términos de eficiencia conforme al artículo 7 de la Ley Orgánica 2/2012, de 27 de abril, de Estabilidad Presupuestaria y Sostenibilidad Financiera.

3.2.4. Transferencia de tecnología entre Administraciones

Las Administraciones Públicas mantendrán directorios actualizados de aplicaciones para su libre reutilización, de conformidad con lo dispuesto en el Esquema Nacional de Interoperabilidad. Estos directorios deberán ser plenamente interoperables con el directorio general de la Administración General del Estado, de modo que se garantice su compatibilidad informática e interconexión.

La Administración General del Estado, mantendrá un directorio general de aplicaciones para su reutilización, prestará apoyo para la libre reutilización de aplicaciones e impulsará el desarrollo de aplicaciones, formatos y estándares comunes en el marco de los esquemas nacionales de interoperabilidad y seguridad.

Test de Materias específicas

eRodio ediciones

Test del tema 1

eRodio ediciones

1. Las funciones a realizar por los celadores, se recogen en:

a) La Orden de 5 de julio de 1971.
b) La Orden de 5 de julio de 1991.
c) El Estatuto de Personal no Sanitario al Servicio de las Instituciones Sanitarias de la Seguridad Social de 1971.
d) Son correctas las respuestas a y c.

2. ¿Cuál de las siguientes no es una función del Celador de los centros sanitarios, según su Estatuto?

a) Servirán de ascensoristas cuando se les asigne especialmente ese cometido o las necesidades del servicio lo requieran.
b) Tendrán a su cargo la vigilancia nocturna, tanto del interior como exterior del edificio, del que cuidarán estén cerradas las puertas de servicios complementarios.
c) Realizarán habitualmente aquellas labores de limpieza que se les encomienden.
d) Darán cuenta a sus inmediatos superiores de los desperfectos o anomalías que encontraren en la limpieza y conservación del edificio o material.

3. ¿Cuál de las siguientes no es una función del Celador de los centros sanitarios, según su Estatuto?

a) Velarán continuamente por conseguir el mayor orden y silencio posible en todas las dependencias de la Institución.
b) Tramitarán o conducirán sin tardanza las comunicaciones verbales, documentos u objetos que les sean confiados por el personal del centro sanitario.
c) Vigilarán el acceso y estancia de los familiares y visitantes en las habitaciones de los enfermos, no permitiendo la entrada más que a las personas autorizadas, cuidando no introduzcan en las instituciones más que aquellos paquetes expresamente autorizados por la Dirección.
d) Vigilarán las entradas de la Institución, no permitiendo el acceso a sus dependencias más que a las personas autorizadas para ello.

4. Marque la respuesta errónea en relación con las funciones del Celador de los centros sanitarios, según su Estatuto:

a) En caso de ausencia del peluquero o por urgencia en el tratamiento, rasurarán a los enfermos masculinos que vayan a ser sometidos a intervenciones quirúrgicas en aquellas zonas de su cuerpo que lo requieran.
b) Vigilarán el comportamiento de los enfermos y de los visitantes, evitando que estos últimos fumen en las habitaciones, traigan alimentos o se sienten en las camas y, en general, toda aquella acción que perjudique al propio enfermo o al orden de la Institución.

c) En los quirófanos auxiliarán en todas aquellas labores propias del Celador destinado en estos servicios, así como en las que les sean ordenadas por los Médicos, Supervisoras o Enfermeras.
d) Tendrán a su cargo el traslado de los enfermos, dentro de la Institución, pero no en el servicio de ambulancias, que será competencia exclusiva del técnico de ambulancia.

5. Señale la proposición equivocada en relación con las funciones del Celador de los centros sanitarios, según su Estatuto:
a) Limpiarán la mesa de autopsias y la propia sala.
b) En caso de ausencia del peluquero o por urgencia en el tratamiento, rasurarán a los enfermos masculinos que vayan a ser sometidos a intervenciones quirúrgicas en aquellas zonas de su cuerpo que lo requieran.
c) Cuando por circunstancias especiales concurrentes en el enfermo, no pueda éste ser movido sólo por las Enfermeras o Ayudantes de planta, ayudará en la colocación y retirada de las cuñas para la recogida de excretas de dichos enfermos.
d) Con discreción, podrá hacer comentarios con los familiares y visitantes de los enfermos sobre diagnósticos, exploraciones y tratamientos que se estén realizando a los mismos.

6. Indique la solución falsa en relación con las funciones del Celador de los centros sanitarios, según su Estatuto:
a) Se abstendrán de informar sobre los pronósticos de las enfermedades de los pacientes, debiendo siempre orientar las consultas hacia el Médico encargado de la asistencia del enfermo.
b) Ayudarán a las Enfermeras o personas encargadas a amortajar a los enfermos fallecidos, sin embargo, no corre a su cargo el traslado de los cadáveres al mortuorio, que será tarea del facultativo.
c) Ayudarán a la práctica de autopsias en aquellas funciones auxiliares que no requieran por su parte hacer uso de instrumental alguno sobre el cadáver.
d) Tendrán a su cargo los animales utilizados en los quirófanos experimentales y laboratorios, a quienes cuidarán alimentándolos, manteniendo limpias las jaulas y aseándoles, tanto antes de ser sometidos a las pruebas experimentales como después de aquellas y siempre bajo las indicaciones que reciban de los Médicos, Supervisoras o Enfermeras que les sustituyan en sus ausencias.

7. Cuál de las siguientes no puede considerarse una característica general de la atención al usuario de los servicios sanitarios:
a) No deben incluirse en la Historia clínica del paciente datos íntimos e irrelevantes con respecto al tratamiento clínico.

b) Los profesionales localizarán un lugar reservado para conversar acerca de un paciente, cuando el tema de la conversación así lo precise.
c) No admitir tratos discriminatorios a los usuarios, ni diferencias en la atención sanitaria, a los pacientes por su etnia, religión, clase social, sexo, orientación sexual, estado civil, aspecto físico, etc...
d) Todo personal de una institución sanitaria puede acceder a la información personal administrativa de cualquier enfermo.

8. No es una función del Celador con relación a la información al usuario:

a) Orientación al usuario durante su estancia en el Centro Sanitario, referida a la ubicación de los Servicios y Unidades del Centro.
b) Llamar a los familiares de los enfermos intervenidos para informarles del desarrollo de la intervención.
c) Avisar a los acompañantes de los familiares asistidos en urgencias que pasen a las dependencias en la que van a ser informados de la asistencia y evolución del paciente.
d) Todas son funciones de los Celadores.

9. Señale la proposición errónea sobre las funciones del Celador, con relación a la asistencia al personal sanitario facultativo y no facultativo:

a) Durante el traslado de un enfermo, ya sea en silla de ruedas o en cama hospitalaria, el celador estará pendiente del estado físico del paciente y de su bienestar.
b) Trasladará de unos servicios a otros los aparatos o mobiliario que se le indique.
c) Ayudará a la práctica de autopsias en aquellas funciones auxiliares que requieran por su parte hacer uso de instrumental sobre el cadáver. Limpiarán la mesa de autopsias y la propia sala.
d) En los quirófanos auxiliará en todas aquellas labores propias del celador destinado en estos servicios, así como en las que les sean ordenadas por los médicos, supervisoras o enfermeras.

10. ¿Es el Celador almacenero un tipo profesional no sanitario?

a) No, no lo es.
b) Sí, sí lo es.
c) Los centros médicos no necesitan almacén.
d) Las opciones a y c son correctas.

Solución al test del tema 1

1. d) Son correctas las respuestas a y c.

2. c) Realizarán habitualmente aquellas labores de limpieza que se les encomienden.

3. b) Tramitarán o conducirán sin tardanza las comunicaciones verbales, documentos u objetos que les sean confiados por el personal del centro sanitario.

4. d) Tendrán a su cargo el traslado de los enfermos, dentro de la Institución, pero no en el servicio de ambulancias, que será competencia exclusiva del técnico de ambulancia.

5. d) Con discreción, podrá hacer comentarios con los familiares y visitantes de los enfermos sobre diagnósticos, exploraciones y tratamientos que se estén realizando a los mismos.

6. b) Ayudarán a las Enfermeras o personas encargadas a amortajar a los enfermos fallecidos, sin embargo, no corre a su cargo el traslado de los cadáveres al mortuorio, que será tarea del facultativo.

7. d) Todo personal de una institución sanitaria puede acceder a la información personal administrativa de cualquier enfermo.

8. b) Llamar a los familiares de los enfermos intervenidos para informarles del desarrollo de la intervención.

9. c) Ayudará a la práctica de autopsias en aquellas funciones auxiliares que requieran por su parte hacer uso de instrumental sobre el cadáver. Limpiarán la mesa de autopsias y la propia sala.

10. b) Sí, sí lo es.

Test del tema 2

eRodio ediciones

1. ¿Qué disposición transitoria de la Ley 55/2003 siguen estando vigentes las funciones de cada categoría del Personal no Sanitario de los Servicios de Salud?

a) La Disposición transitoria segunda.
b) La Disposición transitoria cuarta.
c) La Disposición transitoria sexta.
d) La Disposición transitoria octava.

2. El Celador se encargará de la vigilancia nocturna tanto del interior como del exterior de los recintos hospitalarios:

a) Falso.
b) Cierto.
c) Sólo se ocupará de la vigilancia interior de los centros hospitalarios.
d) El Celador no tiene entre sus funciones la de vigilancia.

3. Los Celadores vigilarán que los enfermos enseñen su informe de alta médica para poder abandonar cualquier institución sanitaria.

a) El Celador no tiene entre sus funciones la de vigilancia.
b) El Celador sólo cuidará de que haya el mayor silencio en todas las dependencias.
c) Falso.
d) Cierto.

4. Con respecto a la vigilancia relacionada con los enfermos, familiares y visitantes:

a) Sólo son responsables de que se cumplan las normas de acceso y que no se fume en los servicios ni escaleras.
b) Cuidarán que se cumplan las normas de acceso; horario de visitas, número de familiares y visitantes autorizados, prohibición de fumar, introducción de alimentos, que deambulen por zonas de paso restringidas.
c) Sólo cuidarán que se cumplan las normas de acceso; horario de visitas, prohibición de fumar, que deambulen por zonas de paso restringidas.
d) Todo lo relacionado con los enfermos, familiares y visitantes es competencia de los auxiliares de enfermería.

5. ¿Puede el Celador informar a los familiares del estado del paciente?

a) Está obligado a guardar silencio. Callará, incluso, las cosas que crea no tienen importancia.
b) El Celador es el nexo entre el médico y los familiares. Siempre que se le requiera debe informar a los familiares. A las visitas, no.

c) Sólo, si el Celador cree que los familiares tienen que conocer el estado del paciente. Entonces, dí puede informar.

d) El Celador no tiene forma de saber cómo se encuentra el paciente.

6. ¿Cuál de los siguientes no es un principio básico de la Ley 41/2002?

a) La dignidad de la persona humana, el respeto a la autonomía de su voluntad y a su intimidad orientarán toda la actividad encaminada a obtener, utilizar, archivar, custodiar y transmitir la información y la documentación clínica.

b) Toda actuación en el ámbito de la sanidad requiere, con carácter general, el previo consentimiento de los pacientes o usuarios. El consentimiento, que debe obtenerse después de que el paciente reciba una información adecuada, se hará por escrito en los supuestos previstos en la Ley.

c) El paciente o usuario tiene derecho a decidir libremente, después de recibir la información adecuada, entre las opciones clínicas disponibles.

d) Ningún paciente o usuario tiene derecho a negarse al tratamiento, excepto en los casos determinados en la Ley.

7. ¿Tiene un paciente o usuario el deber de facilitar los datos sobre su estado físico o su salud de manera leal y cierta?

a) Sí, ese deber se le supone al paciente o usuario.

b) Es el facultativo quién debe pronosticar el estado físico y de salud del paciente sin hacer pregunta alguna.

c) El paciente asiste al servicio de salud para que le digan cómo se encuentra.

d) Todas las opciones son correctas.

8. ¿Todas las actuaciones en el ámbito de la salud de un paciente necesitan el consentimiento del afectado?

a) Toda actuación en el ámbito de la salud de un paciente necesita el consentimiento libre y voluntario del afectado, una vez que, recibida la información necesaria, haya valorado las opciones propias del caso.

b) Toda actuación en el ámbito de la salud de un paciente necesita el consentimiento libre y voluntario del afectado, una vez recibida la información por parte del Celador.

c) El paciente no tiene que dar el consentimiento para que se realice su tratamiento y cura.

d) Ninguna opción es correcta.

9. Una vez dado el consentimiento, ¿se puede echar atrás el paciente?

a) Cuando se consiente un procedimiento, no hay marcha atrás.
b) El paciente puede revocar libremente su consentimiento de manera verbal en cualquier momento.
c) El paciente puede revocar coaccionado por la familia y por escrito su consentimiento en cualquier momento.
d) El paciente puede revocar libremente por escrito su consentimiento en cualquier momento.

10. ¿Cuál de los siguientes no es una característica de la atención al usuario?

a) Respetar las diferencias y ofrecer atención en condiciones de equidad e igualdad.
b) Bajo ningún concepto se puede priorizar la atención de un paciente sobre otro.
c) No admitir tratos discriminatorios a los usuarios, ni diferencias en la atención sanitaria, a los pacientes por su etnia, religión, clase social, sexo, orientación sexual, estado civil, aspecto físico, etc...
d) No permitir la utilización de términos despectivos ni marginadores.

11. No se considera una característica de la atención al usuario:

a) Comprender y respetar la intimidad de las personas que usan los servicios.
b) Hacer coincidir diversos pacientes en la misma consulta, siempre que se vaya con retraso.
c) Propiciar espacios y condiciones para que la comunicación clínica pueda realizarse de manera reservada, sin la presencia de personas ajenas.
d) Informar sobre enfermedad y muerte de manera delicada, reservada y confidencial.

12. Una característica de la atención al usuario será:

a) Proteger la confidencialidad sólo de los datos personales de los usuarios.
b) Incluir en la Historia clínica del paciente datos íntimos e irrelevantes con respecto al tratamiento clínico.
c) La información personal de los usuarios, que deben manejar los profesionales, solo será utilizada para los servicios que se les preste en dicha organización.
d) Los usuarios pueden expresar sus dudas y el facultativo responder si lo cree conveniente para no retrasar las esperas.

13. Una de las funciones, con respecto a la información, del Celador es:

a) Los Celadores informan a los familiares de cómo están los pacientes.
b) Los Celadores acompañarán a los usuarios a las dependencias que estén buscando.
c) Tramitarán o conducirán sin tardanza las comunicaciones verbales que les sean confiadas por sus superiores.
d) Todas las opciones anteriores son correctas.

14. Con respecto al área de actividad y orientación, una función del Celador es:

a) Los Celadores acompañarán a los usuarios a las dependencias que estén buscando.
b) Llamar a los familiares de los enfermos intervenidos para que el médico les informe del desarrollo de la intervención.
c) Los Celadores, si son interrogados por la familia, darán cumplida información del estado del enfermo.
d) Todas las opciones anteriores son correctas.

15. Algunas de las tareas de los Celadores son:

a) Avisar a los acompañantes de los familiares asistidos en urgencias que pasen a las dependencias en la que van a ser informados de la asistencia y evolución del paciente.
b) Llamar a los familiares de los enfermos intervenidos para que el médico les informe del desarrollo de la intervención.
c) Avisar a los familiares del paciente que va a ingresar en planta para que (al menos uno) le acompañe.
d) Todas las opciones anteriores son correctas.

Solución al test del tema 2

1. c) La Disposición transitoria sexta.

2. b) Cierto.

3. d) Cierto.

4. b) Cuidarán que se cumplan las normas de acceso; horario de visitas, número de familiares y visitantes autorizados, prohibición de fumar, introducción de alimentos, que deambulen por zonas de paso restringidas.

5. a) Está obligado a guardar silencio. Callará, incluso, las cosas que crea no tienen importancia.

6. d) Ningún paciente o usuario tiene derecho a negarse al tratamiento, excepto en los casos determinados en la Ley.

7. a) Sí, ese deber se le supone al paciente o usuario.

8. a) Toda actuación en el ámbito de la salud de un paciente necesita el consentimiento libre y voluntario del afectado, una vez que, recibida la información necesaria, haya valorado las opciones propias del caso.

9. d) El paciente puede revocar libremente por escrito su consentimiento en cualquier momento.

10. b) Bajo ningún concepto se puede priorizar la atención de un paciente sobre otro.

11. b) Hacer coincidir diversos pacientes en la misma consulta, siempre que se vaya con retraso.

12. c) La información personal de los usuarios, que deben manejar los profesionales, solo será utilizada para los servicios que se les preste en dicha organización.

13. c) Tramitarán o conducirán sin tardanza las comunicaciones verbales que les sean confiadas por sus superiores.

14. b) Llamar a los familiares de los enfermos intervenidos para que el médico les informe del desarrollo de la intervención.

15. d) Todas las opciones anteriores son correctas.

Test del tema 3

eRodio ediciones

1. ¿Qué es la unidad del paciente?

a) La característica de que cada usuario es diferente a los demás.
b) El paciente en sí mismo.
c) El espacio que ocupará éste durante su estancia en el hospital, esto es, su habitación.
d) Todas son falsas.

2. ¿Cuántas camas tendrá como máximo una habitación?

a) Dos.
b) Una, idealmente.
c) Dependerá del tipo de habitación.
d) Cuatro.

3. ¿Qué tipo de luz será la preferible en las habitaciones?

a) Blanca radiante.
b) Artificial intensa para favorecer la visión en las curas de enfermería.
c) Negra para visualizar los virus coprófagos en las curas de enfermería.
d) Natural y, en su defecto, lo más moderada posible.

4. La cama llevará cuatro ruedas bloqueables permitiendo el traslado y acción de sus mecanismos por una sola persona:

a) No, deben llevarla siempre dos personas.
b) Esto es correcto.
c) El transporte se realizará preferentemente en camilla.
d) a y c son correctas.

5. ¿Qué es un colchón anti escaras?

a) Un tipo de colchón que minimiza el riesgo de alergias.
b) Un tipo de colchón ya en desuso.
c) De presión alternante.
d) De presión fija que estimula la circulación cutánea.

6. ¿Qué es el Armazón de Bolkman?

a) Facilita la incorporación del paciente mediante un trapecio que le sirve de apoyo.
b) Coadyuvante en la fractura múltiple de costillas.
c) Un recubrimiento o dosel en la cama que preserva la intimidad.
d) a y c son ciertas.

7. ¿Para qué sirven los protectores de barandilla?

a) Para evitar que el paciente se lesione si se golpea con la barandilla.
b) No existe este artículo.

c) Para proteger la barandilla del uso continuado.
d) Todas son falsas.

8. ¿Cuáles son los tipos de camillas de exploración?

a) Limpias y estériles.
b) Sucias y limpias.
c) De muchos tipos.
d) Rígidas y articuladas.

9. ¿Qué es una cama articulada?

a) La más utilizada en los hospitales, facilita los cambios posturales.
b) Un tipo de cama traumatológica.
c) La que permite su desplazamiento.
d) Todas son falsas.

10. Respecto a la cama ortopédica:

a) No existe este tipo de camas en un hospital.
b) Se usa más en cirugía.
c) Se localiza en quirófano.
d) También se denomina traumatológica o de Judet.

11. La incubadora:

a) Se emplea para mantener a los recién nacidos prematuros.
b) Se usa sobre todo en el animalario.
c) Se utiliza en laboratorio de hematología.
d) a y b son correctas.

12. Sobre la técnica de arreglo de la cama:

a) Se ocupará el servicio técnico externo.
b) Se llevará a cabo siempre entre dos personas.
c) Se realizará con el familiar del paciente.
d) El objetivo de estas técnicas es favorecer el bienestar general del paciente y satisfacer su necesidad de descanso y sueño.

13. ¿Con qué frecuencia se cambiará la ropa de cama?

a) Siempre que el paciente lo solicite.
b) Por la mañana y cuando se moje.
c) Cada dos días, por norma general.
d) a y c son correctas.

14. Se ha de realizar el lavado higiénico de las manos antes y después de llevar a cabo cambio de ropa de cama. Se ponen los guantes:

a) Esto es correcto.
b) No es necesario usar guantes, sólo si es un paciente infeccioso.
c) Por norma, se lavan las manos después del procedimiento.
d) Es correcto y se usarán guantes específicos para esta tarea.

15. Respecto de la ropa de cama:

a) La ropa de cama retirada no debe agitarse en el aire para evitar la dispersión de microorganismos.
b) Debe agitarse para oxigenarla.
c) Será de tonos pastel.
d) A y c son correctas.

16. ¿Qué es una cama quirúrgica?

a) Es la que se prepara para recibir a un postoperado.
b) La utilizada en quirófano.
c) La utilizada en Despertar de quirófano, siempre.
d) Todas son falsas.

17. En las habitaciones y estancias comunes, el celador:

a) Ayudará a las enfermeras con las técnicas quirúrgicas.
b) Estará el mínimo tiempo indispensable.
c) Informarán sobre diagnósticos, exploraciones y tratamientos.
d) Velaran por conseguir el mayor orden y silencio.

18. ¿Quién vigilará el comportamiento de enfermos y visitantes en las habitaciones?

a) El celador.
b) Preferentemente el Supervisor de guardia.
c) El celador y las fuerzas del orden.
d) El servicio de seguridad siempre.

19. El celador de planta se ocupa de:

a) Rellenar los partes diarios de incidencias relacionados con su puesto.
b) Regar las plantas, entre otras.
c) Traslado de enfermos para la realización de pruebas o consultas.
d) Traslado de los cadáveres al mortuorio, junto con el forense.

20. ¿Quién trasladará de unos servicios a otros los aparatos?

a) El celador junto con los técnicos.
b) El celador.
c) Dependerá de la decisión del jefe de personal.
d) Todas son correctas.

21. Marca la afirmación incorrecta.

a) La higiene correcta permite que la piel cumpla sus funciones de protección.
b) La figura encargada de la higiene del paciente es el higienista.
c) La higiene de un paciente enfermo debe ser más rigurosa, porque está más expuesto a los microorganismos.
d) Ninguna de las anteriores.

22. Señala la opción correcta:

a) La temperatura del medio ambiente debe encontrarse alrededor de los 20° para ser adecuada.
b) La temperatura del agua debe estar entre los 30 y 35 °C.
c) No debe entablarse ninguna conversación con el paciente.
d) Ninguna de las opciones lo es.

23. Marca la afirmación incorrecta sobre el lavado del cabello:

a) La temperatura del agua caliente debe ser de 35°.
b) Hay que procurar que la temperatura del medio ambiente sea de 25 °C.
c) Debe mantenerse la intimidad del paciente.
d) Al paciente hay que explicarle el procedimiento que se le realizará.

24. Señala la opción correcta al desvestir a una persona:

a) Colocar al paciente en decúbito supino.
b) Elevar la cabeza de la persona.
c) Desabrochar los botones o cremalleras y dirigir la ropa a los lados del paciente y retirar primero la de extremidad dominante.
d) Todas las opciones son correctas.

Solución al test del tema 3

1. c) El espacio que ocupará éste durante su estancia en el hospital, esto es, su habitación.

2. d) Cuatro.

3. d) Natural y, en su defecto, lo más moderada posible.

4. b) Esto es correcto.

5. c) De presión alternante.

6. a) Facilita la incorporación del paciente mediante un trapecio que le sirve de apoyo.

7. a) Para evitar que el paciente se lesione si se golpea con la barandilla.

8. d) Rígidas y articuladas.

9. a) La más utilizada en los hospitales, facilita los cambios posturales.

10. d) También se denomina traumatológica o de Judet.

11. a) Se emplea para mantener a los recién nacidos prematuros.

12. d) El objetivo de estas técnicas es favorecer el bienestar general del paciente y satisfacer su necesidad de descanso y sueño.

13. b) Por la mañana y cuando se moje.

14. a) Esto es correcto.

15. a) La ropa de cama retirada no debe agitarse en el aire para evitar la dispersión de microorganismos.

16. a) Es la que se prepara para recibir a un postoperado.

17. d) Velaran por conseguir el mayor orden y silencio.

18. a) El celador.

19. c) Traslado de enfermos para la realización de pruebas o consultas.

20. b) El celador.

21. b) La figura encargada de la higiene del paciente es el higienista.

22. d) Ninguna de las opciones lo es.

23. a) La temperatura del agua caliente debe ser de 35°.

24. d) Todas las opciones son correctas.

Test del tema 4

eRodio
ediciones

1. En la posición de trendelenburg el paciente:

a) Permanece tumbado sobre el dorso de su cuerpo, con la cabeza colgando y sus hombros coinciden con el extremo superior de la superficie de apoyo.

b) Descansa en un plano inclinado de 45° respecto al suelo, con la cabeza más elevada que los pies.

c) Permanece tumbado en decúbito supino sobre la cama o camilla, en un plano oblicuo de 45° respecto al suelo, con la cabeza más baja que los pies.

d) Se apoya sobre sus rodillas, con el tronco inclinado hacia adelante, los brazos cruzados sobre la superficie de apoyo y la cabeza sobre ellos.

2. Los celadores deberán tener en cuenta la siguiente serie de normas generales para realizar las movilizaciones:

a) Mantener la intimidad del paciente en todo momento.

b) Garantizar en todo momento la seguridad del paciente.

c) Evitar movimientos bruscos al llevar a cabo las movilizaciones.

d) Todas son correctas.

3. Una movilización activa-resistida es aquella que:

a) Realiza el paciente en contra de su voluntad.

b) Realiza el paciente con sus propias fuerzas, de forma voluntaria o automática refleja, corregidos o ayudados por el terapeuta o bien mediante sistemas instrumentados.

c) Realiza el paciente una movilización activa contra resistencia externa que se opone al movimiento.

d) a y c son correctas.

4. ¿Cómo transportar, en un hospital, a enfermos leves?

a) En silla de ruedas.

b) A pie.

c) En camilla.

d) Todas las respuestas son correctas.

5. El celador, al trasladar a enfermos leves y conscientes, debe ir situado:

a) Delante del paciente, para orientarle en el camino.

b) Al lado del paciente, y si es necesario proporcionarle apoyo y seguridad con el brazo.

c) Detrás del paciente, para evitar posibles caídas y daños.

d) Ninguna de las anteriores es correcta.

6. Las patas del andador deben reposar en el suelo y los pies del paciente posicionarse a unos ____ cms de distancia en uno del otro:

a) 12. b) 15. c) 7. d) 10.

7. Si queremos realizar un movimiento del paciente hacia el lateral de la cama y no contamos con la colaboración del paciente:

a) Será necesario dos celadores, que deberán colocarse a cada lado de la cama, lo más cerca posible del paciente.
b) Será necesario tres celadores, que traccionarán a la vez de la sábana hacia el mismo lado.
c) Dejamos al paciente en posición de decúbito supino, ya que podríamos ocasionar asfixia.
d) Todas las respuestas anteriores son incorrectas.

8. Los criterios que son usados para transportar a los pacientes son:

a) La enfermedad del paciente.
b) La edad.
c) La movilidad.
d) Todas las respuestas anteriores son correctas.

9. ¿Qué postura es usada para realizar tactos rectales?

a) Genupectoral.
b) Litotomía.
c) Punción lumbar.
d) Trendelenburg.

10. En la conjunción.... el celador se coloca a los pies de la cama y con la mano derecha empuja y con la izquierda dirige:

a) Conjunción A.
b) Conjunción B.
c) Conjunción YB.
d) a y b son correctas.

11. Una conjunción es...

a) Una forma de trasladar a un paciente en silla de ruedas y describe la posición del celador.
b) Una forma de trasladar pacientes a pie, con dos celadores.
c) Una forma de trasladar pacientes, tanto en silla de ruedas como en camilla.
d) Una forma de trasladar a un paciente, que describe la posición del celador.

12. En qué postura el paciente está boca abajo, paralelo al suelo, con las piernas extendidas y la cabeza girada hacia un lado:

a) Decúbito prono.
b) Decúbito lateral.
c) Decúbito dorsal.
d) Posición estándar.

13. El bastón debe colocarse ...

a) En la misma mano que la extremidad inferior afectada.
b) En la mano contraria que la extremidad inferior afectada.
c) Es indiferente.
d) Ninguna de las anteriores es correcta.

14. El palo de suero de una camilla se posiciona:

a) A la derecha del paciente, si éste es diestro.
b) A la izquierda del paciente, si éste es zurdo.
c) Es indiferente.
d) Preferiblemente en el lado donde se encuentre la vía.

15. ¿Cuáles son las partes de una camilla?

a) Palo del suero, barandilla derecha e izquierda, barra frontal.
b) Barra trasera, cabeza y palo del suero.
c) Palo de suero, cabezal, barra trasera, baranda y barra frontal.
d) Palo de suero, cabezal, barras laterales, barra trasera y delantera.

16. Cuando se vaya al ascensor con un paciente en silla de ruedas el paciente:

a) Entrará de frente en el ascensor con lo cual quedara mirando a la pared.
b) Es indiferente como entre en el ascensor.
c) Entrará de espaldas empujado por el celador, para quedar de frente a la puerta.
d) Es indiferente como entre, pero el celador debe estar siempre a su lado.

17. Para trasladar a un paciente en camilla existen tres posturas, éstas son:

a) Sentado en una postura de 90°, semisentado en 45°, si tiene fractura de cadera 20° y con fractura en la columna 0°.
b) Sentado en una postura de 90°, semisentado en 50°, si tiene fractura de cadera 0° y con fractura en la columna 20°.

c) Sentado en una postura de 80°, semisentado en 40°, si tiene fractura de cadera 0° y con fractura en la columna 10°.

d) Ninguna de las respuestas es correcta.

18. ¿Cuál de estas posiciones no existe?

a) Sims.

b) Semidorsal.

c) Fowler.

d) Morestin.

19. Entre los pasos posteriores que un celador debe realizar se encuentra:

a) Volver a colocar los sueros y drenajes.

b) Lavarse las manos.

c) Informar al paciente del movimiento que se va a realizar.

d) Pedirle la colaboración al paciente.

20. La conjunción B:

a) Se utiliza para pacientes graves, inconscientes, desorientados y para cualquier paciente sobre el que tengamos dudas.

b) Se utiliza para pacientes leves, conscientes y orientados.

c) Esta posición es la más cómoda para el paciente ya que tiene buen campo de visión y se mueve en sentido natural.

d) a y c son correctas.

21. En el giro:

a) Cuando solo hay un celador, este se pondrá de espaldas a la esquina donde va a realizar el giro.

b) El celador mantendrá la columna recta y las extremidades inferiores ligeramente separadas.

c) Con las manos, el celador, cogerá la barandilla correspondiente y con los brazos extendidos empujara la camilla e ira girando sobre sí mismo hasta alcanzar su objetivo.

d) Todas las anteriores son correctas.

22. Funciones específicas del Celador en la UVI:

a) Traslado de los enfermos.

b) No podrán salir de este servicio.

c) Trasladarán los cadáveres al mortuorio.

d) a y c son correctas.

23. Los celadores en urgencias:

a) Cuidarán de que no permanezcan en el área de Urgencias las personas que no estén autorizadas, y que los pacientes y familiares permanezcan en las zonas habilitadas para ellos.

b) Se asegurarán, al comienzo del turno de trabajo, de que los medios de transporte de pacientes estén en condiciones adecuadas de uso.

c) Realizarán, sin demora, el traslado de muestras biológicas y peticiones de exploraciones, efectuando la recogida de resultados, cuando así sea requerido.

d) Todas son ciertas.

Solución al test del tema 4

1. c) Permanece tumbado en decúbito supino sobre la cama o camilla, en un plano oblicuo de 45° respecto al suelo, con la cabeza más baja que los pies.

2. d) Todas son correctas.

3. c) Realiza el paciente una movilización activa contra resistencia externa que se opone al movimiento.

4. d) Todas las respuestas son correctas.

5. b) Al lado del paciente, y si es necesario proporcionarle apoyo y seguridad con el brazo.

6. b) 15.

7. a) Será necesario dos celadores, que deberán colocarse a cada lado de la cama, lo más cerca posible del paciente.

8. d) Todas las respuestas anteriores son correctas.

9. a) Genupectoral.

10. b) Conjunción B.

11. d) Una forma de trasladar a un paciente que describe la posición del celador.

12. a) Decúbito prono.

13. b) En la mano contraria que la extremidad inferior afectada.

14. d) Preferiblemente en el lado donde se encuentre la vía.

15. c) Palo de suero, cabezal, barra trasera, baranda y barra frontal.

16. c) Entrará de espaldas empujado por el celador, para quedar de frente a la puerta.

17. a) Sentado en una postura de 90°, semisentado en 45°, si tiene fractura de cadera 20° y con fractura en la columna 0°.

18. b) Semidorsal.

19. a) Volver a colocar los sueros y drenajes.

20. a) Se utiliza para pacientes graves, inconscientes, desorientados y para cualquier paciente sobre el que tengamos dudas.

21. d) Todas las anteriores son correctas.

22. d) a y c son correctas.

23. d) Todas son ciertas.

Test del tema 5

eRodio ediciones

1. En los departamentos quirúrgicos normalmente se distinguen 4 zonas, que son:

a) Zonas sin limitaciones, zonas de intercambio, antequirófanos y quirófanos.

b) Zonas sin limitaciones, zonas de intercambio, zonas limitadas y quirófanos.

c) Zonas sin limitaciones, zonas de intercambio, zonas semilimitadas y zonas limitadas.

d) Ninguna de las opciones anteriores es correcta.

2. En los quirófanos el Celador cumple una función:

a) Los Celadores no pueden entrar en los quirófanos.

b) Primaria.

c) Complementaria y auxiliar del trabajo del personal sanitario.

d) Ninguna de las opciones anteriores es correcta.

3. ¿Cuál no es una función del Celador en quirófanos?

a) El Celador dará soporte al equipo quirúrgico y será el nexo de unión con el exterior del área.

b) Se encargará del traslado de los pacientes desde su lugar de ingreso o la unidad correspondiente (deberá llevar la documentación clínica del paciente), hasta el quirófano y viceversa.

c) Pasará al paciente a la mesa quirúrgica junto con el enfermero, colocando al paciente en la posición adecuada, siempre bajo la supervisión del enfermero encargado. Una vez finalizada la intervención se le avisará para el traslado del enfermo a su cama.

d) Comunicará a los familiares cómo ha ido la operación.

4. De entre las siguientes funciones, ¿cuál la realizará el Celador en quirófanos?

a) Realizará tareas de ayuda al resto de personal que se ocupa de la sujeción y movilización de los pacientes siempre que se requiera.

b) Llevará las muestras biológicas y traerá sangre del banco cuando sea preciso, siempre con los elementos de transporte adecuados y destinados para ello (nevera, etc...).

c) Ajustará la iluminación del quirófano.

d) Todas las opciones anteriores son funciones que realiza el Celador en quirófanos.

5. Las toxinas que producen los microbios se extienden por nuestro organismo:

a) Las toxinas que producen se extienden por nuestro organismo a través de la sangre y destruyen las células del organismo.
b) Las toxinas que producen se extienden por nuestro organismo a través del oxígeno que respiramos y destruyen las células del organismo.
c) Los microbios no producen toxinas perjudiciales para los humanos.
d) Ninguna de las opciones anteriores es correcta.

6. ¿Cuándo debe cambiarse el Celador el vestuario?

a) Al entrar al puesto de trabajo debe cambiarse la ropa de calle por el uniforme reglamentario.
b) Si se manchase el vestuario debe proceder a cambiárselo.
c) Al concluir su jornada debe vestirse con su ropa de calle.
d) Todas las opciones anteriores son correctas.

7. En el departamento quirúrgico se delimitan las siguientes zonas:

a) Zona séptica, zona sucia y zona de pacientes.
b) Zona aséptica, zona séptica y esclusas.
c) Zona aséptica, zona limpia y esclusas.
d) Esclusas, zona de personal y de pacientes.

8. Entre las medidas a adoptar en la zona quirúrgica no está:

a) Se observarán estrictamente las medidas de higiene individual, vestimenta y lavado de manos quirúrgico.
b) El personal ajeno a ella pasará lo más rápido posible por esta zona.
c) La vestimenta que se use dentro de la zona quirúrgica no podrá utilizarse fuera de la misma.
d) Si por cualquier circunstancia tuviese alguna persona que entrar en ella, tendrá que regirse por las mismas normas que el personal del quirófano.

9. ¿Con qué material están fabricados los gorros?

a) Papel.
b) Plástico.
c) Tela.
d) Las opciones a y c son correctas.

10. ¿Cuál es la finalidad del uso de gafas de protección?

a) Las gafas se utilizan cuando existe riesgo de salpicadura de sangre o de líquidos orgánicos.
b) En la zona quirúrgica no es necesario este uso de gafas que son para el uso en radiología.

c) Las gafas se usan para sujetar, a la vez, mascarilla y gorro.
d) Ninguna de las opciones anteriores es correcta.

11. Las batas irán cerradas:

a) Por delante.
b) Por detrás.
c) No llevan cierre.
d) Las opciones a y c son correctas.

12. Existen guantes de:

a) Látex y plástico.
b) Látex y tela.
c) Plástico y tela.
d) Látex, plástico y tela.

13. La asepsia se consigue mediante:

a) La intubación del paciente.
b) La limpieza de las manos.
c) La esterilización.
d) Todas las opciones anteriores son correctas.

Solución al test del tema 5

1. c) Zonas sin limitaciones, zonas de intercambio, zonas semilimitadas y zonas limitadas.

2. c) Complementaria y auxiliar del trabajo del personal sanitario.

3. d) Comunicará a los familiares cómo ha ido la operación.

4. d) Todas las opciones anteriores son funciones que realiza el Celador en quirófanos.

5. a) Las toxinas que producen se extienden por nuestro organismo a través de la sangre y destruyen las células del organismo.

6. d) Todas las opciones anteriores son correctas.

7. b) Zona aséptica, zona séptica y esclusas.

8. b) El personal ajeno a ella pasará lo más rápido posible por esta zona.

9. d) Las opciones a y c son correctas.

10. a) Las gafas se utilizan cuando existe riesgo de salpicadura de sangre o de líquidos orgánicos.

11. b) Por detrás.

12. a) Látex y plástico.

13. c) La esterilización.

Test del tema 6

eRodio ediciones

1. Éxitus:

a) Significa éxito.
b) Significa muerte.
c) Se emplea como vestimenta que envuelve al cadáver para enterrarlo.
d) Es toda práctica mortuoria que permite la conservación y exposición del cadáver con las debidas garantías sanitarias.

2. Tanatopraxia:

a) Es el endurecimiento del cuerpo que se produce de dos a cuatro horas después de la muerte.
b) Es la descomposición de la materia orgánica muerta por la acción de las bacterias.
c) Es toda práctica mortuoria que permite la conservación y exposición del cadáver con las debidas garantías sanitarias.
d) Es el examen realizado sobre el cadáver de una persona fallecida a causa de enfermedad, y que tiene como objetivo final la confirmación de las causas de la muerte.

3. Señale la respuesta equivocada:

a) Como consecuencia del cese de la circulación sanguínea, los hematíes comienzan a romperse liberando hemoglobina y decolorando los tejidos. A esta decoloración se la conoce con el nombre de rigor mortis.
b) La mortaja se emplea como vestimenta que envuelve al cadáver para enterrarlo.
c) Autopsia médico-forense: es el estudio de un cadáver o restos humanos con el fin de informar a la autoridad judicial de las causas y circunstancias de su muerte.
d) Éxitus se utiliza como sinónimo defunción, deceso u óbito.

4. ¿Cuál de las siguientes no es una fase en el proceso de amortajamiento de un cadáver?

a) Taponar los orificios naturales, por donde es frecuente que el cadáver pierda sangre o secreciones, mediante algodones o gasas.
b) Colocar el cadáver encima de una sábana grande y disponer sus brazos alrededor del cuerpo.
c) Liberar los tobillos.
d) Desconectar y retirar los dispositivos, sondas y catéteres que tuviera el cadáver.

5. Dentro de los pasos a seguir en el proceso de amortajamiento no está:

a) Se sujetará la mandíbula del cadáver con un vendaje alrededor de la cabeza.

b) En ningún momento puede colocársele al fallecido la dentadura si no la tuviese puesta antes de fallecer.

c) Se entregará a la enfermera los objetos de valor retirados del fallecido (para su posterior entrega a los familiares) y ponerle una bata mortuoria o sudario. Si la familia lo desea, se facilitará que puedan vestir con sus ropas al cadáver.

d) Se cubrirá por completo con una sábana y pondrá la etiqueta de identificación: identificar al cadáver con nombre, fecha, hora y unidad de procedencia.

6. El traslado del cadáver al mortuorio:

a) Se hará una vez recibido el parte de traslado correspondiente.

b) Corre a cargo del celador que ha auxiliado en el amortajamiento, acompañado de otro celador, concretamente del celador del servicio donde se ha producido el deceso.

c) Nunca podrá ser acompañado por ningún familias.

d) Todas las opciones anteriores son correctas.

7. La autopsia o necropsia es:

a) Toda práctica mortuoria que permite la conservación y exposición del cadáver con las debidas garantías sanitarias.

b) Es la descomposición de la materia orgánica muerta por la acción de las bacterias.

c) La intervención que se realiza en un cadáver para examinar sus órganos con el objetivo de averiguar las causas de la muerte.

d) El endurecimiento del cuerpo que se produce de dos a cuatro horas después de la muerte.

8. Una de las actuaciones del celador en las autopsias no es:

a) Asear el cadáver.

b) Limpiar el instrumental empleado en la autopsia.

c) Conducir el cadáver desde las cámaras frigoríficas hasta la mesa de autopsia y, si hubiera que desmortajarlo, llamará al personal sanitario.

d) Entregar las muestras orgánicas o de otro material en los servicios correspondientes.

9. En las autopsias, los guantes se deben usar cuando:

a) Tenga heridas o cortes en las manos, ya que constituirían una puerta de entrada de gérmenes.
b) Se retiren del cuerpo catéteres, sondas, etc., es decir, cualquier objeto utilizado en procedimientos invasivos.
c) Se vaya a tocar directamente sangre y fluidos corporales, así como en el manejo o limpieza de los instrumentos.
d) Todas son correctas.

10. Señale la respuesta errónea en relación al amortajamiento:

a) Deberá realizarse en la mayor intimidad posible y lentamente.
b) Consiste en la preparación del mismo para que pueda ser velado por los familiares, antes de proceder a su entierro.
c) El Celador se encargará del amortajamiento y traslado del cadáver al tanatorio.
d) Todas son correctas.

Solución al test del tema 5

1. **b)** Significa muerte.

2. **c)** Es toda práctica mortuoria que permite la conservación y exposición del cadáver con las debidas garantías sanitarias.

3. **a)** Como consecuencia del cese de la circulación sanguínea, los hematíes comienzan a romperse liberando hemoglobina y decolorando los tejidos. A esta decoloración se la conoce con el nombre de rigor mortis.

4. **c)** Liberar los tobillos.

5. **b)** En ningún momento puede colocársele al fallecido la dentadura si no la tuviese puesta antes de fallecer.

6. **d)** Todas las opciones anteriores son correctas.

7. **c)** La intervención que se realiza en un cadáver para examinar sus órganos con el objetivo de averiguar las causas de la muerte.

8. **c)** Conducir el cadáver desde las cámaras frigoríficas hasta la mesa de autopsia y, si hubiera que desmortajarlo, llamará al personal sanitario.

9. **d)** Todas son correctas.

10. **c)** El Celador se encargará del amortajamiento y traslado del cadáver al tanatorio.

Test del tema 7

eRodio ediciones

1. La Organización Mundial de la Salud (OMS) define la salud como:

a) La ausencia de enfermedades.
b) El estado completo de bienestar físico y mental.
c) El estado completo de bienestar físico, psíquico y mental y no solamente la ausencia de enfermedades.
d) Ninguna de las opciones anteriores es correcta.

2. ¿Es posible alcanzar un buen nivel de salud sin salud mental?

a) Sí, sí lo es.
b) No, no lo es.
c) Siempre que tomemos la medicación prescrita por el facultativo.
d) Las opciones a y c son correctas.

3. La red psiquiátrica en nuestro país está conformada por:

a) Centros de salud mental, centros de hospitalización psiquiátrica y estructuras intermedias.
b) Centro de día, centro de media estancia y centro de larga estancia.
c) Centros de salud mental, centro de día y centro de larga estancia.
d) Centros de salud mental, centros de hospitalización psiquiátrica y centro de día.

4. En los centros de hospitalización psiquiátrica se atenderá los casos de:

a) Fracaso de tratamientos ambulatorios en otras instituciones.
b) Desintoxicación.
c) Enfermedad física que se agrava con patología psíquica.
d) Todas las opciones anteriores son correctas.

5. Señala la opción equivocada. Las Unidades de hospitalización psiquiátrica (unidades de corta estancia) se dedican a la atención de los enfermos en los siguientes casos:

a) Fracaso de tratamientos ambulatorios en otras instituciones.
b) Cuando la patología presentada pueda ser una amenaza para el propio paciente o para los demás.
c) Enfermedad física que se agrava con patología psíquica.
d) Cuando la enfermedad del paciente puede ser atendida en condiciones por la familia.

6. Estos centros proporcionan a los pacientes derivados de otros recursos asistenciales, una formación, orientación y adiestramiento en el trabajo de manera considerada «protegida». Posteriormente estos pacientes pasan a talleres protegidos, donde se les acercará al mundo laboral. Nos referimos a:

a) Centros de larga estancia.
b) Centros de día.
c) Talleres ocupacionales.
d) Centros de media estancia.

7. Son centros para pacientes sin autonomía, que carecen de recursos socio-familiares; son pacientes que no pueden seguir ningún tratamiento rehabilitador. Nos referimos a:

a) Centros de larga estancia.
b) Centros de día.
c) Talleres ocupacionales.
d) Centros de media estancia.

8. Son centros que trabajan con pacientes crónicos en situación de dependencia o con medio socio laboral desestructurado. Su finalidad es la recuperación de habilidades o destrezas para integrarse en la sociedad. Se debe llegar a la autonomía e independencia. Se utilizan técnicas de psicoterapia individuales, grupales, terapias ocupacionales, etc. Nos referimos a:

a) Centros de larga estancia.
b) Centros de día.
c) Talleres ocupacionales.
d) Centros de media estancia.

9. Pertenecen al nivel terciario y su objetivo es la rehabilitación del paciente después de haber pasado un ingreso de 6 a 12 meses. Utiliza terapias de grupo, individuales, terapia ocupacional y formación en actividades y oficio. Nos referimos a:

a) Centros de larga estancia.
b) Centros de día.
c) Talleres ocupacionales.
d) Centros de media estancia.

10. En una Unidad de Psiquiatría, el celador realiza la siguiente función. Señala la respuesta errónea:

a) Vigila la puerta de acceso a la Unidad. Control de entradas y salidas.
b) Ayuda al aseo personal de los pacientes que lo precisen.
c) Recoge medicación y otros productos de la Farmacia.
d) Vigila a los pacientes, que no quieren asearse, para que lo hagan, pero no lo realiza él directamente.

Solución al test del tema 7

1. **c)** El estado completo de bienestar físico, psíquico y mental y no solamente la ausencia de enfermedades.
2. **b)** No, no lo es.
3. **a)** Centros de salud mental, centros de hospitalización psiquiátrica y estructuras intermedias.
4. **d)** Todas las opciones anteriores son correctas.
5. **d)** Cuando la enfermedad del paciente puede ser atendida en condiciones por la familia.
6. **c)** Talleres ocupacionales.
7. **a)** Centros de larga estancia.
8. **b)** Centros de día.
9. **d)** Centros de media estancia.
10. **d)** Vigila a los pacientes, que no quieren asearse, para que lo hagan, pero no lo realiza él directamente.

Test del tema 8

eRodio ediciones

1. En un centro hospitalario, un servicio de urgencias está dividido en las siguientes áreas:

a) Admisión de urgencias, críticos y observación.
b) Sala de triage, críticos y observación.
c) Admisión de urgencias, sala de triage, críticos, boxes y observación.
d) Admisión de urgencias, sala de triage y observación.

2. En el servicio de urgencias, el celador de puerta:

a) Nunca dejará la puerta sin atención.
b) Recepcionará y ayudará a los pacientes que vengan en vehículos particulares y ambulancias.
c) Facilitará información general no sanitaria, no administrativa.
d) Todas las opciones anteriores son correctas.

3. Una de las funciones que no es del celador de puerta en el servicio de urgencias es:

a) Mantendrá un número suficiente de sillas de ruedas y camillas en la entrada de urgencias.
b) Vigilará las entradas al Área de urgencias, no permitiendo el acceso a sus dependencias más que a las personas autorizadas para ello.
c) Realizará el traslado del paciente hasta el medio de transporte en la entrada cuando es dado de alta.
d) Instalará al paciente en el box.

4. El Celador de boxes no tiene como función:

a) Indicará a los familiares o al paciente que aguarden en la sala de espera de la zona de triage, donde será visto por un facultativo que valorará su situación.
b) Instalará al paciente en el box, movilizándolo y colocándolo en la posición que le sugiera.
c) Acompañará o trasladará al paciente a realizar pruebas de diagnóstico en el interior del servicio (TAC, radiografías, ecografías etc.).
d) Llevará muestras de orina, heces, sangre etc. hasta los laboratorios correspondientes.

5. Dentro del servicio existen unos boxes específicos entre los cuales no está:

a) El box vital.
b) La sala de radiología.
c) La sala de yesos.
d) El quirofanillo.

6. Dentro de las áreas específicas del servicio alguna de las funciones del Celador son:

a) Ayudar si lo requieren en la colocación de yesos, férulas, etc.
b) Ayudar si lo requieren en la realización por parte del médico de suturas, curas quirúrgicas, etc.
c) Transporte y control de documentos, correspondencia u objetos.
d) Todas las opciones anteriores son correctas.

7. Dentro de las funciones de un Celador de ambulancia no está:

a) Se encargará de preparar el informe y documentación clínica necesaria para entregársela al hospital receptor del enfermo.
b) Informará al paciente trasladado o en su caso a las personas responsables que lo acompañen, el motivo de su traslado y hacia el lugar al que se dirigen.
c) Acompañará al paciente hasta la admisión de pacientes del hospital, donde se lo entregará al celador de puerta del hospital.
d) Ayudará al equipo de la ambulancia a la movilización y la preparación que se necesite para el paciente.

8. Durante el traslado, las funciones del celador serán:

a) Movilizar al paciente con seguridad y rapidez.
b) Ante un caso de emergencia vital, realizará las maniobras de soporte vital básico, evitando siempre cualquier lesión sobreañadida.
c) Cuando exista una emergencia respiratoria, no podrá realizar la respiración boca a boca. Ésto es competencia del personal cualificado para ello.
d) Todas las opciones anteriores son correctas.

9. Los celadores tendrán unos conocimientos no sanitarios en relación con las ambulancias:

a) Deberán conocer cuáles son las normas de circulación.
b) Conocerán cuales son las características del vehículo así como conocer los materiales y aparatos que se llevan, cuáles son sus funciones y en qué lugar de la ambulancia se ubican.
c) Mantendrán la limpieza y desinfección tanto interior como exterior del vehículo.
d) Todas las opciones anteriores son correctas.

Solución al test del tema 8

1. c) Admisión de urgencias, sala de triage, críticos, boxes y observación.

2. d) Todas las opciones anteriores son correctas.

3. c) Realizará el traslado del paciente hasta el medio de transporte en la entrada cuando es dado de alta.

4. a) Indicará a los familiares o al paciente que aguarden en la sala de espera de la zona de triage, donde será visto por un facultativo que valorará su situación.

5. b) La sala de radiología.

6. d) Todas las opciones anteriores son correctas.

7. c) Acompañará al paciente hasta la admisión de pacientes del hospital, donde se lo entregará al celador de puerta del hospital.

8. c) Cuando exista una emergencia respiratoria, no podrá realizar la respiración boca a boca. Ésto es competencia del personal cualificado para ello.

9. d) Todas las opciones anteriores son correctas.

Test del tema 9

eRodio ediciones

1. **Las funciones de los celadores, relacionadas con la documentación clínica, se traducen en (señale la respuesta más completa):**
   a) El traslado de las comunicaciones verbales, documentos, correspondencia u objetos que les sean confiados por sus superiores, así como el traslado de aparatos o mobiliario de unos servicios a otros.
   b) La tramitación o traslado de los documentos, correspondencia u objetos que les sean confiados por sus superiores, así como el traslado de aparatos o mobiliario de unos servicios a otros.
   c) La tramitación o traslado de las comunicaciones verbales, documentos, correspondencia u objetos que les sean confiados por sus superiores, así como el traslado de aparatos o mobiliario de unos servicios a otros.
   d) La tramitación o traslado de las comunicaciones verbales, documentos, correspondencia u objetos que les sean confiados por sus, compañeros y superiores, así como el traslado de aparatos o mobiliario de unos servicios a otros.

2. **Señale la respuesta correcta y más completa. Los celadores han de transmitir a:**
   a) Sus compañeros, subordinados o público las comunicaciones verbales (instrucciones, mensajes, información, etc) que les indiquen sus superiores o profesionales autorizados, por delegación de estos.
   b) Sus compañeros o público las comunicaciones verbales (instrucciones, mensajes, información, etc) que les indiquen sus superiores, por delegación de estos.
   c) Sus compañeros, superiores, subordinados o público las comunicaciones que les indiquen por escrito sus superiores o profesionales autorizados, por delegación de estos.
   d) Sus compañeros, superiores, subordinados o público las comunicaciones verbales (instrucciones, mensajes, información, etc) que les indiquen sus superiores o profesionales autorizados, por delegación de estos.

3. **Son documentos de traslado ordinario de los celadores:**
   a) Peticiones de ambulancia.
   b) Hojas de interconsulta.
   c) Partes de quirófano.
   d) Todos lo son.

4. **Indique la respuesta errónea en relación a las tareas de los celadores:**
   a) Lo habitual es asignar por escrito los deberes que corresponden a los celadores de cada Unidad.
   b) Pueden trasladar cajas, carros, envases,... pero no muestras biológicas, debido a que éstas son materiales sanitarios peligrosos.

c) Tramitar los pedidos al almacén, recogiendo el material cuando esté dispuesto, y traslado del mismo a la Unidad correspondiente.
d) Reposición de colchones, trasladando los viejos al almacén y recogiendo, de allí mismo, los nuevos.

5. Indique la respuesta errónea en relación a las tareas de los celadores:

a) Solicitar una nueva tarjeta sanitaria al usuario que la necesite.
b) Trasladar aparatos del área quirúrgica.
c) Reposición de determinados materiales de lencería.
d) Traslado de historias clínicas.

6. El usuario de la Sanidad tiene una serie de necesidades que demanda que sean cubiertas entre ellas no está:

a) Respuesta atención rápida.
b) Fiabilidad, formación y conocimiento del profesional.
c) Afecto.
d) Todas las opciones anteriores son demandadas por los usuarios de la Sanidad.

Solución al test del tema 9

1. c) La tramitación o traslado de las comunicaciones verbales, documentos, correspondencia u objetos que les sean confiados por sus superiores, así como el traslado de aparatos o mobiliario de unos servicios a otros.

2. d) Sus compañeros, superiores, subordinados o público las comunicaciones verbales (instrucciones, mensajes, información, etc) que les indiquen sus superiores o profesionales autorizados, por delegación de estos.

3. d) Todos lo son.

4. b) Pueden trasladar cajas, carros, envases,... pero no muestras biológicas, debido a que éstas son materiales sanitarios peligrosos.

5. a) Solicitar una nueva tarjeta sanitaria al usuario que la necesite.

6. d) Todas las opciones anteriores son demandadas por los usuarios de la Sanidad

Test del tema 10

1. El almacén es:

a) El lugar destinado a guardar todo lo que está en proceso de reciclaje.
b) El lugar destinado a guardar todo lo que se va a desechar o reciclar.
c) El lugar destinado a guardar todo el material que no se va a usar inmediatamente.
d) Ninguna de las opciones anteriores es correcta.

2. El stock es:

a) La cantidad de artículos del almacén.
b) Sistema de control de existencias.
c) Conjunto de artículos del almacén, establecidos de forma que exista una cantidad máxima y una cantidad mínima que permita el abastecimiento controlado.
d) b y c son correctas.

3. Entre las funciones del Celador en el almacén no está:

a) Cargar y descargar los productos, así como también los colocará ordenadamente en el almacén
b) Entregar el material y los productos que les sean solicitados por vía telefónica por su superior.
c) Una vez que se ha formalizado el pedido, el celador se encargará de la recepción de la mercancía.
d) Ser el encargado de aceptar o no la mercancía.

4. El servicio de Farmacia está bajo la dirección de:

a) Un farmacéutico.
b) Un farmacéutico un enfermero.
c) Un Director médico.
d) Un médico y varios farmacéuticos.

5. Los hospitales deberán disponer de servicios o unidades de farmacia según lo establece:

a) Un Decreto Ley.
b) Los mínimos establecidos por la ley.
c) La Orden Ministerial de la Consejería de Salud.
d) Ninguna es cierta.

6. Las Unidades de Farmacia hospitalaria la integran:

a) Auxiliares de enfermería, farmacéuticos y administrativos.
b) Celadores, Fir y DUE.

c) Dos farmacéuticos, un auxiliar y un celador.
d) Las respuestas a y b son ciertas.

7. Es función del servicio de farmacia hospitalaria:

a) Establecer un sistema eficaz y seguro de la distribución de medicamentos.
b) Tomar las medidas para su correcta administración.
c) a y b son ciertas.
d) Solo a es cierta.

8. ¿Quién custodia y dispensa los productos en fase de investigación y vela por el cumplimiento de la legislación sobre cualquier medicamento?

a) Los laboratorios en cargados de ello.
b) El Estado.
c) El servicio de Farmacia del hospital.
d) Ninguna respuesta es correcta.

9. ¿Quién lleva a cabo actividades educativas sobre cuestiones relacionadas con la competencia de farmacia?

a) Médicos y enfermeros.
b) El Servicio de Farmacia.
c) El área de formación.
d) Formación sanitaria.

10. ¿En qué consiste la distribución de "unidosis"?

a) En la distribución de la medicación por semana.
b) Distribución del la medicación por paciente ingresado, en el momento de su ingreso.
c) La distribución de medicación por habitación hasta el momento del alta del paciente.
d) En la distribución de medicación por dosis /día para cada uno de los pacientes ingresados.

11. El celador de farmacia es quien se encarga de:

a) La distribución de medicación y demás productos a las unidades de hospitalización.
b) Transporta cualquier producto desde cualquier unidad del hospital.
c) Solo se encarga de distribuir medicación a las plantas.
d) Ninguna es correcta.

12. Dentro de las funciones del celador de farmacia están:

a) Hacer controles e inventarios de productos.

b) Hacer limpieza en el interior de la farmacia.

c) La custodia de la farmacia.

d) a y c son ciertas.

13. Establecer un sistema eficaz y seguro de administración de medicamentos es función de:

a) El laboratorio.

b) El almacén.

c) El servicio de farmacia.

d) El personal de enfermería.

Solución al test del tema 10

1. c) El lugar destinado a guardar todo el material que no se va a usar inmediatamente.

2. d) b y c son correctas.

3. b) Entregar el material y los productos que les sean solicitados por vía telefónica por su superior.

4. a) Un farmacéutico.

5. b) Los mínimos establecidos por la ley.

6. d) Las respuestas a y b son ciertas.

7. c) a y b son ciertas.

8. c) El servicio de Farmacia del hospital.

9. b) El Servicio de Farmacia.

10. d) En la distribución de medicación por dosis /día para cada uno de los pacientes ingresados.

11. a) La distribución de medicación y demás productos a las unidades de hospitalización.

12. d) a y c son ciertas.

13. c) El servicio de farmacia.

Test del tema 11

1. ¿En qué año se realizó la Declaración sobre la Eliminación de la Discriminación contra la Muer por parte de la ONU?

a) 1979. b) 1976. c) 1967. d) 1977.

2. ¿En qué artículo del Estatuto de Autonomía recoge Extremadura la plena y efectiva igualdad de las mujeres en todos los ámbitos de la vida pública, familiar, social, laboral, económica y cultural entre los principios rectores de los poderes públicos extremeños?

a) 5. b) 6. c) 7. d) 8.

3. ¿Qué ley extremeña fija la condición de mujer como criterio de preferencia a los efectos de establecer las personas destinatarias del Plan Extraordinario de Apoyo al Empleo Local?

a) Ley 2/2010.
b) Ley 2/2009.
c) Ley 3/2010.
d) Ley 3/2009.

4. ¿De qué fecha es la Ley 8/2011 de Igualdad entre Mujeres y Hombres y contra la Violencia de Género en Extremadura?

a) 23 de marzo.
b) 23 de mayo.
c) 22 de abril.
d) 22 de mayo.

5. ¿Mediante que ley se crea el Instituto de la Mujer de Extremadura?

a) La Ley 11/2002.
b) La Ley 11/2001.
c) La Ley 12/2001.
d) La Ley 12/2002.

6. ¿En qué fecha se aprueba la Ley Orgánica 1/2004?

a) El 28 de enero
b) El 28 de febero
c) El 27 de enero.
d) El 28 de diciembre.

7. ¿Cuántos artículos contiene la Ley 8/2011?

a) 106. b) 104. c) 108. d) 105.

8. El título IV de la Ley 8/2011:

a) Regula la integración de la perspectiva de género en las políticas públicas.
b) Se centra en las medidas de prevenció**n de la violencia de género y en la atención y protección a las víctimas de la misma**.
c) Está dedicado a la acción positiva en diferentes ámbitos.
d) Contempla las garantías específicas para la igualdad de género.

9. ¿Qué Ley establece el marco general para el desarrollo de las acciones preventivas?

a) Ley 30/1995, de 7 de noviembre.
b) Ley 31/1995, de 6 de noviembre.
c) Ley 31/1995, de 8 de noviembre.
d) Ley 31/1995, de 7 de noviembre.

10. La Ley de PRL regula:

a) Las actuaciones de las Administraciones Públicas, empresarios, trabajadores y organizaciones representativas.
b) Las actuaciones de los trabajadores.
c) Las actuaciones de los empresarios.
d) b y c son ciertas.

11. La Ley de PRL tiene:

a) 53 artículos, 15 disposiciones adicionales, 2 disposiciones transitorias y 1 disposición final.
b) 54 artículos, 15 disposiciones adicionales, 2 disposiciones transitorias, 1 disposición derogatoria y 2 disposiciones finales.
c) 54 artículos, 15 disposiciones adicionales, 1 disposición transitoria ,1 disposición derogatoria y 2 disposiciones finales.
d) Ninguna respuesta es cierta.

12. El capítulo III de dicha Ley trata de:

a) La consulta y participación de los trabajadores.
b) Las responsabilidades y sanciones.
c) De los derechos y obligaciones.
d) De los derechos y obligaciones de los fabricantes y empresarios.

13. ¿Qué capítulo de la Ley de PRL trata de la política en materia de prevención de riesgos, protección de la seguridad y salud en el trabajo?:

a) Capítulo II.
b) Capítulo I.
c) Capítulo V.
d) Capítulo VI.

14. La Ley de PRL se aplica a:

a) Los servicios operativos de Protección Civil.
b) A la Policía y Resguardo Aduanero.
c) a y b son ciertas.
d) A las relaciones laborales reguladas en el texto de la Ley del Estatuto de los trabajadores.

15. La Ley PRL no se aplicará en:

a) Situaciones de grave riesgo, catástrofe y calamidad pública.
b) En la Administración Pública.
c) El personal de carácter administrativo o estatutario.
d) b y c son ciertas.

16. Se consideran daños derivados del trabajo:

a) Enfermedades comunes.
b) Enfermedades y patologías ocasionadas en el trabajo.
c) La posibilidad de que se produzca un daño.
d) Las lesiones que se producen en cualquier circunstancia.

17. Se entiende por prevención:

a) El conjunto de actividades, medidas que se adoptan en todas las fases de la actividad para evitar o disminuir los riesgos derivados del trabajo.
b) Actividades y medidas que adopta el trabajador en algunos casos.
c) Medidas que adopta la Empresa para evitar accidentes.
d) b y c son ciertas.

18. Se entiende por equipo de trabajo:

a) Máquinas que se utilizan en el trabajo.
b) Máquinas, aparatos, instrumentos e instalaciones que se usan en el trabajo.
c) Máquinas y complementos usados en el trabajo.
d) Ninguna es correcta.

19. Se considera condición de trabajo:

a) Las características del local.
b) Las características del equipo.
c) Los agentes físicos, químicos y biológicos.
d) Todas son ciertas.

20. Es un riesgo laboral grave:

a) Aquel que no resulta probable.
b) Aquel que resulta probable y que puede suponer un daño grave para la salud del trabajador.
c) El que supone un daño para el trabajador.
d) El producido sólo por agentes químicos.

21. Los equipos de protección individual:
a) No siempre son obligatorios.
b) Se refiere a las instalaciones.
c) Es el equipo que lleva, sujeta y protege al trabajador de los riesgos.
d) a y b son ciertas.

22. Es un derecho del trabajador:
a) Recibir información sobre los riesgos, medidas de protección y prevención.
b) Recibir formación en materia preventiva.
c) No trabajar con productos químicos.
d) a y b son ciertas.

23. En caso de tener especial sensibilidad, el trabajador tiene derecho a:
a) Ser protegido.
b) Recibir información.
c) Recibir formación.
d) Disponer de más seguridad.

24. El trabajador tendrá obligación de:
a) Poner fuera de funcionamiento los dispositivos de seguridad.
b) Tomar medidas de emergencia.
c) Usar adecuadamente el equipo de trabajo.
d) Velar sólo por su seguridad.

25. El uso adecuado de los equipos de trabajo será:
a) Una obligación del trabajador.
b) Una opción del trabajador.
c) Un derecho del trabajador.
d) Un acto voluntario del trabajador.

26. El trabajador en su centro de trabajo:
a) Podrá omitir las señales.
b) Respetará las normas generales de seguridad.
c) Respetará los procedimientos no escritos.
d) No está obligado a informar de las situaciones de riesgo.

27. La Inspección de Trabajo se encarga de:
a) Asesorar a la Administración.
b) Crear políticas de prevención.
c) Fomentar las actividades de prevención.
d) Vigilar y controlar la normativa sobre la P.R.L.

28. La Comisión Nacional de Seguridad y Salud en el Trabajo es:

a) Un órgano no colegiado.
b) Un órgano independiente.
c) Un órgano que asesora a la Administración Pública en Política de Prevención.
d) Un órgano de inspección.

29. La Comisión Nacional de Seguridad y Salud en el Trabajo:

a) Lo integran representantes de cada Comunidad Autónoma.
b) Lo integran representantes de la Administración del Estado.
c) La forman un representante de cada Comunidad Autónoma con igual número de miembros que los de la Administración del Estado.
d) a y b son ciertas.

30. Los Delegados de Prevención son:

a) Representantes de los trabajadores.
b) Representantes de los empresarios.
c) Representantes de la Administración Estatal.
d) Representantes de la Administración Local.

31. La Ley de PRL consta de:

a) 51 artículos.
b) 30 artículos.
c) 54 artículos.
d) 55 artículos.

32. Los equipos de protección individual deben proteger:

a) De un riesgo.
b) De una enfermedad.
c) De uno o varios riesgos.
d) De enfermedades y riesgos.

33. El órgano colegiado que asesora a la Administración Estatal en materia de PRL es:

a) Comisión Nacional de Seguridad y Salud en el Trabajo.
b) Comisión Regional de Seguridad.
c) Comisión de Salud.
d) Comisión de Salud Laboral.

34. Los accidentes de trabajo y enfermedades tienen su causa en:

a) El descuido del trabajador.
b) La casualidad.
c) Las conductas temerarias.
d) Las condiciones peligrosas o actos inseguros en el puesto de trabajo.

35. El Capítulo III de la Ley de PRL:

a) Regula la actuación de la Administración.
b) Desarrolla los derechos y obligaciones de trabajadores y empresarios.
c) Hace referencia a los Servicios de Prevención.
d) Regula la participación de los trabajadores.

36. Es obligación del trabajador:

a) Comprar el equipo de trabajo.
b) Contribuir al cumplimiento de las obligaciones establecidas.
c) Utilizar correctamente los medios y equipos de trabajo.
d) b y c son ciertas.

37. El Comité de Seguridad y Salud es:

a) Un órgano no colegiado.
b) Un órgano paritario y colegiado.
c) Un órgano de consejo y consulta.
d) Un órgano de consulta.

38. ¿Cuál es la Ley de Régimen Jurídico del Sector Público?

a) La Ley 39/2015.
b) La Ley 39/2014.
c) La Ley 40/2015.
d) La Ley 40/2014.

39. ¿Cuál es la Ley del Procedimiento Administrativo Común?

a) La Ley 39/2015.
b) La Ley 39/2014.
c) La Ley 40/2015.
d) La Ley 40/2014.

40. El sector público comprende:

a) La Administración General del Estado.
b) Las Administraciones de las Comunidades Autónomas.
c) El sector público institucional.
d) Todas las opciones anteriores son correctas.

41. El sector público institucional se integra por:

a) Cualesquiera organismos públicos y entidades de derecho público vinculados o dependientes de las Administraciones Públicas.
b) Las entidades de derecho privado.
c) Las Universidades privadas y públicas que se regirán por su normativa específica y supletoriamente por las previsiones de la presente Ley.
d) Todas las opciones anteriores son correctas.

42. ¿Qué artículos de la Ley 40/2015, Ley de Régimen Jurídico del Sector Publico regulan el funcionamiento electrónico del Sector Público?

a) Los artículos 153 a 158.
b) Los artículos 155 a 158.
c) Los artículos 133 a 138.
d) Los artículos 145 a 148.

Solución al test del tema 11

1. c) 1967.

2. c) 7.

3. b) Ley 2/2009.

4. a) 23 de marzo.

5. b) La Ley 11/2001.

6. d) El 28 de diciembre.

7. a) 106.

8. b) Se centra en las medidas de prevención de la violencia de género y en la atención y protección a las víctimas de la misma.

9. c) Ley 31/1995, de 8 de noviembre.

10. a) Las actuaciones de las Administraciones Públicas, empresarios, trabajadores y organizaciones representativas.

11. b) 54 artículos, 15 disposiciones adicionales, 2 disposiciones transitorias, 1 disposición derogatoria y 2 disposiciones finales.

12. c) De los derechos y obligaciones.

13. a) Capítulo II.

14. d) A las relaciones laborales reguladas en el texto de la Ley del Estatuto de los trabajadores.

15. a) Situaciones de grave riesgo, catástrofe y calamidad pública.

16. b) Enfermedades y patologías ocasionadas en el trabajo.

17. a) El conjunto de actividades, medidas que se adoptan en todas las fases de la actividad para evitar o disminuir los riesgos derivados del trabajo.

18. b) Máquinas, aparatos, instrumentos e instalaciones que se usan en el trabajo.

19. d) Todas son ciertas.

20. b) Aquel que resulta probable y que puede suponer un daño grave para la salud del trabajador.

21. c) Es el equipo que lleva, sujeta y protege al trabajador de los riesgos.

22. d) a y b son ciertas.

23. a) Ser protegido.

24. c) Usar adecuadamente el equipo de trabajo.

25. a) Una obligación del trabajador.

26. b) Respetará las normas generales de seguridad.

27. d) Vigilar y controlar la normativa sobre la PRL.

28. c) Un órgano que asesora a la Administración Pública en Política de Prevención.

29. c) La forman un representante de cada Comunidad Autónoma con igual número de miembros que los de la Administración del Estado.

30. a) Representantes de los trabajadores.

31. c) 54 artículos.

32. c) De uno o varios riesgos.

33. a) Comisión Nacional de Seguridad y Salud en el Trabajo.

34. d) Las condiciones peligrosas o actos inseguros en el puesto de trabajo.

35. b) Desarrolla los derechos y obligaciones de trabajadores y empresarios.

36. d) b y c son ciertas.

37. b) Un órgano paritario y colegiado.

38. c) La Ley 40/2015.

39. a) La Ley 39/2015.

40. d) Todas las opciones anteriores son correctas.

41. a) Cualesquiera organismos públicos y entidades de derecho público vinculados o dependientes de las Administraciones Públicas.

42. b) Los artículos 155 a 158.

Made in United States
Orlando, FL
04 November 2026

90209891R00251